U0903930

高似孫集

〔上册〕

剡録　史略

〔宋〕高似孫　著　王群栗　點校

浙江出版聯合集團
浙江古籍出版社

總目録

點校前言

王群栗

高似孫（一一八五—一二三一）[一]，字續古，號疎寮，南宋重要的目録學家、史學家，浙江鄞縣（今屬寧波）人，後遷居嵊縣（古稱剡縣）。高氏在目録學、史學、文學等方面都有建樹，所撰《子略》《剡録》《緯略》等書歷來頗受稱道，其詩歌亦深得江湖派巨擘劉克莊讚賞。似孫爲翰林學士高文虎（一一三四—一二一二）的長子，自幼穎悟嗜學，讀書過目成誦，詩文涉筆即工。舉淳熙十一年（一一八四）進士，治詩賦，賜文林郎。紹熙元年爲會稽縣主簿，慶元五年除秘書省校書郎，次年通判徽州。嘉泰中知信州，開禧中知嚴州。嘉定元年封通議大夫、知江陰軍，後與祠禄。嘉定十六年除秘書郎，次年升著作佐郎，兼權吏部右侍郎。寶慶元年出知處州。進官中大夫，提舉建康府崇禧觀，卒贈通議大夫。

高似孫一生耽於著述，雖散佚大半，而存者亦復不少。大致有以下數種。

一、目録類

（一）《史略》六卷，是現存最早的史部專科目録，著録了宋以前重要的史部著作。該書按照史籍本身的發展規律，一改舊志體例，重新分類，系統編排，不僅將圖書分類推進到第四位類，還創造了互著法、輯録體等後來影響深遠的著録方法，以至有人認爲『其體系之新異、内容之廣博，向歆而下，没有一家能與之媲美』[二]。該書在雜鈔舊志之外，還撰寫了部類序，部分史籍略加評論，其中不乏真知灼見。所引文獻亦足資考訂、輯佚，價值不容忽視。如卷一所引『劉伯莊』語、卷三《東觀漢記》鄧禹、吴漢傳序未見於他書，此類吉光片羽，彌足珍貴，而高氏著作中比比皆是；卷二『孟康……散騎侍郎』，中華書局點校本《漢書序例》作『散騎常侍』，據周天游教授《史略校箋》[三]考證，以《史略》爲是；卷四《通鑑參據書》録《通鑑》引書二百二十餘家，所考亦稱全面。但其書編撰十分倉促，據其自序説只用了二十七天，混亂、重複、疏忽之處實在不少，該書後在中國失傳，僅傳於日本，恐亦與此有關。《史略校箋》對其所著録的史籍皆一一考證出其出處，詳加校正，堪稱善本。

（二）《子略》四卷，目録一卷。目録從《漢書・藝文志》《隋志》《唐志》《子鈔》《意林》《通志・藝文略》抄撮諸子著述，僅存其目而略注撰人卷數於下。卷一至卷四著録諸子書三十八家，繫以題識，博論諸家短長，發明甚多，加以所見近古，辨僞家尤喜其書，《文獻通考》多取其文，顧頡剛還曾躬自點校。其書唯《陰符經》《握奇經》録其原書於前，餘皆不録，《四庫提要》以爲蓋删節本。

另有《經略》《集略》（見《緯略》卷首），已佚。高氏以一人之力而遍撰經、史、子、集《略》，其學術架構之宏大可以臆測。

二、史志類

（三）《剡録》十卷，是嵊縣現存最早的一部縣志，也是現存較早的宋代方志。其書開著録地方文獻的先河，首創『縣紀年』類目編年記載一方大事，都爲後人效法。《四庫提要》稱：『徵引極爲該洽，唐以前佚事遺文，頗賴以存。其先賢傳每事必注其所據之書，可爲地志紀人物之法。其山水記仿酈道元《水經注》例，脉絡井然，而風景如覿，亦可爲地志紀山水之法。統核全書，皆序述有法，簡潔古雅。』書中所引詩歌達五百餘條，其中不乏僅見此書者；《宋詩紀事》引《剡録》達二十餘處；《知不足齋叢書》本潘閬《逍遥集》即從中輯入五詩。可謂體例與文獻價值俱佳。但該書缺點也很明顯，此書偏重於記前代聞人、雅事、藝文，當代人、事付之闕如。

另有《古世本》《蜀漢書》《漢書司馬相如傳注》《漢官》《秦檜傳》（均見《史略》）、《戰國策考》（見《子略》卷三），已佚。

三、雜撰類

（四）《緯略》十二卷，實爲高氏的讀書筆記，其中考釋名物典故、評點詩文，内容極爲龐雜。其特點是大量徵引材料，追根溯源，用證據説話，高氏僅加點睛之評論甚至有的條目根本就没有評論,《四庫提要》稱『其言篤實,終出楊慎《丹鉛》諸録之上,亦考古者所必資矣』。其中『唐科名考』、『唐樂曲譜』兩條,因其搜羅完備,被作爲單篇抄入《説郛》,一度被認爲是獨立的兩部著作。除學問考證上的意義外,由於該書徵引極爲廣泛,粗略統計達一千七百餘條,對於文獻輯佚、校勘的作用也不容忽視。如卷八『玉蟾蜍』條所録胡宿詩不見於他書,而此詩缺五字,竟亦無從補苴。

(五)《蟹略》四卷,輯録與蟹有關的典故、詩文,其中記録的高氏自己的詩歌尤其生動活潑。《四庫提要》稱『其採摭繁富,究爲博雅,遺篇佚句,所載尤多,視傅(肱)譜終爲勝之云』。

(六)《硯箋》四卷,品評硯質高下、輯録有關詩文典故,《四庫提要》稱『其大致馴雅,終與龐雜者不同……固足以備考稽而資鑒賞也』。以上兩書足見高氏之富於生活情趣。

另有《樂論》(見《緯略》卷七)、《竹史》(清陸廷燦《藝菊志》卷二録宋史鑄《菊史補遺序》云『高疎寮有《竹史》之作』),已佚。

四、詩文及詩文評類

(七)《騷略》三卷,爲高氏模仿《離騷》之作,共計二十六篇騷體賦,李之鼎跋以爲:『規橅前人,薰香摘艷,自具鑪錘,非詒等麟楥者所可同日共語。宋人自南渡後詩文靡弱,迥異北宋,高氏劬學尚古,上擬《騷經》,其學識誠加人一等矣。』

（八）《疎寮小集》一卷，《補遺》一卷，爲高氏之詩集，僅存詩三十首。此集原收入《江湖集》，江湖派風格明顯。從此集及高氏數十首佚詩來看，大多清新流麗，對偶亦别出心裁，劉克莊《後村詩話》卷八稱其『老筆如湘絃泗磬，多人間俚耳所未聞者，有石湖、放翁、誠齋之風』，的非過譽。就連對高氏爲人甚爲不齒的陳振孫也不得不承認其『詩猶可觀』（《直齋書録解題·疎寮集》）。

（九）《剡溪詩話》一卷，舊題高似孫撰，摘録與剡地有關的詩歌，雖曰『詩話』，而評語極少。明俞弁鈔本跋以其筆意與《緯略》不同，疑非高似孫作。

另有《煙雨集》（見《内閣書目》卷三。《文淵閣書目》卷十作『煙雨詩』），已佚。《絳雲樓書目》卷四、《千頃堂書目》卷二十九猶有著録。

五、摘抄類

（十）《選詩句圖》（又稱《文選句圖》）一卷，是高似孫摘取《文選》中的古詩佳句而成，『其句下附録之句，蓋即鍾嶸《詩品》「源出某某」之意』（《四庫提要》）。

（十一）《蘭亭考》十二卷，宋桑世昌原撰。該書原名《蘭亭博議》，十五卷，爲考證王羲之《蘭亭序》之書，刊行時經高似孫删改爲十二卷。

（十二）《文苑英華纂要》不分卷（《四庫存目提要》作『《文苑英華鈔》四卷』），乃『採摘

《文苑英華》中典雅字句可供文章之用者，仿洪邁《經子法語》之例，鈔合成帙」（《四庫存目提要》）。

六、其他佚著

黄榦《勉齋集》卷二《與晦庵朱先生書》云：「道學之圖，聞高文虎之子所爲。又有一圖云《右道學》。」明陳道《（弘治）八閩通志》卷七十一人物《鄭僑》載：「高文虎之子作《右道學圖》。」《宋元學案》卷四十六稱「高似孫作《右道學圖》」。當時人黄榦僅稱「聞」，而所謂「又有一圖」，亦不確定爲「高文虎之子」，且高文虎有二子，此圖亦未見，存疑。

高氏著述如此宏富，且各具其價值，有的甚至具有開創性，爲後人所借鑒之處不少，然而高氏其人卻没有得到應有的尊重與評價，在當時已被惡名，各種指責層出不窮。考其源，大概有三：《慶元黨禁》説他作「九錫詩」諂媚韓侂胄；陳振孫《直齋書録解題》説「其讀書以隱僻爲博，其作文以怪澀爲奇，至有甚可笑者」；「晚知處州，貪酷尤甚」；周密《齊東野語・著書之難》譏其爲人輕薄；《癸辛雜識・銀花》甚至不惜篇幅記録了一條長達千餘字、據稱是高文虎所作的《銀花帖》以指證其不孝等等。現代研究者已注意到這些材料的問題。洪業先生據史料指出如此種種責難，錯謬百出，毫無根據〔四〕；蔣鵬翔指出陳振孫與高似孫實多有相似之處，而陳氏的責難主要源於二人文風好尚不同[五]；左洪濤更進一步指出，《銀花》一帖明顯是『慶元黨禁』黨争中炮製的誣告，而高氏罵名不斷的根本原因在於其行爲志趣與理學家相去甚遠[六]。高氏一生實遠離政治權力中心，但因其是高文虎（曾草《僞徒改視回聽詔》，被指爲『爪牙』）之子，又可能曾作《右道學圖》，遂陷入政治誣蔑的旋渦中，不能獨善其身。用今天的眼光來看，黨争雙方顯然都不夠客觀，互相攻擊，不惜無中生有。『九錫詩』不見一字，且所謂諂媚韓侂胄，辛棄疾、陸游尚不免此譏（此三人亦有交集），亦可见一時好尚。陳振孫本身即是一名理學家，他對高似孫文風的厭惡自然可以理解，今其著作俱在，『怪澀』容或有之，『可笑』則實在不知何指；所謂『貪酷』，除了洪業先生所舉反證外，本書補遺所收高氏落官閒居時爲徽州所作的《休寧縣禮物記》、爲江陰縣所作的《冰玉堂記》《小石山滄灣亭記》，亦可證明高氏當時實見重士林——否則請他作序，豈非自取其辱？至於周密之書，本就是雜記，只管記録見聞而不負考訂之責，前人駁之已盡。今將其著作匯爲一集，亦期還高氏舊觀。

本次整理，全面收録了高似孫現存的《剡録》《史略》《子略》《緯略》《蟹略》《硯箋》《騷略》《疎寮小集》《選詩句圖》《剡溪詩話》等十書。（《蘭亭考》與《文苑英華纂要》以非原創，且篇幅較大，未予收録。）《剡溪詩話》雖然真僞莫辨，但辨真僞必須以其文本爲依據，故特予以收録，以供討論。此書傳播極少，僅有鈔本藏國家圖書館，特邀國家圖書館出版社南江濤先生代爲録入點校，謹此致謝。

所收書籍，均選善本爲底本，勤加校勘；并據《天台續集别編》《宋詩紀事》及各地方志輯録高氏散佚詩文數首。以高氏生平資料散亂，參考衆書，撰定高似孫年譜。編者水平有限，訛誤在所難免，尚希方家指正。

注釋

〔一〕高氏生平資料散亂，其生卒年一向不明，至《剡南高氏宗譜》出方有定論。詳見左洪濤、張恒《兩宋浙東高氏家族研究——以由鄞遷剡的高氏家族及其文學爲中心》（以下簡稱《高氏家族》）第三章《個案研究——高似孫的生平與相關問題》，海洋出版社，二〇一〇年。《高氏家族》一書轉録了《剡南高氏宗譜》的重要文字并附原圖片，本書所引《剡南高氏宗譜》皆據該書。

〔二〕蔣鵬翔：《高似孫目録學思想發微》，湖南師範大學碩士論文，二〇〇七年。

〔三〕周天游：《〈史略〉校箋》，書目文獻出版社，一九八七年。

〔四〕洪業：《高似孫史略箋證序》，《洪業論學集》，中華書局，一九八一年。

〔五〕蔣鵬翔：《高似孫目録學思想發微》。

〔六〕左洪濤：《高氏家族》，第九九—一〇〇頁。

剡録

剡録整理説明

《剡録》流傳既久，版本多而複雜，據鄭麗佳研究[一]，達十三種之多：「文淵閣四庫抄本、清道光八年刻本、清同治九年刻本、清光緒十四年邵武徐氏刻本、嵊州市高氏後裔高德虎所藏《剡南高氏宗譜》附刊木活字本、北京大學圖書館藏周錫瓚藏本、李盛鐸藏本、國家圖書館藏黄丕烈抄本及其他三種清抄本（即舊山樓抄本、味經書屋抄本、恬裕齋抄本），浙江圖書館藏张宗祥抄本、吴興劉氏嘉業堂藏本。」這十三種版本又分爲四個系統：一、明沈與文嘉靖影宋抄本系統，以四庫本爲最早；二、山陰杜氏抄本系統，即道光八年刻本（以下簡稱道光本）所據之底本；三、《高氏宗譜》本系統；四、禾中沈氏本系統。

其中，四庫本雖然最早，與諸本差異最大，但誤抄不少，如乂作入（卷一『皇朝令題名』『詹乂』）、未作末（卷二『齊抗』條）、綏作綏（卷三『顧歡』條）、『緑』作『渌』（卷六許渾詩）、卷六下『龍潭二首』脱『首』字、卷七『廉仲宣《訪戴圖》』條『夾岸』作『來岸』等。道光八年刻本（收入中華書局《宋元方志叢刊》、臺灣成文出版社《中國方志叢書》華中地方五三三號，以下簡稱『道光本』）曾據禾中沈氏本及剡中喻氏本校勘，可稱善刻，影響也最大。同治九年本（北京圖書館藏，以下簡稱『同治本』）又用道光本重刊，并注明『據睢園王氏珊亭、喻氏校本、高氏藏譜校正』，書眉出校記甚多；邵武徐幹小匆則據同治本校刊，删去校記（收於《邵武徐氏叢書》二集、臺灣成文出版社《中國方志叢書》華中地方第六四號）。

此外，整理本則有浙江省嵊縣縣志編纂委員會辦公室一九八五年重版的内部鉛印本（簡體豎排，未正式出版，以下簡稱『鉛印本』）。其初版爲一九八三年據同治本油印，未見），以同治本爲底本，其前言説明『由本室張秀銚同志據《四庫全書》文瀾閣本、吴興劉氏嘉業堂藏清鈔本、道光八年嵊署刊本、光緒《邵武徐氏叢書》刊本、民國三十年《高氏宗譜》附刊木活字本，以及有關古籍進行了覆校』，標點整理居功至偉，惜乎校記過於簡略，亦有誤校之處。

本次整理，以《宋元方志叢刊》所收道光本爲底本，以北京圖書館藏同治本、影印文淵閣四庫本（以下簡稱『四庫本』）參校，并擇善吸收同治本和鉛印本的校勘成果，如此，已足以反映各版本的面貌。另外，標點較多參考了鉛印本的整理成果，謹此説明。

注釋

〔一〕鄭麗佳：《剡録研究》，浙江大學二〇〇九年碩士論文。

剡録目録

剡録卷六下

剡録卷七　（一三八）

剡録卷十……（一八四）

原序

山陰蘭亭禊，剡雪舟，一時清風，萬古冰雪，王謝抱經濟具，二戴深經學，奈何純曰高逸也？嗚呼！山川顯晦，人也；人隱顯，天也。天下多奇山川，而一禊一雪，致有爽氣，可謂人矣。江左人物如此，然二戴剡，王謝亦剡，孫阮輩又剡，非天乎？漢迨晋永和六百餘年，右軍諸人乃識剡；永和至皇宋嘉定幾千年，史君尹剡，訪似孫録剡事，剡始有史。桑欽《水經》酈道元注，道元魏人，先儒辨其北事詳南事略；似孫鄮人也，如其精覈，俟剡人。宋嘉定甲戌高似孫。

史安之序

剡在漢爲縣，在唐爲嵊州，未幾復爲縣。本朝宣和間，以剡爲兩火一刀，不利於邑，故更今名。邑舊有鄉四十，後分十有三别爲新昌縣，今所存纔二十七鄉耳。夫州縣之名雖數變更，然山川之靈蓋自若也。使剡古而有志，則歷代因革廢興之典，百世可知也。予懼夫後之視今，亦猶今之視昔，故爲《剡録》十卷。録皆高氏所作，凡山川城池，版圖官治，人傑地靈，佛廬仙館，詩經畫史，草木禽魚，無所不載。度此板可支百年，後之人毋以印刓而輒廢斯書也。嘉定八年歲次乙亥，縣令鄞人史安之序。

剡録卷一

縣紀年

越都督紹興府爲縣八，望曰嵊縣，字書曰：『四山爲嵊，四水爲霅。』縣有嵊山，酈道元《水經注》[一]曰：嶀山與嵊山相連。又有嵊亭。《十道志》曰：剡至嵊亭絶湍險，商客往來皆以裝束[二]。齊僕射張稷宰此縣，生子名嵊，字四山。虞騫《至嵊亭》詩：『命楫尋嘉會，信次歷山原。捫蘿[三]上雲糺，礐石[四]下雷奔。澄潭寫度鳥，空嶺應鳴猿。榜歌唱將夕，商子處方昏。』

漢剡縣屬會稽郡。道書曰：『兩火一刀可以逃。』言剡多名山，可以避災也。梁載言《十道志》曰：『讖曰：「兩火一刀可以逃。」自漢以來，擾亂不少，故剡稱福地。』梅福《四明山記》曰：『魏楊德祖至四明山，逢一老人，老人曰：「我見澗中涌泉，流一金刀，兩仙人把神火趁之，可往尋之。」德祖行前，見兩人把神火。及得水中金刀，可長二尺。二人者見德祖，倏去。德祖曰：「兩火成炎字，炎邊得刀，是爲剡字。」因號「剡溪」。又曰「剡山」。德祖爲銘二百字刻此峯。』羅隱《剡景》詩：『兩火一刀罹亂後，會須乘興月中行。』

唐武德四年，平李子通，唐鄭言有《平剡録》一卷。以剡縣立嵊州及剡城縣。八年，廢嵊州及剡城，以剡縣仍屬越州。趙嘏《發剡中》詩：『正懷王謝俯長流，更覽餘封識嵊州。

樹色老依官舍晚，溪聲凉傍客衣秋。南巖氣爽横郛郭，天姥雲晴拂寺樓〔五〕。日暮不堪還上馬，蓼花風起路悠悠。』〔六〕趙嘏詩蓋用嵊州也。

宋宣和三年，方臘平，改剡縣爲嵊縣。知越州劉述古言：『剡有兵火象，欲以嵊名縣。』詔從之。

城境圖

城

按漢剡縣城在今縣東北。舊經曰：『嵊城周十二里，高一丈，厚二丈。』《輿地志》曰：『城開門向江，縣不開南門，開即有寇。』唐武德中立剡城縣，有城池。括蒼管晋《脩城記》曰：『會稽縣八，剡爲清勝。承平日久，横目習治。庚子之冬，睦寇狂勃，剡寇應之。縣有城壘，圮弗克守，爲賊巢穴。明年春，帥劉公述古統制一道，掃清賊黨，謂令張誠發庀徒虔事，課工督程，出緡粟以餼夫，擘地段以就役。甫閲旬朝，完壁高堞，城之環亘十有二里。未幾，寇率其徒擁梯壁下，仰視完壯，失氣奪色。將兵出鋭掩之，俘馘。自是竄伏，孽不熾焉。侯智宏遠，知所先後，借不急此，孰與民保？時績維茂，磨石無愧。宣和三年作。』

門

東曰東曦，西曰西成，南曰望仙，北曰通越。

坊

坊二十四，曰訪戴、秀異、字民、佐理、集賢、招提、繼錦、通安、繼孝、齊禮、遷善、桃源、兆慶、迎春、嘉會、仁德、弦歌、醴泉、清河、進德、妙音、豐義、成裕、化民。

鎮

縣東一百步爲剡鎮，出舊經，今廢。邑民於縣西惠安寺前池内得一石，題曰『贍都鎮』，又曰『當鎮奉敕旨重開河池以防火燭，己丑歲二月日開北净池』〔七〕。天慶觀有錢氏時東都文移，蓋稱杭爲西都，越爲東都，此鎮即是剡鎮，錢氏有所更易耳。又蛟井鎮在縣西南一十五里，舊經曰：『山下有井，井有蛟，因是爲名。』宣和四年置〔八〕。

寨

長樂鄉寨，在縣西南五十里，宣和三年知越州劉述古奏置。

管界寨，在縣西七十里，紹興二十年浙東諸司奏創。

境

在府東南一百八十里。境東西二百七十六里，南北七十里。東至奉化縣一百四十里，界陸照嶺；西至諸暨縣一百三十六里，界勞績嶺；南至新昌縣一十五里，界胡墋；北至會稽縣五十五里，界池湖；東南到新昌縣界一十五里；西南到東陽界九十里；東北到上虞界六十六里；西北到會稽縣六十二里。

鄉

崇信鄉，有休祥、甘泉、竹山、懷安、剡中里。

莁〔九〕節鄉，有灌濤、昇仙、馴習〔一〇〕、思善、澄江里。

靈山鄉，有欽義、下闈、静安、守義、崇孝里。

金庭鄉，有昌化、善政、維〔一一〕新、永寧、緣德〔一二〕里。

忠節鄉，有三峯、孝嘉、石鼓、忠節、脩仁里。

孝節鄉，有新豐、從化、招安〔一三〕、綏安、方山里。

孝嘉鄉，有石鼓、桐柏、安樂、忠節、安義里。

崇仁鄉，有感化、霞邱、静林、歸善、愛敬里。

永富鄉，有克遜、西清、東闈〔一四〕、餘風、禪房里。

崇安鄉，有澄清、懷善、依賢、化俗〔一五〕、清安里。

富順鄉，有長敬、新安、温泉、慈烏里。

清化鄉，有懷善、開明、欽賢、習善、招賢里。
羅松鄉，有紫巖、雙璧〔一六〕、中川、斷金、豐樂〔一七〕里。
剡元鄉〔一八〕，有尊賢、澮城〔一九〕、中和、光明、積善里。
昇平鄉，有承霞、静豐、尚賢、大和、五山里。
仁德鄉，有甘棠、永樂、餘糧、歸仁、金塘里。
方山鄉，有金節、永壽、懷仁、通山、光德里。
禮義鄉〔二〇〕，有長安、仙林、平樂、懷忠、新安里。
桃源鄉，有永闌、白泉、長樂、崇信、安居里。
積善鄉，有南巖、雙璧、中川、豐樂、斷金里〔二一〕。
繼錦鄉，有馴善、攀轅、鳴弦、戴星、遷星里。
開元鄉，有静居、迴鄉、招仁、居賢、冰魚里。
長樂鄉，有崑山、陽明、剡元、義禮〔二二〕、寧安里。
太平鄉，有壁潭、擇賢、懷仁、建昌、懷信里。
康樂鄉，有游謝、宿剡、竹山、康樂、感化里。
游謝鄉，有康樂、明登、宿星、暝投、吹臺里。
靈芝鄉，有石床、東節、正�、化善里。

《水經注》曰：『吴黄門郎楊哀明居嵊縣宏訓里。』〔一三〕考之地圖，今無此里也。茈節，舊經曰：『茈音無。』字書曰：『茈，荑也。《本草》通曰蕪。』繼錦舊名治化，天聖中，邑人史綸登進士第，其子叔軻繼之，縣令魏琰改今名。齊唐《題史氏西園》詩：『戴水寒流對軒檻，桃源深徑入漁樵。』陳克詩：『雨裏落帆游謝鄉，寒聲古木共荒凉。四山爲我洗蒼玉，况有故人歸上方。』故人，汪彦章也，時寓東山國慶院。

官治志

縣治據剡山之陽，歷坡而升，樓觀竦峙，頗似會稽府譙。登眺所臨，溪山陳象，如顧凱之所云『千巖競秀，萬壑争流』者。孔曄《會稽記》曰：『剡縣治在江東，吴賀齊令始移今治。』公廳相值〔一四〕，舊有德星堂，名迎薰堂，今堂既廢，扁榜亦不存。所可考者，有宣和間盧天驥詩云：『剡溪詩尹亦何人，作堂餉客名迎薰。雖無〔一五〕桃李姓潘人，紅梅一窠香入雲。』東有東園，有四山閣，閣規模卑隘，寖就傾圮，園存斷碑而已。嘉定八年，尹史安之誅茅營新屋，且撤舊而更之，增敞縣樓，廣四山閣。即廳之東爲堂，復舊迎薰之名；其北爲面山堂，累石成山，玲瓏盤錯，因山之址，注水爲池，雜藝卉竹，相與映發，亭榭參錯，殆十餘所，皆史尹所創也。

古今長〔二六〕

吴

卜静，字玄〔二七〕風，吴都人，爲剡令。

賀齊，字公苗，山陰人，爲剡長。吏斯從爲姦，斬之，從族黨糾合千餘人攻縣。齊開城門擊破之。

晋

周翼，郗鑒之外甥。少遇饑亂，賴鑒得存。郗亡，翼爲剡縣令，解職歸，心喪三年。後歷青州刺史、少府少卿。

謝奕，字無奕，陳郡陽夏人。父裒爲吏部尚書。奕少有器鑒，歷郡太守掾，爲剡令。有一老翁犯法，謝以醇酒罰而遣之。累遷豫州刺史，追贈鎮西大將軍。

李充，字宏度，江夏鄳人。初辟丞相掾，嘗歎不被遇。殷揚州〔二八〕知其家貧，問：『君能屈志百里否？』李答曰：『北門之歎，久已上聞，窮猿奔林，豈暇擇木？』遂授剡縣令。

殷曠之，仲堪子，有父風，仕至剡令。

宋

王鎮之，字伯重。祖耆之，位中書郎。父隨之，上虞令。鎮之爲剡令。並有能名。

周顒，字彦倫。宋明帝頗好玄理，以顒有辭義，引入殿内，親近宿直。帝所爲慘毒，顒輒誦經中因緣罪福，爲之少止。元徽中爲剡令，有恩惠，百姓思之。

齊

張稷，字公喬。母疾時，稷年十一，侍養夜不解帶。每劇，則累夜不寢。及終，毁瘠過制，杖而後起。州里謂之純孝。齊永明中，爲豫章王嶷主簿，以貧求爲剡令。會山賊唐寓之作亂，稷率厲部人，保全縣境。

梁

王懷之，剡令。

陳

徐陵，剡令。

唐

張子胄，剡令。

皇朝令題名

周在田

陳求古

魏　炎

林　概

過　昱

丁寶臣

胡　格

劉　繪

鄭宗回

宋順國

侯　臨

晁　炎[二九]

譚　雍

蓋　參

章　珦

沈　振

聶長卿

高安世

江　相

晏明遠

施　佐一名仲素[三〇]

蘇　駧

賈公述宣德郎，元豐元年〔三一〕。是年新官制行。

錢長卿
吴　賁
劉　旦
吕必强
符　綬
張慶遠
孫汝秩
孫　潮〔三二〕
應　彬
宋宗年
姜仲開
趙不退
郭康年
韓　晦
趙涣之
宋廣國
王知元
史　祈
張　諤
俞應之
程　容
鄒秉均
宋　旅
莫伯軫
楊　植
范仲將
錢　塘
毛　鐸
蔡純誠
李耆年
郭契夫

趙伯楙　任望之
蘇　詡　吴　幬
陳嘉謨　李耆碩
張商卿　韓元脩
鄭逸民　季光弼
成欽亮　張　注
李　拓　陳　謨
葉　篚　劉　椝
周　悦　詹乂〔三三〕民
滕　璘　胡大年
謝椝伯　趙汝遇
史安之　蔣志行
趙彦傳　魏　岠
蔣　峴〔三四〕

劉長卿《寄剡中諸官》詩。『訪舊山陰縣，扁舟到岸涯。故林嗟滿歲，春草憶佳期。晚景千峯亂，晴江一鳥遲。桂香留客處，楓暗泊舟時。舊石曹娥篆，空山夏禹祠。剡溪多隱吏，君去道相思。」

許渾《送剡縣薛明府》詩。「車馬楚城壕，清歌送濁醪。露花羞別淚，煙草讓歸袍。鳥浴春塘暖，猿吟暮嶺高。尋仙在仙骨，不用廢牛刀。」〔三五〕

方干《和陳明府登縣樓》詩。「郭裏人家如掌上，簷前樹木映窗櫺。煙霞若接天台地，分野應侵婺女星。驛路古今通北闕，仙溪日夜入東溟。綵衣才子多吟嘯，公退時時見畫屏。」

方干《送剡縣陳永秩滿歸越》詩。「俸祿三年後，程途一月間。舟中非客路，鏡裏是家山。密雪霑行袂，離杯變別顏。古人唯賀滿，今挈解由還。」

王荊公《寄丁元珍》詩。「溪水渾渾來自北，千山抱水清相射。山深水急無艇子，欲從故人安可得。故人昔日此水上，樽酒扁舟慰行役。津亭把酒坐一笑，我喜滿顏君動色。論新講舊惜未足，落日低迴已催客。離心自醉不復飲，秋果初寒空滿席。今年卻坐相逢處，惆悵相逢別時迹。可憐溪水自南流，安得溪舟問消息。」

陸經《送丁中允宰剡》詩。「塵土官曹幾處閒，君今作邑好開顏。落帆直向剡溪口，入境先登天姥山。魚鳥半和風俗處，雲霞多雜簿書間。雪晴須去尋安道，召作經宵興盡還。」

王平父《送聶剡縣兼呈沈越州》詩。「剡溪清瀉映檀欒，天姥花飛載酒船。憶我少年來蠟屐，羨君今日去鳴弦。從容人樂漁樵外，瀟灑詩隨簿領邊。太守相逢應見問，爲言多病憶林泉。」

丞治在縣之東南佐理坊治，東有日哦軒。

題名

季祐之　林通
苗元裔　毛亶〔三六〕
沈昇　常棹
趙士叟　許瑴〔三七〕
曾緦　劉佺
呂横〔三八〕　王中孚
時璹　韓愿胄
章騆　周玭
吴枏　高子津
陳戍　梁立
吴道夫　陳彭壽
項鶚　唐仲義

蘇彬　陳昌年

楊浚　樓潚

俞杭　沈俊心

解汝爲　楊遵

張子榮　應泰之

趙崇謖〔三九〕　劉厚南

王彝倫

簿治縣之右，依剡山巔，有登眺趣，山址多林樾。嘉定八年，尹史安之創建於縣左訪戴驛之舊址。

治有朔風堂。

題名

文繩世　劉士野

吴雍　陳友仁

司馬僖　蔣鐔

刁駿　靳擴

蘇林　江濤

鄭　圭　　趙崇規
葉　梓　　趙善恕
陳秉禮　　鄭　宰
鄭伯行　　邊　沂
錢觀光　　趙源夫
姜强立　　徐　愿
李　密　　沈文焕
沈　忞　　趙必鼎〔四〇〕

羅隱《寄剡溪主簿》詩。『金庭養真地，朱篆勾稽官〔四一〕。境勝堪長往，時危喜暫安。洞連滄海闊，山擁赤城寒。他日抛塵土，因君擬鍊丹。』

梅聖俞《寄剡溪主簿臧子文》詩。『剡溪無淺深，歷歷能見底。潛鱗莫苦窺，塵紱聊堪洗。古木潭上陰，遺祠巖下啓。應識道傍碑，因風奠醪醴。』

尉治鄰丞治之東。治西有吏隱軒。

題名

吴秉
薛鎡
干閲
程衎〔四二〕
林懋能
陸釜
吴正國
魏興祖
謝深甫
于汝功〔四三〕
林昇
趙歖壆〔四四〕
宋易
韓晝
楊矩
侯杞
祝溥
杜師顔
張永
趙師向
陳紀
鍾闡
向士貴
錢聞善

胡之邵　宋元老
趙崇原　文　文
趙彦垠　吴元章
任謙之　黄　飛
姜　漸　邵三傑

榷官治 治在縣南三十步，爲稅所。廳舊在縣東遷善坊，縣尹史安之移於縣西化民坊。

社　志

社 舊經在西南，後移在北。嘉定八年，尹史安之重建於縣西。

學　志

崇寧二年，以舊學增建。五年六月罷，八月復置學五十區，爲緡錢一千四百三十有七，糧爲斛一千五百四十。學長、諭、直學各一人，齋長、諭各一人，學生文士五十人，武生闕焉。小學教諭一人，小長一人，學生四十人。出政和學制。嘉定八年，尹史安之得絶産。

舊經載：孔子廟堂在縣東南，慶曆八年，縣令丁竇臣所創，臨川王安國平父爲記。今不存。

脩學碑慶曆八年五月旦

太子中允丁寶臣

天之道運乎上，地之道處乎下，聖人之道行乎其中。一物不生，非天地之道；一民不治，非聖人之道。自堯舜禹湯文武成康至孔子千餘年，治天下者同其道也，亂天下者異其道也。剡令沈振初築學舍，未及完而徙他官。寶臣至，則嗣而成之。遷殿於其中，塑孔子像，高弟十人配坐左右。新門嚴嚴，應門耽耽，兩序翼翼，中庭砥平。令與學者春秋釋奠，朔望朝謁於斯。學也其可廢乎？噫！聖道與天地無窮，天地毀則聖人之道或幾乎熄，學其可廢乎？宣和中，燼于盜。建炎元年，令應彬建孔子殿。後三年，蜀郡范仲將始置廊廡。又明年，淄川姜仲開始大之。

脩學碑紹興五年九月甲午

王銍汝陰

嵊西南隅羣峯之麓，下臨剡溪，山川環拱，氣象雄張。有學焉，慶曆八年令丁元珍始加興葺。宣和初，焚於兵。建炎元年，令應侯彬建孔子禮殿。三年春，蜀郡范侯仲將崇廊廡，備像設，因其舊而升大之。又明年，淄川姜仲開以學爲急，又建學堂，移殿廡與門南向，致厚於學者靡不至也。落成於紹興五年秋。先王建學校，匪在弦誦威儀，以德行道藝教養成就其才，將以明師友之道。世無師友，道不傳也。孔門答問，獨於顔子告其大者。子夏、子張爲諸侯師，子貢築室，原憲棄仕，所被者遠也。孔子没而學進〔四五〕者，曾子也，一以貫之，許之以道矣。曾子傳子思，子思傳孟子。所謂忠恕、所謂誠明、所謂養氣，一也。今夫辯足以使四方，勇足以將三軍，一爲不善，不足以訶僕妾，氣懾失據，不在大也。是未聞孟子、曾子、子思大勇乎？學者顯窮齊致，生死不變，蹈道自樂，至於没齒，不可一日廢其常心而已。晉南渡，王、謝、孫、李、支、許之倫，初過浙江，爲剡中山水清放之游，一時稱高〔四六〕。曾不知邑東餘姚有諸馮之地，舜所生也；其北會稽之地，禹所没也。舜、禹功被萬世，而有見於遺俗，亦聞聖人之至德乎。范侯俊明高爽，健於立事；姜侯剛明廉肅，政在急吏寬民，人大化服，郁郁然洙泗之風矣。儒學爲吏師，政事出經術，戎馬之間，力興學校，知急所先，所立卓矣。俾刻於石，知所勸焉。性之外舅曾公衮以書稱此記曰：『會稽之地，但知王謝風流，不知諸馮禹蹟，實爲風俗所繫。其有益世教乎？』

脩學碑 乾道癸巳七月

左朝議郎、主管台州崇道觀　周汝士

簿栝蒼〔四七〕江公、尉臨海謝公視事之初，謁夫子廟，歷視傾欹，上漏下濕，諸生無所歸，因愀然曰：『政孰先於此？』同心之言，其應如響。於是定規摹，審材用，聚餱糧，命徒庸，弊者葺之，壞者新之。課有限，試有法，誘掖不倦，發於至誠。諸生激昂，日進於學，剡之文治熠然一變，蓋數十年未有也。古之仕者，以其所學；後之仕者，以其所不學。古之學者一毫未盡〔四八〕而使之仕，雖聖人有所不能；後之學者幸而入政，往往視所學爲空言，謾不知省，曰：『從事於斯，吾知爲政而已也，不知所學爲何事也。』昔魯脩泮宮，從公於邁，無小無大；蜀起學宫，邦人向化，鴻儒奇士，間生特起。異時掞藻天庭，淵源四海，如游夏輩，可不知所自耶？

新學

舊在縣西五十步。嘉定七年，尹史安之移建於縣西南繼錦坊。爲屋百區，前有泮水、秀異亭。

嘉定七年，史安之行尹事，三歎舊宫荒蕪，士失肄業。相攸剡山庚兑之隅，樂其崇峻敞開，山水明美，如杜子美所謂『剡溪秀異』，李太白所謂『剡水石清妙』者。迺匠新宇，巘巘嵬嵬，志於鑑風教、琢翹楚也。嗚呼！作學非難也，繼難也；繼非難也，知爲難也。然豈無知者乎？晋湛方生脩學教曰：『嶺舉雲霞之標，澤流清曠之氣。山秀水清，荆璞在此〔四九〕。』剡山水有之。魏曹植《孔子廟頌》曰：『脩復舊廟，豐其甍宇。莘莘學徒，爰居爰處。王教既脩〔五〇〕，永作憲矩。』剡學者圖之。高似孫《遷建學宫碑記》〔五一〕

新學記

袁燮

嵊，古剡也。『剡溪藴秀異，欲罷不能忘』，杜少陵之詩云。爾大秀異之氣，周流磅礴，鍾爲人物，必有資稟英粹，爲時翹楚者，其可輕哉！夔庀職成均，日延四方士，相與款語。觀其爲人，有端方者，有謹厚者，有志氣不羣者，有俊敏可喜者。品彙雜然，未易枚舉，非獨通都大邦人材之所自出，雖僻郡小邑，亦未嘗乏人。因是思人才之生，何地蔑有，今猶古也。維古盛時，待士類甚厚，長養磨淬，不厭不倦，良心德性，日益著明，於是乎皆爲善士，隨才器使，有功有業。即今之士類，而以古人長養磨淬之道，與之周旋，遲以歲月，則亦當有不可勝用之才，豈不甚可貴哉？不惟膠庠如是，抑郡若縣之學，皆能用是以淑士類，承學之流，躍然奮發者，亦必多有之。茲理甚明，任是責者不可不勉。四明史侯之爲嵊宰也，悼學宫之壞，棟撓柱欹，岌岌將壓，俊秀朋來，肄業無所，欲一新之。役大而費廣，資諸衆力，義不可强，則以身任之，曰：『此吾所欲爲，顧力不逮爾！』議罔不合，事由是集。舊學在城之隈，地非爽塏，氣鬱不舒，周覽以求勝處，乃得今地。臨流負山，面勢宏傑。經始於去秋，而告具於今春。自大成殿至於兩廡重門，自明倫堂至於東西齋序，自倉庫至於庖湢，凡屋百間，堅壯軒豁，遂成偉觀。而纖芥不擾，士業其中，雍雍愉愉，有雲飛川湧之適。侯及主簿君皆有書來，屬燮識之，燮不敢辭。侯名安之，字子由，太師之孫，今丞相之從子。生長金玉淵海之間，益自砥礪，不溺豪習，而留意於學宫如此，可謂知本務矣。諸生涵濡教育，何以報稱？亦惟有志於道，静觀此心，與天地同本，與聖賢同類，我欲爲善，誰能禦之？充火然泉達之端，謹揠苗茅塞之戒，更相磨勵，儒風大振，則侯之至望也。尚勉之哉！嘉定八年四月乙未，朝散郎、試秘書少監、兼國子司業、兼國史院編脩官、實録院檢討官袁燮記。

淵源堂孔門像〔五二〕

剡周氏作淵源堂，製先聖十哲坐像，列畫七十二子爲一堂，闢富學、輝聲、集彦、擢秀、恢義五齋，又有細論堂、藴秀軒、同襟館、蘭馨室。時永嘉王公十朋居師席，台温秀士咸在館塾。王公記曰：

孟子曰：『君子深造之以道，欲其自得之也。』説者因孟子之言，論淵源之學，本乎自得，非傳授所能。嗚呼！是見孟子之言，不究孟子之不必言也。夫欲造道於未得之前，不資諸師友，可乎？必深造而後能自得，非孟子有所不能言；未有舍師友而自能深造者，此又孟子所不必言也。孟子知性爲善，知道莫大乎仁義，爲七篇書，其自得有如此者。世之學者多矣，自得者鮮。父兄之教子弟，固非無師友也。命之之意，殆不過傳句讀、習文詞爾，鮮有及乎道學之淵源，望其深造自得，可乎？周君誡子孫曰：『親師友之淵源。』噫！君之家訓過人一等矣。盧子若孫懈而弗遵，爲名其堂，且記其事。

似孫曰：家有塾，黨有庠，古人之教也。王公之記，其叙若此，豈不足以裨風化、美習俗乎？取以系諸學。

進士登科題名

史　綸天聖五年王堯臣榜。
茹　約慶曆二年楊寘榜。
姚　勔嘉祐四年劉輝[五三]榜。
黄　特元祐六年馬涓榜。
姚舜明紹聖四年何昌言[五四]榜。
黄唐傑宣和三年何焕榜。
茹紹庭紹興十五年劉章榜。
茹　驤紹興十八年王佐榜。
周之綱淳熙二年詹騤榜，上舍。
白公焯淳熙十一年衛涇榜。
周之瑞淳熙十四年王容榜，上舍。
宋叔壽紹熙四年陳亮榜。
王復明慶元五年曾從龍榜。
石孝溥慶元五年曾從龍榜。

史叔軻綸之子，景祐元年張唐卿榜。
茹　開皇祐五年鄭獬榜。
史安民熙寧九年徐鐸榜。
求移忠紹聖元年畢漸榜。
求元忠崇寧二年霍端友榜。
馬　佐紹興十三年陳誠之榜。
周汝士紹興十八年王佐榜。
周汝能紹興二十七年王十朋榜。
唐　錡淳熙二年詹騤榜。
石宗萬淳熙十四年王容榜。
郭　綽淳熙十四年王容榜。
石宗魏慶元二年鄒應龍榜。
茹　騤慶元五年曾從龍榜。
任必萬開禧元年毛自知榜。

過文煥開禧元年毛自知榜。

周之章嘉定元年鄭自誠榜，上舍。

茹　彧〔五五〕嘉定四年趙建大榜。

姚　鏞嘉定十年吴潛榜。

周宣子嘉定十年吴潛榜。

過寀嘉定十三年劉渭榜，上舍。

周溶孫嘉定十六年蔣重珍榜。

廪

舊在縣西山頭。嘉定八年，尹史安之移置縣前。

驛

驛名訪戴，舊在縣左之訪戴坊。嘉定八年，尹史安之重建於東門之外。水行而舟，陸行而車，皆於此判袂，人以爲得津堠之要焉。

巘雪樓

嘉定八年，尹史安之新創。出東門在訪戴驛之南，下俯清溪，前列疊嶂。樓之下，扁曰『剡川一曲』。

戴溪亭

出南門枕碧溪，有戴溪亭。佳山清湍，芊林古渡，蔚茂平遠，盡入臨眺。王銍《戴溪亭》詩：『碧玉仙壺表裏清，我來閒伴白雲行。四山迤邐青圍野，一水蜿蜒碧遶城。試問春來觀秀色，如何雨後聽寒聲。老人飛馭煙霞外，落日空含萬古情。』又詩：『天上東風轉斗星，天涯羈客尚飄萍。道塗只謾經殘歲，風雪那堪客旅亭。春到怯添雙鬢白，夜寒愁對一燈青。絶憐萬古淒涼恨，不計樽前一醉醒。』王梅溪《戴溪亭》詩：『剡水照人碧，剡山隨眼青。吾來非雪興，暫上戴溪亭。』尚書芮公輝持憲節登此亭，賦詩：『溪山之興無時盡，興盡名亭意可知。出岫孤雲含細雨，投林宿鳥愛深枝。風流已是千年事，公案今成七字詩。短棹悠然隨所適，人生出處要如斯。』亭舊名『戴溪』，芮公更爲『興盡』，今仍舊名。

放生池

出北門半里，有亭名『恩波』，亭之前後皆有池。

版　圖

田爲晦三十七萬五千七百三十八，廢者爲晦八千四百二十，今爲晦三十六萬七千三百一十有二。嘉定以後晦。

夏輸上供：折帛錢爲緡四萬二千四百一十有九。和買爲絹一萬八千四百五十有一，捐其坍失者，合輸絹萬有八千二百二十有九。綢二百六十有九。綿爲兩二萬三千一百一十，捐其坍失者，合輸兩二萬七百七十有八。茶租爲緡七百四十。小綾二百五十，爲緡一千五百四十。米爲斛二萬四百，蠲閣者斛五百有七，合輸斛一萬九千。剡田厥上依溪作碑，厥中陂池爲利，厥下者以雲雨爲豐凶。其得陂碑者十不能二三，故田事磽薄，農人艱難。他州豐，剡不全熟，而又税重科濫，催督罕輕〔五六〕。使已納者不復輸，合科者不復過，則田磽農難，尚庶幾焉。

縣郭爲户一千一百九十四，爲丁一千八百九十五。嘉定以後。

鄉落爲户三萬二千，爲丁五萬六千八百一十八。嘉定以後。

兵　籍

尉司弓兵一百人。

長樂寨兵一百人。

管界寨兵一百人。

校勘記

〔一〕「注」字原無，查以下文字出自《水經注》而非《水經》原文，鉛印本即據補，今從之。下文同。

〔二〕「東」，同治本作「東」。

〔三〕「捫蘿」，本書卷九、四庫本作「捫天」。鉛印本校云：「抄本蘿作天。」

〔四〕「礐石」，原作「與石」，四庫本同，同治本、徐本作「礐石」。同治本校云：「礐，石聲。木華《海賦》「漂沙礐石」，又「雲驚浪雷奔」，詩蓋用其語。礐石一作與石，一作攀石。」按《藝文類聚》卷一七録此詩作「捫天上雲糺，礐石下雷奔」；而明馮惟訥《古詩紀》卷一百一録此詩，注曰：「礐，一作搴。」

〔五〕「寺」，同治本、四庫本作「宇」，同治本校云：「宇一作寺。」按《文苑英華》卷二九四録此詩作「寺」。

〔六〕鉛印本云：「《全唐詩》作薛逢詩。」按《全唐詩》注云「一作趙嘏」，《文苑英華》亦作「趙嘏」。

〔七〕鉛印本據嘉泰《會稽志》改「河池」爲「河道池子」，改「開北浄池」爲「開此浄地」。

〔八〕四庫本自「蛟井」以下作小字，無「又」字。

〔九〕「菮」原作「箆」，四庫本同；同治本作「菮」（校云：「菮，今志作箆。」），節末小注均同。按小注云「箆音無」，「箆，荑也」，則作「菮」字是，據改。以下不再出校。

〔一〇〕同治本校：「馴習，今志作馴翟。」鉛印本曰：「《嘉泰志》（當作《會稽志》，以下引用徑改）馴習作馴翟。」

〔一一〕「維」，四庫本作「惟」。

〔一二〕同治本校：「緣德」，今志作「歸德」。

〔一三〕同治本校：「從化今志作崇化。」鉛印本曰：「《會稽志》招安作招賢。」

〔一四〕鉛印本曰：「《會稽志》東闔作東聞。」

〔一五〕鉛印本曰：「《會稽志》化俗作化信。」

〔一六〕「雙璧」，四庫本作「雙壁」。以下積善鄉「雙璧」同。

〔一七〕同治本校：「豐樂今志作農樂。」

〔一八〕同治本校：「剡元，今志作剡源。」按徐本即作「源」，《會稽志》亦作「源」。

〔一九〕同治本校：「澹城今志作詹城。」

〔二〇〕鉛印本曰：「《會稽志》禮義鄉作禮遜鄉。」

〔二一〕按與上「羅松鄉」里名僅差一字，疑誤。

〔二二〕「陽明」，四庫本作「楊明」。「剡元」，同治本校：「剡元今志作昭仁。」「義禮」，同治本校：「義禮今志作禮義。」按四庫本作「禮義」。

〔二三〕同治本校：「按《水經注》「楊哀明居於宏訓里」，「無嵊縣」二字。」

〔二四〕同治本校：「值一作直。」

〔二五〕「無」，四庫本作「有」。本句卷九引作「雖無桃李繼潘令」。

〔二六〕「今」，原作「令」，四庫本同，同治本作「今」，校云：「今一作令。」按下文録有宋代縣令名，且及史安之之後，則作「古今長」是。

〔二七〕「玄」，道光本、同治本、徐本俱作「元」，四庫本作「玄」，當是避諱而改。《會稽志》《吴郡志》《姑蘇志》等書作「玄」，今改從其本人。以下徑改，不再出校。

〔二八〕「揚州」，原作「楊州」，四庫本作「揚州」，以下徑改。

〔二九〕道光本、四庫本原缺『炎』字，據同治本、徐本補。

〔三〇〕四庫本缺『佐一名仲素』。

〔三一〕『元年』，原作『六年』，四庫本同；同治本作『元年』，校云：『原作六年，誤。』按推行新管制實在元年，據改。

〔三二〕同治本校：『一本張潮下有張誠發，縣志同。』鉛印本亦曰：『據管晉《脩城記》，此處宜加縣令張誠發。』

〔三三〕『乂』，四庫本誤作『入』。

〔三四〕鉛印本云：『史安之後四令，當爲後人增補。』

〔三五〕同治本校：『壕一作豪，烏一作烏，仙骨一作仙署，廢一作費。』

〔三六〕同治本校：『毛亶，志列沈昇後。』

〔三七〕鉛印本云：『殼疑作穀。』不知何據。

〔三八〕明鈔本、四庫本缺横字，明鈔本注『今上御名』。

〔三九〕『崇謖』，同治本作『宗謖』，校云：『一作崇謖。』

〔四〇〕鉛印本云：『缺臧子文。』見下文梅聖俞詩。

〔四一〕『勾稽』，四庫本作『會稽』。按《羅昭諫集》卷二作『會稽』。

〔四二〕同治本校：『程衎一作陳衎。』

〔四三〕同治本校：『于一作干。』四庫本正作『干』。

〔四四〕『舉』，同治本作『舉』。

〔四五〕同治本校：「一本進下有之字。」

〔四六〕同治本校：「一本高下有尚字。」

〔四七〕「栝蒼」，四庫本作「括蒼」。

〔四八〕「盡」，同治本、四庫本作「信」。

〔四九〕「此」，四庫本作「兹」。按《藝文類聚》卷三十八引此句作「荆藍之璞，豈不在兹」。

〔五〇〕「脩」，四庫本作「備」。按《藝文類聚》卷三十八録此頌作「備」。

〔五一〕此注他本無。

〔五二〕鉛印本曰：「據舊志，此爲王十朋所作，民國本作「周瑜淵源湯記」。」

〔五三〕「輝」，四庫本作「煇」。

〔五四〕「言」，四庫本作「年」。

〔五五〕「彧」，四庫本作「或」。

〔五六〕「輊」，四庫本作「經」。

剡録卷二

山水志用酈道元注《水經》凡例

剡山爲越面，縣治府宅其陽。北出一峯，曰星子峯，比他山稱峻竦，岡隴迢遞，與星婺脈絡。其下曰剡坑，清湍潺潺，行竹樹陰。坑左右多果卉。西爲聖潭，山深而松秀，中有潭穴，泓泓可勺。《沃洲記》曰：『東南山水，越爲首，剡爲面。』其山巔屹起一峯，上有浮圖，號白塔，詩僧仲皎，結廬於此，曰閑閑庵。汝陰王銍賦詩：『賀家湖東剡溪曲，白塔出林山斷續。雪中興盡酒船空，境高地勝何繇俗。誰結禪居在上方，山房曲折隨山麓。箇中非動亦非静，自是白雲簷下宿。』世傳秦始皇東游，使人斸此山以泄氣，上坑深千餘丈，號剡坑山。王銍有《剡坑探梅》詩：『嶺上寒梅自看栽，山斜一半似屏開。春寒點點枝頭雨，上有東流水過來。』坑澗之水清潔可愛，又多花果。東爲嵊山，山有嵊亭，帶山臨江，松嶺森蔚〔一〕，沙水平净。嵊山在東三十里。《水經注》曰：『山上有亭，亭帶山臨江，松嶺森鬱，沙渚平净。』又東爲簟山，山勢平整，如設筦簟。有白巖龍祠，碧潭淵淵，用干霖雨。其下衆流趨導，湍石汎激，浮險四注。在東三十一里有白巖神祠并龍潭，祈禱輒驗。舊經曰：『山遥望之如鋪簟。』又東有四明山，千岡萬崖，巍與天敵，陽巖陰嶂，怪蹟可稽。有謝遺塵居。在東五十里，高二百一十丈，周回二百一十里。又綿亘上虞、餘姚間。《會稽地記》曰：「四明山高峯軼日，雲岫蔽天。」梅福《四明山記》曰：「四明山境四周圍[二]八百餘里，內通八百餘家居之。其山四面形勢各有區分。東爲鷩浪之山，西拒奔牛之壟，南則驅羊之勢，北起走蛇之峭。其中通一溪，曰篁溪。東面七十峯，號鷩浪山。其境接句章，東爲句章之地。西面山狀如奔牛，山中有五峯，形如芙蓉，號芙蓉峯，正是四明山之心。其峯有巖及石壁二，峯生五種之芝，自然花藥。南七十峯，狀如驅羊，號驅羊峯，其地宛轉吐出清澗。有七峯甚奇。一澗出南，過一百二十里，其水歸鄞江南源，是四明山南門也。其溪號爲白溪。西南有八峯如罾囊，號八囊山。向北有兩山如走蛇，山足澗深七十餘里，是四明之北門。」梅福《四明山記》[三]：「四明山四面二百八十峯，周回八百餘里，山內生銀蘭、香草藥、石乳、梓、松、柏、欆、黃楊、茗樹、石燕、毛竹、銀筍、不死之鹽。」孫綽《天台賦》曰：「涉海則有方丈蓬萊，登陸則有四明天台。」皮日休詩：「窗[四]間有真宰，四遠見蒼崖。」山中有九題者，謝遺塵所居也。張士遜《送高學士如越》詩：「山影四明接，溪聲萬壑流。」彭汝礪《送越帥程公闢》詩：「一水北鄰千里海，萬峯南揖四明山。」絶東爲三峯山，其陰與鄞之雪竇山接。崗嶺敷亘，澗道奔流。又有南山、黃山與白石三山，秀拔卓立。《水經注》曰：「東有簟山，又南有黃山，與白石三山，爲縣之秀峯。」又東爲石鼓山，山有祠。所謂石鼓者，人踐焉，石輒響答。東五十里有石鼓神祠。《沃洲記》曰：「北對四明而金庭石鼓介焉。」諸暨縣亦有石鼓山。又有動石山，山下通臨溪，溪中巨石數百磊磊，天欲雨，石必先動。山剜深潭，以宅龍物。東五十里。又東爲丹池，山積翠縹渺，雲霞所興，神仙之宮也。池有水赤色，勺之潔白。縣東七十二里舊桐柏山，唐天寶六載改爲丹池。道經曰：「上有桐柏合生，下有丹池赤水。」南岳真人曰：「越有桐柏、金庭，與四明、天台相連，神仙之宮也。」《真誥》曰：「桐柏山高一萬五千丈，周回八百里，四面視之如一。其一頭在會稽東海際，其一頭入海中，是金庭不死之鄉，在桐柏之中，方四十里，上有黄雲覆之。樹則蘇紆珠碧，泉則石髓金精。其山臺盡五色金也。經丹水而行，有洞天從中過，在剡、臨海二縣之境。』是爲金庭洞天，晋右軍羲之居焉。墨池書樓，遺雅不絶。金庭洞天，天台華頂之東門也。《名山洞天記》曰：『二十七洞曰金庭，周回三百里，名金庭崇妙之天，在剡縣。』唐裴通記曰：『剡中山水之奇麗，金庭洞天也。』按《上清經》，洞天在天台桐柏山中，方四十里，其北門在此小香爐峯頂，人莫見之。又曰：『晋王右軍家於此山，書樓墨池，舊制仍在。南齊道士褚伯玉於此置金庭觀，乃右軍之家也。』其南爲刻石山，山舊有衛夫人碑。山之半有巨井，井有蛟。南三十里。《十道志》曰：『一名穿山。相傳以刻石爲名，不知文字所在。昇明末，縣人倪襲祖行獵，見山上有文凡三處，苔生其上。刮苔視之，其大石文曰「黄天皇蕭字道成得賢師[五]，天下太平」。』舊經曰：『或言衛夫人碑墮此中，因以爲名。唐寶曆元年，觀察使元稹使人訪碑，不獲。』然剡山水之奇深重複，皆聚乎西。其西曰太白山、小白山，峻極崔巍，吐雲含景，趙廣信所仙也。雙石筍對立如闕，有趙廣信丹井。廣信鍊九華丹於此山側。剡水在山之陽。瀑泉怒飛，清波崖谷，稱瀑布嶺。嶺中産仙茗。宋褚伯玉嘗隱茲峯。西六十里。夏侯曾《先地志》曰：『峻極崔嵬，吐雲含景，與小白山接。趙廣信於此山煉九華丹。』《真誥》曰：『趙廣信，陽城人，魏末渡江來此山，師李法成服炁法。又授師左君守玄中之道[六]，徹視五藏，或入城市賣藥，莫知其年歲。後白日升天。』山有白猿、赤玃，又有鳥似鷄，文采五色，口吐緑綬，長數尺，號吐綬鳥。雙石筍各長五六丈，對立如闕。瀑泉飛下，號瀑布嶺，土人亦稱西白山。按《宋書》：『褚伯玉隱身求志，居剡縣瀑布山三十餘載，揚州辟議曹、從事，皆不就。齊高帝爲之築太平館。』華鎮《瀑布嶺詩序》曰：『在嵊縣西六十里。福善所集，蔚有靈氣，昔産仙茗。』《寰宇記》曰：『瀑布嶺屬餘姚。』蓋此山連接餘姚縣界。在東白山立嘯猿亭、疎山軒。仲皎《題東白山嘯猿亭》詩：『放意在雲表，飄然更自由。挂煙羣木冷，啼月一山秋。裊裊清風裏，凄凄碧澗頭。三聲融妙聽，行客若爲愁。』又仲皎《題疏山軒》詩：『竹外泉聲急，松心月色寒。人間推曠絶，只是倚欄杆〔七〕。』在西白山有一禪師道場、二禪師道場。仲皎《游西白山一禪師二禪師道場》詩：『勝境東西白，高僧一二禪。只知行道處，不記住山年。澗月平分照，林花各自妍。披雲尋舊址，猶在絳峯邊。』作齊雲閣，仲皎《題西白山齊雲閣》詩：『山雲吹斷路頭開，此處疑穿月脇來。怪底行人看碧落，笑談容易作風雷。』作齊築庵居。仲皎《西白山觀雪》詩：『西白名山處，那堪帶雪看。四圍銀世界，一色玉峯巒。夜色和天冷，清暉放月寒。溪梅初一二，著意爲渠看。』又詩：『啼切孤猿曉更哀，柴門半掩白雲來。山童問我歸何晚，昨夜梅花一半開。』又詩：『無地卓錐生計難，且空雙手到林間。猥隨碧水占明月，堅打白雲賒好山。巖石空邊依草舍，藤蘿低處著松關。年來老去知何許，合向人間占斷閑。』又爲鹿苑山，山有葛仙翁祠，祠下有二石甕蹲峙。石崖壁立，懸瀑十數丈，下注石穴，滙爲龍潭。鹿苑寺西源出山巔二小石穴，湧流至葛仙翁祠下，出二石甕間。又一里許，石崖壁立，瀑布十餘丈，下瀦爲潭。頃歲旱，投符潭内，劃然有聲。俄頃水盡黑，雹自潭發，雨驟至如響。又西爲五龍山，又曰烏豬山，重岡複嶺，峯巒蟬聯，老木虬松，青蓊失日。水自真如山，其來迢迢，或奔或滙，爲靈潭者五，龍抱雲雨。又西北爲葛峴山，西北二十里。高僧竺法崇居焉。孔淳之訪之，信宿不去。又西曰響巖，雲雨奮作，巖輒有聲。巖亦有神龍井。縣西，山有龍潭。石門山、縣西，山有龍潭，下有沸水在溪穴間，周二三尺，如湯沸滚滚，四時不休。然水流渾渾，不足尚也。貴門山，縣西，有細嶺山，有三懸潭，山下有普濟龍祠。給事李易有詩：『雲巘分佳茗，風潭矗怪松。書疑黄石授，税可紫芝供。抵玉那驚鵲，探珠欲近龍。晚來聽盡雨，乞水濯塵容。』又：『鐵騎侵淮海，龍潭路始通。雲生迷寶刹，月出現珠宮。瀉澗泉噴薄，依巖樹鬱葱。神交難獨擅，吾黨契元同。』又《題龍潭壁》詩：『貴門今是鹿門山，盡室扶攜萬壑間。流水相隨真自悟，遥岑一望若爲攀。風翻竹隖清如洗，月過松扉静不關。潭底卧龍煩一起，正須霖雨濟塵寰。』其山崖嶂干雲，崚嶒森錯，老蝙蝠如鴉亂飛。絶西爲仙巖，山峭矗，峯入天，一峯尤卓立。其餘諸山皆聳峭崚嶒，壁立萬仞，佳木老樹，陰翳森挺。山有石洞，有仙人蹟，可受數人。又有三泉迸出石穴，不假斤鑿，渾然天成。有龍居之。其東北曰了山，山有餘糧嶺。東北十二里，有餘糧嶺，産禹餘糧。又有禹祠。其北有謝巖山，北十五里。山有謝仙君祠。康樂所游也。山隩深峭，被以榛箭，有巨澗奔激，清湍崩石，映帶左右，入於溪下，爲三墜嶺。下視深川，紺碧一色。又北曰舜皇山，山最崇矗，岡嶺複深，有舜井焉。又北曰嶀山，兩岸峻壁，乘高臨水，深林茂竹，表裏輝映，其間傾澗懷煙，泉溪引霧，吹畦風馨，觸岫延賞。縣北四十四里。《輿地志》曰：『自上虞七十里至溪口，從溪口泝江上數十里，兩岸峻壁，乘高臨水，深林茂竹，表裏輝映，名爲嶀嵊，磧瀨迅湍，以至剡也。』《水經注》曰：『嶀山與嵊山接，其間傾澗懷煙，泉溪引霧，吹畦風馨，觸岫延賞，王元琳謂之神明境。事見謝康樂《山居記》。』《水經注》曰〔八〕：『嶀山山嶠壁立，臨江欹路，峻狹不得併行，行者牽木稍進，不敢俯視。西有一孤峯，飛禽罕至。山嶺頂樹下有十二方石，地甚光潔。嘗有採藥者沿山見通蹊，至此還，復更尋，遂迷前路。』又北有石牀，謝靈運所垂釣也。其下爲剡溪口，水深而清，曰嶀浦。潘閬《晚泊嶀浦寄剡縣劉既員外》詩：『曉泛剡溪水，晚見剡溪山。徘徊住行棹，待月思再還。漁唱深潭上，鳥棲高樹間。應當金石友，念我無暫閑。』又東北曰車騎山，謝玄之居也，右濱長江，左傍連山，平陵脩通，澄湖遠鏡。於江曲起樓，樓側悉是桐梓，森聳可愛，號桐亭樓。舊經曰：『晉車騎將軍謝玄爲會稽内史，嘗於北山立樓居止，後人因以爲名。』《水經注》曰：『嵊山東北太康湖，謝玄舊居，右濱長江，左傍連山，平陵脩通，澄湖遠鏡。於湖曲起樓，樓側悉是桐梓，森聳可愛，號桐亭樓。山中有三精舍，高甍凌虚，垂簷帶空，俯眺平林，煙杳在下，水陸寧晏，足爲避地之鄉。江有琵琶圻，圻有古冢墮水，甓有隱起字，云「筮吉龜凶，八百年落江中」。謝靈運取甓詣京師，咸傳觀焉。』舊經引謝靈運經此有詩云：『曩趾即先築，故池不更穿。果木有舊行，壤石無遠連。』按此詩康樂還舊園作贈顔延年，自注：『即始寧園也。』始寧，今上虞縣有西莊別墅存焉。然舊經載於此，未考。

剡以溪有聲，清川北注，下與江接。樂史《寰宇記》曰：『在縣南一百五十步。』其水合山流爲溪，殆如顧愷之所謂『萬壑争流』者。其源有四：一自天台山北流會於新昌，入於溪；一自婺之武義西南流經東陽，復東流，與北流之水會於南門，入於溪；其一導鄞之奉化，由沙溪西南轉北至杜潭，入於溪；一自台之寧海歷三坑西，繞爲三十六渡，與杜潭會，出浦口，入於溪。合四流爲一，入於江。舒元輿《弔谿藤文》謂『剡溪上緜四五百里』，則未考也。《會稽郡記》曰：『會稽境特多名山水，潭壑鏡徹，清流瀉注，惟剡溪有之。』王子敬云：『從山陰道上行，山川自相映發，使人應接不暇。若秋冬之際，尤難爲懷。』子敬所云，豈惟山陰，特剡溪又過耳。《元和郡國志》曰：『溪出縣西南，北流入上虞爲江。』是溪也，朱放謂之剡江，詩曰：『月上沃洲山上，人歸剡縣江邊。』李端謂之戴家溪，詩曰：『戴家溪北住，雪後去相尋。』方干謂之戴灣，詩曰：『戴灣銜瀨片帆通[九]，高枕微吟到剡中。』陸龜蒙謂之剡汀，詩曰：『歸鴻吴島盡，殘雪剡汀銷。』林概謂之嵊水，詩曰：『溪連嵊水興何盡，路接仙源人自迷。』齊唐謂之戴逵灘，詩曰：『春樹深藏嶀浦曲，夜猿孤響戴逵灘。』自上虞江七十里至溪口。《輿地記》曰：『上虞七十里至溪口。』張籍詩所謂『春雲剡溪口，殘月鏡湖西』，陸經詩『落帆直上〔一〇〕剡谿口，入境先登天姥山』是也。溪口爲嵊浦，蒼崖壁立，下束清流，深者爲淵潭，淺者爲灘磧。有山磐跱，下臨清深，是爲長官祠。一曰嵊浦廟。祠下爲嵊潭，水多巨魚，漁人蘆子〔一一〕所藏集。自嵊浦十里至樵樹，五里至黄沙，五里至强口，八里至了溪，傍爲故港。八里至浦口，四里至竹山，五里至吴家莊，十里至戴溪亭，二十里至蛟井，七里至桃源，二十里至大明寺，二十里至皇覺寺。晋王子猷居山陰，夜雪初霽，四望皓然，獨酌酒，詠左思《招隱》詩，忽憶戴逵，逵時在剡，便乘小舟詣之。造門，不前而返，曰：『本乘興而行，盡興而返，何必見安道耶？』李太白詩曰：『試問剡溪道，東南皆越鄉。舟從廣陵去，水入會稽長。』杜甫詩：『剡溪藴秀異，天姥引歸帆。』劉長卿詩曰：『鳥道通閩嶺，山光落剡溪。』朱放詩曰：『月在沃洲山上，人行剡縣江〔一二〕邊。』李端詩曰：『興來空憶戴，不似剡溪時。』戴叔倫詩曰：『心知剡溪路，聊且寄前期。』又曰：『那能有餘興，不作剡溪尋。』戎昱詩曰：『心繫征帆上，隨君到剡溪。』賈島詩曰：『何當折松葉，拂石剡溪陰。』溪得雨易漲，涉晴易涸。而爲淵潭者，輒聚沙成磧，爲邱衍者，又復爲大淵渟不止。高岸可谷，深谷可陵，亦幾於蓬萊清淺，幾見桑田矣。其曰了溪者，推禹功也。東北五里，源出了山。舊經曰：『禹鑿了溪，人方宅土。』王銍《僧湛然了溪詩序》曰：『水逆行謂之洚水。今浙江之潮，逆行之水也。禹因三江入海，順水性自然處以告成功，故剡溪謂之了溪。』又有東渡、西渡、南渡。《水經注》曰：『江水翼縣轉注，故有東渡、西渡焉。』南渡通臨海〔一三〕，並汎單船爲浮航。西渡通東陽，併二十五船爲橋航。王性之有《雪後渡西溪》詩：『雪後孤邨一段煙，晴光遠照玉山川。酒旗隔步招閑客，獨上西溪渡口船。』其以水利著者曰黄塘、北三里。漢塘、北二十五里。新塘、西三十里。廣利塘。西三十里。有小池在黄沙，與塘相距甚遠，人言與塘通。塘水灌溉或竭，而小池水爲減。塘水採漁或渾，則小池水爲之渾。其以湖稱，爲愛湖、南三里。曰東湖、西湖。西三十里。東湖瀰漫，兩旁蔭以長松，殊有爽氣。

校勘記

〔一〕『蔚』，同治本校：『蔚一作鬱。』按四庫本作『鬱』。

〔二〕『圍』，原作『回』，據四庫本改。

〔三〕『梅福《四明山記》』，同治本作『又記』。

〔四〕『窗』，四庫本作『穴』。

〔五〕此句道光本、徐本作『黄天星姓蕭氏道成得賢師』，據四庫本、嘉泰《會稽志》改。

〔六〕『君』，鉛印本誤作『軍』。按《真誥》卷十四『授』作『受』。

〔七〕此句四庫本作『只自倚闌干』。

〔八〕同治本校：『自嵊山與嵊山接至末皆《水經注》原文，中間「水經注曰」四字衍。』按，本書引文及詩詞同治本多據所引原書或他書出校，但古人引書本不求一字不差。以下若諸本無異或無明顯錯誤則一般不出校。

〔九〕『通』，四庫本作『風』。

〔一〇〕『上』，四庫本作『向』。按《會稽掇英集》卷四引亦作『向』。

〔一一〕『蘆子』，鉛印本作『舟子』，未詳所據。

〔一二〕『江』，四庫本作『溪』。按《會稽掇英集》卷四引亦作『溪』。又上文引此句作『人歸剡縣江邊』。

〔一三〕同治本校：『《水經注》原文「東南而渡通臨海」，此但云南渡，誤。』

剡録卷三

先賢傳

謝承作《會稽先賢傳》，鍾離岫作《會稽後賢傳》，今倣此作傳。唐脩晋史，凡晋人士奇辭逸語，往往刊落，知者惜之。今取諸晋雜史，庶於晋人風度有所載焉。

人士

戴逵，字安道，譙國人，居剡。祖碩，父綏，並有名位。逵有清操，性高潔，不樂當世，以琴書自娱。善圖畫，巧丹青，爲文綺藻。常以禮度自處，深以放達爲非。年十餘歲，在瓦官寺畫，王長史見之，曰：『此童非徒能畫，亦終當致名。恨吾老，不見其盛時耳。』孝武時，以散騎侍郎、國子博士累召，辭父疾，不就。郡縣敦逼不已，乃逃於吴。會稽内史謝幼度慮其遠遁不返，上疏請絶其召命，帝許之。逵還剡，召之，復不至。吴國内史王珣有館在虎邱山，乃潛往珣山中。謝玄、王珣並表逵焉。謝太傅本輕逵，見但與論琴書，逵既無吝色，而談琴書愈妙，謝悠然知其量。《晋安帝紀》曰：『逵有清操，性甚快暢，泰於娱生，好鼓琴，善屬文，尤樂游讌，多與高門風流者游。談者許其通隱。屢辭徵命，遂著高尚之稱。』逵既厲操東山，而其兄逯欲建式遏之功，《戴氏譜》曰：『逯字安直，譙國人。祖碩，父綏，有名位。逯以武勇顯，有功，封廣陵侯，仕至大司農。』謝曰：『卿兄弟志業何其太殊？』逯曰：『下官不堪其憂，家弟不改其樂。』

謝敷，字慶緒，會稽人。澄靖寡欲，入太平山十餘年，以母老，還南山若耶中。内史郗愔表之，徵博士，不就。嘗於剡中造風林寺，敷崇信釋氏，以長齋爲業。初，月犯少微，少微一名處士星，占者以隱士當之，戴安道有美才，時人惜之；俄而敷死，會稽士人嘲曰：『吴中高士，求死不得死。』

郗超，字景興，高平人，司空愔之子也。少卓犖不羈，有曠世度。累遷中書郎、司徒、左長史。超每聞欲高尚隱退者，輒爲辦百萬資，並爲造立居宇。在剡，爲戴公起宅，甚精整。戴始往舊居，與所親書曰：『近至剡，如官舍。』

謝奕作剡令，《中興書》曰：『謝奕字無奕，陳郡夏人。祖衡，太子少傅；父裒，吏部尚書。奕少有器鑒，辟太尉掾、剡令，累遷豫州刺史。』有一老翁犯法，謝以醇酒罰之，乃至過醉，而猶未已。太傅時年七八歲，著青布袴，在兄膝邊坐，諫曰：『阿兄，老翁可念，何可作此？』奕於是改容曰：『阿奴欲放去耶？』遂遣去。

李宏度常歎不被遇。《中興書》曰：『李充字宏度，江夏鄳人也。祖康，父矩，皆有美名。充初辟丞相掾記室參軍，以貧求剡縣，遷大著作、中書郎。』殷揚州知其家貧，問：『君能屈志百里否？』李答曰：『北門之歎，久已上聞。窮猿奔林，豈暇擇木？』遂授剡縣[一]。

戴教，字長雲，安道子也，爲散騎常侍。與顒並高蹈俗外，三葉肥遁，世稱清風，家盈素氣，故使箕潁重輝，夷皓疊蹟，爲海内所稱焉。前後辟命不就。出《吴地志〔二〕》。

戴顒，字仲若，安道子也。剡多名山，故世居剡下。與兄並受琴於父，父没，所傳之聲不忍復奏，各造新弄。兄制五部，顒制十五部。顒又制長弄一部，並傳於世。桐廬縣又多名山，復共游之，因留居止。兄卒，顒以桐廬僻遠，難養疾，出居吴下。吴下士人共爲築室，聚石引水，植林開澗。乃述莊周大旨《逍遥論》，釋《禮記》《中庸》篇。元嘉中召，不就。止京口黄鵠山北竹林精舍，宋文帝每欲見之，常謂黄門侍郎張敷曰：『吾東巡之日，當宴戴公山下也。』卒年六十四。出沈約《宋書》。

阮裕，字思曠，陳留尉氏人。祖略，齊國内史；父顗，汝南太守。少有德行，出《中興書》。淹通有理識。居會稽剡縣，志尚肥遁。出《阮裕别傳》。在東山蕭然無事，常内足於懷。出《世説》。除東陽太守、徵侍中，皆不就。有以問王逸少，逸少曰：『此公不驚寵辱，雖古之沈冥，何以過此？』劉真長曰：『我入東，正當泊安石渚下耳，不敢復近思曠傍。』在東山，終日静默，無所脩綜，而物自宗焉。卒葬剡山。出《晋書》。

阮傭〔三〕，字彦倫，裕長子，仕至州主簿。出《阮氏譜》。

阮萬齡，裕之孫。少知名，家在剡縣，頗有素情。宋永初末，自侍中解職東歸。

王羲之，字逸少，司徒導從子也。家世貧約，恬暢樂道，未嘗以風塵經懷。出《王導别傳》。

祖正，尚書郎；父曠，淮南太守。元帝之過江也，曠創其議。羲之有英譽，風骨清舉，出《晉安帝記》。高爽有風氣，不類常流。出宋文帝《文章志》。朝廷公卿皆奇其才器，爲右軍將軍、會稽内史。初渡浙江，便有終焉之志。時孫興公與支道林共載往逸少，因論莊子《逍遥游》，作數千言，才藻新奇，逸少披襟留連不能已。出《世説》。慕會稽佳山水名，遂居焉。剡金庭觀稱右軍故宅，有書樓、墨池。

王徽之，字子猷，羲之子。性卓犖不羈。出《晉中興書》〔四〕。爲大司馬桓温參軍，温曰：『卿在府久，比當相料理〔五〕。』初不答，以手版拄頰云：『西山朝來，致有爽氣。』出《世説》。嘗居山陰，夜雪初霽，月色清朗，四望皓然，獨酌酒，詠左思《招隱》詩，忽憶戴逵。逵時在剡，便夜乘小舟訪之，經宿方至，造門不前而返。人問其故，徽之曰：『本乘興而行，盡興而返，何必見安道耶？』子敬與子猷書，道伯兄蕭索寡會，遇酒則酣暢忘返，乃自可矜。

謝玄，字幼度，與從兄朗俱爲叔父安所器重。轉征西將軍。苻堅入寇，朝廷求文武良將，安以玄應舉。郗超歎曰：『玄不負所舉！吾嘗見其使才，雖履屐之間，亦得其任。』於是徵拜建武將軍，監江北諸軍事，大破苻堅。遂經略舊都，加都督七州。會翟遼張願叛，玄上疏送節，盡求解所職，又以疾辭。授散騎常侍、會稽内史。玄輿疾之郡，居嶀山東北太康湖，江曲起樓，樓側桐梓森聳，人〔六〕號桐亭。出酈道元《水經注》。卒，葬始寧。有《文集》十卷。三子，曜、宏、徵，皆歷顯位。

王洽，字敬和，導諸子中最知名，與荀羨俱有美稱。歷散騎中書郎，又加中書令。穆帝詔書稱其清裁。嘗游剡。出白居易《沃洲記》。

劉恢，字道生，沛國人。識局明濟，有文武才，王濛每稱其思理淹通，蕃屏高選，爲車騎司馬。年三十六，卒，贈前將軍。出宋明帝《文章志》。嘗入剡。出《沃洲記》。

許詢，字玄度，高陽人，有才藻，善屬文。出《續晉陽秋》。與孫興公皆一時名流，出《世説》。俱有負俗之談，卒不降志。出《文章志》。能清言，於時人士皆欽慕仰愛之。出《晉中興書》。劉尹云：『清風朗月，輒思玄度。』出《世説》。父旼，晉元帝渡江，遷會稽内史，因居焉。《許氏譜》曰：玄度母，華軼女。詢隱不仕，召爲朝議郎，不就。築室永興縣西山〔七〕，蕭然自致，乃號其岫曰蕭然山。楊巨源詩：『許詢本愛交禪侶，陳寔由來是好兒。』耿湋詩：『許詢清論重，寂寞住山陰。野客接寒寺，閑門當古林。海日秋熟早，湖水晚漁深。世上窮通理，誰能奈此心。』入剡山，莫知所止，或以爲昇仙。出《晉中興書》。

殷融，陳郡人，歷太常、吏部尚書，仲堪其子也。有才操。仲堪子曠之，爲剡令，有父風。時融病虚悸，聞床下蟻鬭，謂是牛鬭。曾游剡。出《沃洲記》。

孫綽，字興公，家會稽，博涉經史。出《文章志》。與兄統爲文，選言簡章，清綺絶倫。出《續文章志》。綽游放山水，十有餘年，作《遂初賦》以致其意。游剡中。出《沃洲記》。

王濛，字仲祖，太原晉陽人。濛神氣清韶〔八〕，放邁不羣，檢尚雅正，外絶榮競。辟司徒掾、中書郎。出《王長史別傳》。嘗游剡焉。

何充，字次道，廬江人。思韻淹通，有文章才情。累遷會稽内史、侍中、揚州刺史，出《晋陽秋》。嘗入剡。出《沃洲記》。

王坦之，字文度，述之子，與郗超俱有重名。歷散騎常侍、大司馬，嘗游剡。出《沃洲記》。臨死與謝安、桓冲書，不及私，惟憂國家事。

謝朗，字長度，安次兄，據之長子。文義艷發，名亞於玄。仕至東陽太守。出《晋陽秋》。嘗至剡中。出《沃洲記》。謝太傅寒雪内集，俄而雪驟，公欣然曰：『白雪紛紛何所似？』兄子胡兒曰：胡兒，朗小字也。『撒鹽空中差可擬。』兄女曰：『未若柳絮因風起。』公大笑樂。兄女即大兄無奕女，左將軍王凝之妻也。《婦人集》曰：『道藴有文才，所著詩賦誄頌傳於世。』

袁宏，字彦伯，陳郡人。謝安賞宏機捷辨速，自吏部郎出爲東陽郡。祖於冶亭，時賢皆集，安欲卒迫試之，執手將別，顧左右取一扇而贈之，宏應聲答曰：『輒當奉揚仁風，慰彼黎庶。』合坐歎其要捷。出《晋陽秋》。嘗入剡。出《沃洲記》。彪有逸才，文章絶麗，曾爲詠史詩，是其風情所寄。彪，宏小字，出《續晋陽秋》。

王脩，字敬仁，太原晋陽人。父仲祖也。脩明秀有美稱，爲著作佐郎、琅琊王文學，轉中軍司馬，未拜而卒，時年二十四。王弼之没，與脩同年，脩弟熙歎曰：『無愧於古人而年與之齊也！』曾入剡。出《沃洲記》。

謝萬，字萬石，太傅安弟也。才氣高俊，蚤知名，歷吏部中郎將、豫州刺史、散騎常侍。出《中興書》。嘗入剡。出《沃洲記》。萬善屬文，能談論，爲《八賢論》，謂漁父、屈原、季主、賈誼、楚老、龔勝、孫登、嵇康也。出《中興書》。

蔡系，字子叔，濟陽人，司徒謨第二子。有文理，仕至撫軍長史。出《晋中興書》。嘗曰：『韓康伯雖無骨幹，亦自膚立。』嘗入剡。出《沃洲記》。

孔淳之，字彦深，魯人。少高尚，居剡，性好山水，每有所游，必窮幽峻，或旬日忘歸。嘗遇桑門，披衿領契，自以爲得意之交。出王智深《宋記》。與戴顒、王宏之、敬宏等共爲人外之游。會稽太守謝方明苦要之，不能致，使謂曰：『苟不入吾郡，何爲入吾郭？』淳之笑曰：『潛游者不識其水，巢棲者不辨其林，飛沈所至，何問其主？』終不肯往。茅室蓬户，庭草蕪徑，唯牀上有數帙書。出沈約《宋書》。元嘉初徵爲散騎侍郎，乃逃於上虞界中，家人莫知所在。

謝靈運，陳郡陽夏人，移籍會稽。幼聰慧，善屬文，舉筆立成，文章之盛，獨絶當時。出《文選人名〔九〕録》。襲封康樂，遷秘書丞，出爲臨海太守。及經山陰防禦，出《元嘉起居注》。郡有名山水，靈運素所愛好，遂肆意游遨。父祖並葬始寧，有宅墅，脩營舊業，傍山帶江，盡幽居之美。嘗入剡，有詩曰：『旦發清溪陰，暝投剡中宿。』

孔稚珪，字德璋，山陰人。早立名譽，風韻清疎，好文詠。當時名士陸慧曉、謝瀹、張融、何點、沈淵相與爲君子之交。盛營山水，不樂世務。徵侍中，不行；又拜詹事。嘗入剡，從褚伯玉授道。伯玉死，稚珪爲於太平館立碑。

張嵊，稷之子。稷初爲剡令，至嵊亭生子，因名嵊，字四山。嵊雅有志操，能清言。起家祕書郎，累遷湘東王長史。王暇日玄言，因爲之筮得節卦，謂嵊曰：『卿後當東入爲郡，恐不得終。』嵊曰：『貴得其所耳。』還，爲大府卿、吴興太守。侯景圍建鄴，率兵赴援，授嵊征東將軍。嵊曰：『天子蒙塵，何情復受榮號？』賊行臺劉神茂攻破義興，遣使説嵊，嵊斬其使，遣軍破神茂。侯景遣其中軍侯子鑒助神茂擊嵊，軍敗死節。元帝追贈侍中、開府儀同三司，謚忠貞。

朱士明，剡人，齊舉茂才。梁天監初，授儒林博士，除吏部尚書，封漢昌侯。

賀知章，字季真，越永興人。性曠夷，姑子陸象先曰：『季真清譚風流，一日不見，則鄙吝生矣。』肅宗爲太子，遷賓客，拜祕書監。知章晚節誕放，號『四明狂客』、祕書外監。天寶初，病夢游帝居，請爲道士。還鄉，以宅爲千秋觀。帝賦詩，乞鏡湖剡川一曲，賜之。

秦系，字公緒，越州會稽人，有詩名。天寶間避地剡川，作麗句亭，郡守改其居曰『秦君里』。出《秦隱君詩序》。北都留守薛兼訓奏爲右衛率府倉曹參軍，不就。建中初，結廬於泉南九日山〔一〇〕，穴石爲研，注《老子》。系詩曰：『終當避世喧，自注五千言。』刺史薛播數往見之。張建封聞不可致，請就加校書郎。系寄建封詩曰：『少是煙霞客，潭深得釣魚。不知芸閣上，還校幾多書。』姜公輔以言忤德宗，爲州别駕，築室鄰系而居焉。貞元七年，東度秣陵，年八十餘卒〔一一〕。泉南人思之〔一二〕，號其山爲高士峯。有詩一卷。

李紳，字公垂，中書令李敬玄孫。少孤，游剡，止〔一三〕龍宫寺。老僧脩真曰：『後當領鎮此道，幸願建飾吾寺。』出紳所作《龍宫寺碑》。踰二紀，紳自宣武節度歷左散騎、越州刺史，乃〔一四〕一新舊游之地，賦詩以紀其事，又刻碑。

齊抗，字遐舉，定州義豐人，拜中書門下平章事。昔游越鄉，閲翫山水者垂三十載。初棲於剡嶺，後遷於玉笥，自解辟此山。未二紀而登台鉉。出陳諫《登石傘峯詩序》。似孫喜藏齊相拜平章時誥。

孝　行

齊公孫僧達，剡人也。治父喪至孝，事母及伯父謹節，名聞郡縣。建元三年，表列僧達等二十三人，詔表閭蠲賦。

齊韓靈敏，剡人，早孤，與兄靈珍並有孝性。母亡，無以營奉，共種瓜半畝，朝採瓜子，暮已復生，遂辦葬焉。會靈珍亡，無子，有妻守節，靈敏事之如母。

剡縣小兒，年八歲，與母俱病赤斑。母死，家人不令兒知，兒疑，問之曰：『母嘗數問我病，今不復問，何也？』因自投牀，扶匐至母屍側，頓絶而死。

陳王知玄，居剡，丁父喪，哀毁卒。高宗改孝家里。

鄭僧保，剡人，居父母喪，廬墓側十載，芝草生於墓，甘露降松柏。

列女

公孫夫人，姓公孫氏，會稽剡人。資三靈之淳懿，誕華宗之澄粹。奇朗照於齠齓，四教成於弱笄。慈恩温恭，行有秋霜之潔；祇心制節，性同青春之和。敦悦憲章，動遵規禮。居室則道齊師氏，有行則德配女儀。禮服有盈，籩豆無闕。贊曰：猗歟夫人，天姿特挺。行高冰潔，操與霜整。性揚蘭芳，德振玉潁。猗彼瓊林，奇翰有集。展彼碩媛，令德來緝。動與禮游，静以義立。出晋鈕滔〔一五〕《母孫氏所作序贊》。

仙道

劉晨、阮肇，剡縣人。漢明帝永平十五年，采藥於天台山，望山頭有一桃樹，取食之。又流水中有胡麻飯屑，二人相謂曰：『去人不遠！』因過水，深四尺許。行一里，又度一山，出大溪，見二女顔容絶妙，便唤劉阮姓名，問：『郎來何晚也？』館服精華，東西帷幔寶絡，左右盡青衣。進胡麻飯、山羊脯，設甘酒，歌調作樂，日暮止宿。住半年，天氣和適，常如二三月。鳥鳴悲慘，求歸甚切。女唤諸仙女歌吹送還鄉。鄉中怪異，驗得七代子孫，傳聞祖翁入山，不知何在。太康八年，失二公所在。剡有桃源，在縣三里。舊經曰：『劉阮入天台遇仙，此其居也。』林概《越中》詩：『繡被歌殘人竟遠，桃花源静客忘歸。』

葛洪，字稚川，仙翁從孫，好神仙導養。仙翁以丹授弟子鄭君，稚川就鄭君得之。咸和初，選散騎常侍，辭。以交趾出丹砂，求爲勾漏令。鍊丹羅浮山，卒年八十一，顔如玉，體柔軟，舉尸入棺，但遺空衣。上虞蘭芎山，稚川所棲也。出《輿地志》。盧綸詩：『城闕望煙霞，常悲仙路賒。寧知樵子徑，得到葛洪家。』曹唐詩：『最愛葛洪尋藥處，露花玉蘂滿山春。』剡有仙翁丹井、石梯、釣魚臺，稚川亦至焉。

褚伯玉，字元璩，錢塘人，少有隱操。年十八，父爲之婚。婦入前門，伯玉出自後門，往居剡瀑布山，隔絶人物。王僧達爲吴郡寧朔將軍，丘珍〔一六〕孫與僧達書曰：『褚先生滅影雲棲，抗高木食，非折節好士，何以致之？』出蕭子顯《齊書》。以禮招致，伯玉不得已。停郡信宿，纔交數言而退。宋孝建二年，召聘不就。齊高帝即位，手詔吴會二郡以禮迎遣，辭疾而歸。敕於剡白石山立太平館舍之。孔稚珪從其授道，爲於館側立碑。《南史》。卒年八十六。常居一樓，仍葬樓所。

趙廣信，陽城人。魏末入剡小白山，受李法成服炁法。又受師左君守元中之道，内見五藏徹視法。七八十年，賣藥人間，作九華丹。或曰白日登天。山中有趙廣信丹井。

孫韜，字文藏，會稽剡人。入山師潘四明，參受真法。陶隱居手爲題握中祕訣，門人罕能見，唯傳韜與相闓二人。出《真誥》。

顧歡，字景怡，隱剡山，好服食。弟子鮑靈綬門前有樹六十餘圍，精怪數見，歡印〔一七〕樹即枯。山陰白石村多邪病，歡爲講《老子》，皆愈。又有病邪者，歡問其家有《孝經》否。歡令取『仲尼居』一章，置枕邊而愈。齊高帝輔政，徵揚州主簿。踐祚乃至，稱山谷臣，進《政綱》一卷，優詔稱美。東歸，賜麈尾素琴。上虞江岸有顧墅，俗傳顧歡問學之所。

吴筠，字貞節，華陰人。通經義〔一八〕，美文辭，舉進士不中，去居南陽山。天寶初，召至京師。南游天台，觀滄海，與有名士相娛樂，文辭傳京師。明皇遣使召見大同殿，與語甚悦，敕待詔翰林。獻《玄綱》三篇。帝嘗問道，對曰：『深於道者，無如《老子》五千言。』復問神仙治〔一九〕鍊法，對曰：『此野人事，積歲月求之，非人主宜留意。』未幾，漁陽事作，乃復東入會稽剡中。

高僧

白道猷，羅漢僧，來自西天竺，居沃洲山。白居易《沃洲山記》曰：『道猷肇開兹山。』竺道壹在若耶山，道猷以詩寄之。『連峯數十里，脩林帶平津。茅茨隱不見，鷄鳴知有人。閑步踐其徑，處處見遺薪。始知百世下，猶有上皇民。開此無事跡，以待竦俗賓。長嘯自林際，歸此保天真。』壹得詩，欣然往訪之。上虞有白道猷嶺，嘗結庵於此。江公堯詩：『好是道人巖畔月，夜深清照飲猿溪。』天台山水清險，前有石橋，逕不盈尺，長數十丈，下臨絶澗〔二〇〕，冥忘其身然後能濟。師梯巖壁，捫蘿葛前，山蔚然綺秀，雙嶺入天，有瓊臺玉閣。道猷過此，獲紫芝靈藥。出《啓蒙記注》。

竺潛，字法深，隱剡山。學義淵博，名聲早著，宏道法師也。出庾法暢《人物論》。晋哀帝〔二一〕

兩使禮致之，既至，簡文尤師敬。劉惔嘲之曰：『道人亦游朱門乎？』潛曰：『君自見朱門，貧道以爲蓬户耳。』還山，支遁求買沃洲小嶺。潛公曰：『欲來當給，不聞巢由買山隱也。』遁得深公之言，慚恧〔二二〕而已。《世説》作『因人就深公買印山』。舊經曰：『東岇山在新昌縣東四十里。』石林《避暑録》〔二三〕曰：『《高僧傳略》載孫綽《道賢論》，以當時七僧比七賢，竺法護比山巨源，白〔二四〕法祖比嵇叔夜，竺法乘比王濬冲，竺法深比劉伯倫，支道林比向子期，竺法蘭比阮嗣宗，支道遠比阮仲容，各以名迹相類者爲配。』惜不見全文。世説晋人本超逸，更能以佛理佐之，宜其高勝不凡。但恨是時未有經文，傳者亦未廣，猶以老莊爲宗。竺法深賢於王氏諸人遠矣。即支遁求買沃洲，報曰『未聞巢由買山而隱者』，遁猶輸此一著，想見其人物也。皇甫冉詩：『高人本姓竺，開士舊名林。一入雪山裏，千年不可尋。』〔二五〕秦系詩：『松間儻許幽人住，更不將錢買沃洲。』棲白〔二六〕詩：『荒齋增暑夢，數夕罷冥搜。南海高僧問，西園獨鶴愁。興生黄竹晚，吟斷碧雲秋。共是忘機者，何當卧沃洲。』清晝詩：『憶君南適越，不作買山期。』劉長卿詩：『沃洲能共隱，不用道林錢。』

支遁，字道林，《高逸沙門傳》曰：『遁姓關氏，河内林慮人。或曰陳留人。』神心警悟，清識玄理，任心獨往，風期高亮，沈思道行，泠然獨暢。出《支遁别傳》。又幼有神理，聰明透澈。出《支遁傳》。王濛重之曰：『造微之功，不減輔嗣。』羲之在會稽，與交。住靈嘉寺，入沃洲小嶺建精舍。盧象詩：『玄度常稱支道林，高人隱處白雲深。一去人間長不見，千峯萬壑勢〔二七〕森森。』至山陰講《維摩經》，許詢爲都講，賓主之辯，相尋無窮。《世説》曰：『諸人士及林法師在會稽西寺講，王苟〔二八〕子在焉，許掾便〔二九〕往西寺與王論理，共決優劣。』又在白馬寺中，將馮太常共語《逍遥》，支卓然標新〔三〇〕理於二家之表。《馮氏譜》曰：『馮懷，長樂人，歷太常護軍將。』陸龜蒙詩：『何時更問逍遥義，五粒松陰拂石牀。』注曰:『道林有《逍遥義》。』有遺馬者,受之,曰:『吾愛其神駿。』山有放馬坡,在縣東三十里。有餉鶴者,曰:『凌霄之姿,何肯與人作耳目近玩?』養翮成,使飛去。《世説》曰:『支公好鶴,在峁山有放鶴峯。』每名辰至餘姚隖,曰:『昔來就見安石,輒移旬日。今觸情是愁耳!』殁,葬隖中。舊經曰:『隖在餘姚縣西南十二里。』《僧史》曰:『遁經餘姚隖,信宿彌日不去。或問其意,曰:「若安石相從,未嘗不移旬。今觸目是愁耳!」乃移隖中。永和元年閏四月四日殁,葬隖中。』《世説》曰:『墓在石城。戴安道過其墓,歎曰:「德音未遠,而拱木已積。」蓋神理綿綿,不與氣運俱盡耳。』出《建康實録》。有文集八卷。集中有《即色論》高妙。

乾興淵、支道開、威、藴、宻、實、光、識、斐、藏、濟、度、湜、印。自威至印,一字爲一僧,與白道猷、竺法潛、支道林、乾興淵、支道開,凡十八僧,皆居沃洲山。出《沃洲山記》〔三一〕。

支曇蘭,晋太元中游剡縣,後憇赤城。《高僧傳》。

竺曇猷,燉煌人。少苦行,習結禪定。游江左,止剡之石城山,有神現形,詣猷曰:『師威德既重,來止此山,弟子輒推室相奉。天台山懸崖峻峙,峯嶺侵天,上有釋舍,得道者居之。』有石橋跨澗,而横石斷之,自終古以來,無得至者。猷行至橋,所聞空中聲曰:『知君誠篤,今來相度。後十日當得住此矣。』

竺法崇,有律學,精《法華經》。居剡葛峴山,茅茨澗飲。孔淳之訪之,信宿不去,神思頓〔三二〕豁。

曇斐，會稽剡人。棄家事慧基，善莊老儒墨之書，考究經典疑義。還居法華臺寺。衡陽孝王元簡、廬江何允〔三三〕師事之，張融、周顒從其游。

僧護，會稽剡人，住石城山隱岳寺。寺北有青壁千餘尺，護每至其下，輒聞管弦聲，或發光怪，即發誓就壁鐫十丈佛像。齊建武中，用工經年，纔成面像。俄卧疾，臨終誓曰：『再生當就吾志。』

僧祐，剡人。作石像，祐授其準式。先是，建安王聞僧護所造石像，上奏詔祐董其事。天監十五年成。舊説祐，護前身也。

靈澈，字澄源，會稽湯氏子。風儀甚雅，談笑多味，雖受經論，心好篇章。出劉禹錫《詩序》。語甚平易，如不出常境，而諸生思慮，終不可至。出權德輿《送行序》。從嚴維學詩，抵吴興，與皎然游。後自廬山入剡，歸沃洲。

校勘記

〔一〕同治本校：『謝奕、李宏度已見上《古今長》，此疑重出。』

〔二〕『志』，四庫本作『記』。

〔三〕『傭』，四庫本作『牖』。

〔四〕同治本校：『出《晋中興書》原作出《晋書》。』

〔五〕『料理』，四庫本作『斷理』。

〔六〕「人」，四庫本作「又」。

〔七〕「西山」二字原無，同治本校云：「永興縣下脱西山二字。」據補。

〔八〕「清韶」，四庫本作「清超」。

〔九〕「人名」，原作「名人」，據四庫本改。《文選人名録》，見《太平御覽》。

〔一〇〕同治本校：「按《全唐詩》：「建中初客泉州，結廬於南安九日山。」」

〔一一〕「東」原作「冬」，「卒」字原無。同治本校：「東度秣陵，東訛作冬。年八十餘卒，脱一卒字。」據改。

〔一二〕同治本校：「南安人思之。」

〔一三〕「止」，四庫本作「上」。

〔一四〕「乃」，四庫本作「仍」。

〔一五〕「鈕滔」，四庫本作「滔鈕」。按此條出《藝文類聚》卷十八，作「滔鈕」；然《隋書·經籍志》《舊唐書·經籍志》《新唐書·藝文志》均有《鈕滔集》五卷，《藝文類聚》及四庫本誤。

〔一六〕「珍」，四庫本作「彌」。按《南齊書》作「珍」。

〔一七〕「印」，四庫本作「叩」。

〔一八〕「義」，四庫本作「誼」。

〔一九〕「治」，四庫本作「冶」。

〔二〇〕四庫本無「澗」字。

〔二一〕同治本校：「晋哀帝一作安帝。」

〔二二〕「悳」，四庫本作「德」。

〔二三〕鉛印本於『録』下加『話』字。

〔二四〕『白』，四庫本作『帛』。按《避暑録話》作『帛』

〔二五〕同治本校：『開一作閑，雪一作雲。』又『年』字四庫本作『峰』。

〔二六〕『白』，四庫本作『台』。

〔二七〕同治本校：『勢一作樹』。

〔二八〕『苟』，同治本誤作『荀』。

〔二九〕『便』，同治本誤作『史』，四庫本作『使』。按《世説》作『便』。

〔三〇〕『新』，四庫本作『致』。按《世説》作『新』。

〔三一〕鉛印本校曰：『現僅知十七僧。據《東岇志略》，乾字下爲一字一僧。』

〔三二〕『頓』，四庫本作『傾』。

〔三三〕『何允』，四庫本誤作『阿』。

剡録卷四

古奇跡

舜井

井二，在舜皇山。井中有蛇，生角。今爲沙土所翳。朱慶餘《舜井》詩：『碧甃磷磷不記年，青蘿鏁在小山巔。向來下[一]視千尋水，疑若蒼梧萬里天。』

禹嶺

禹餘糧嶺，在了山山下，爲了溪。王銍序言禹治水止於此。山中産藥，稱禹餘糧，蓋餘食所化。近有甑山，謂嘗炊於此。張華《博物志》曰：『禹治水棄餘食於江，爲禹餘糧。』李羣玉詩曰：『澗有堯時韭，山餘禹代[二]糧。』

亞父石跡

亞父山，在禮義鄉。昔山中老農遇神人，曰：『吾亞父也，當宅兹山。』明日，見崖石中有足跡甚大。亞父事出《神異經》。

阮公故居

縣之南有阮公廟，即故居也。王梅溪詩：『再入山中去，煙霞鎖翠微。故鄉遺宅在，何日更來歸。』

楊黄門埭亭

《水經注》曰：『吴黄門郎楊哀明，居嵊縣宏訓里，開瀆作埭，埭之西作亭。』〔三〕

戴安道宅

戴公宅，在剡桃源鄉。宋景文公詩：『舟來戴公宅，客過孝王家。』鄉有戴村，村多戴姓者。郗超每聞欲高尚隱退者，輒爲辦百萬資，並爲造立屋宇。在剡爲逵起宅，甚精整。戴始往，與所親書曰：『近至剡，如官舍。』王徽之居山陰，夜雪初霽，月色清朗，四望皓然，獨酌酒，詠左思《招隱》詩，忽憶戴逵。逵時在剡，便夜乘小船詣之，經宿方至，造門不前而反。人問其故，徽之曰：『本乘興而行，盡興而返，何必見安道耶？』李白雪詩：『興從剡溪起，思繞梁山發。』孟浩然詩：『閑垂太公釣，興發子猷船。』陸龜蒙詩：『訪戴客愁隨水遠，浣紗人泣共溪深。』項斯《寄剡中友》詩：『山晚迥尋蕭寺宿，雪寒誰與戴家期。』李端詩：『戴家溪北住，雪後去相尋。』駱賓王《雪》詩：『高人儻有訪，興盡詎須回。』方干雪詩：『此時行徑無人跡，唯望徽之問寂寥。』羅隱詩：『笑殺山陰雪中客，等閑乘興又須回〔四〕。』章八元詩〔五〕：『或在醉中逢夜雪，懷賢應向剡川游。』姚勔詩：『往時徽之訪安道，剡溪扁舟夜獨乘。』楊蟠詩：『長愛剡溪堪發興，雪中曾棹子猷船。』

戴公山

山在忠節鄉，今屬金庭觀，可二百畝。山中多茂林叢竹，又有清流激湍，林崖蒼石，互相映帶。山之巔有龍湫。

阮光禄東山

《阮裕別傳》曰：『裕居會稽剡山，志存肥遁。』《世説》曰：『阮光禄在東山，蕭然無事，常〔六〕内足於懷。』

王右軍書樓墨池

金庭觀有書樓、墨池，裴通爲之記。裴通詩：『寂寂金庭洞，清香發桂枝。魚吞左慈釣，鵝踏右軍池。』楊蟠有《墨池懷古》詩：『空山寂寞人何在，一水泓澄墨尚新。』

謝車騎桐亭

酈道元《水經注》曰：『崿山東北太康湖，晋車騎將軍謝玄舊居所在。右濱長江，左傍連山，平陵〔七〕修通，澄湖遠鏡。於江曲起樓，樓側悉是桐梓，森聳可愛，居民號爲桐亭樓。兩面臨江，盡升眺之趣〔八〕。蘆人漁子，泛濫滿焉。湖中築路，東出趨山，路甚平直。山有三精舍，高甍凌虛，垂簷帶空，俯眺平林，煙杳在下〔九〕。江有琵琶圻，臨江有石牀，名釣魚臺。』張籍詩：『見説孤帆去，東南到會稽。春雲剡溪口，殘月鏡湖西。水鶴沙邊立，山鼯竹裏啼。謝家曾住處，煙洞入應迷。』

謝車騎坐石

石在寶積山。石磊磊疊疊，如稜如鑿。《水經》曰：『樹下有十二方石，地甚方潔。』

葛仙翁釣臺

皇覺寺有釣臺，又有石梯，絶爲奇怪。石上有釣竿〔一〇〕痕，甚分明。

白道猷滁巾澗

證道寺澗中有道猷滁巾舊迹，水痕如白氎〔一一〕狀。

趙公阜〔一二〕

謝巖之北，通趙公阜。趙公者，晋懷帝時太常樂工也。永嘉二年，石勒亂，趙公二十四人隱於剡之山阜。王公《嶀山賦》曰：『崧徑森林，北倚趙公之阜。』崧徑在謝巖北。

晋武肅王故跡〔一三〕

晋武肅王嘗到嶀山下，於舟中看其嵯峨，歎其異境，駐舟賦詩。

嶀娘宅梁詔亭

蕭衍經嶀山，與〔一四〕嶀家娘子爲婚。後别嶀娘。入齊，南面，發詔徵之，山上有宣詔亭。王公《嶀山賦》曰：『梁王别室，歸建業以登天。』又曰：『皇書亭畔，又看麏滞之蹤。』

謝康樂石牀

嶀山下有石牀，康樂嘗垂釣於此。出舊經〔一五〕。石下舊有古人姓名。

謝巖彈石

縣北十五里有謝巖。靈運游此，四顧放彈丸，落處爲祠，有大石如彈丸。王公《嶀山賦》

曰：『靈運彈飛巖嶂，慕此堪棲。』

謝公宿處

李白詩：『謝公宿處今尚在，緑水蕩漾青猿啼。』康樂有鄉，游謝有鄉，謝公所歷也。李嘉祐詩：『緣塘剡溪路，映竹五湖村。王謝登臨處，依依今尚存。』陳充詩：『雨裏落帆游謝鄉，寒聲古木共荒凉。』又有『謝巖』，亦謝所至。

王謝飲水

世傳王謝諸人雪後汎舟至此，徘徊不能去，曰：『雖寒，强飲一口。』在縣北二十里〔一六〕。

趙廣信井洞

西太白山，山有廣信丹井。又有洞，石沓起如屋，可容數人。

褚伯玉隱居

西太白山，山有瀑泉。《宋書》曰：『伯玉隱身求志，居剡縣瀑布山。伯玉常居一樓，卒，葬樓所。』

褚伯玉太平館

齊高帝即位，詔吴會二郡以禮迎遣，辭疾而歸。詔於剡白石山立太平館舍之。出《南史》，史曰：白石山即太平山也[一七]。

秦處士麗句亭

系，天寶間避地剡川，作麗句亭。郡守改其居曰秦君里。大曆五年，鄰守薛公僕射奏爲右衛率府倉曹參軍，系作詩辭之，自謂系家於剡山，向盈一紀。其詩曰：『由來那敢議輕肥，散髮行歌自采薇。逋客未能忘野興，辟書翻遣脱荷衣。家中匹婦空相笑，池上羣鷗盡欲飛。更乞大賢容小隱，益看愚谷有光輝。』又有《山中寄張正則評事》詩：『終年常避喧，師事五千言。流水閑過院，春風與閉門。山容邀上客，桂實落華軒。莫强教余起，微官不足論。』正系辭辟之詩也。又有耶溪舊居，有《將移耶溪舊居留贈嚴維祕書》詩。『雞犬漁舟裏，長謡任興行。同邀落日醉，已被遠山迎。書笈[一八]將非重，荷衣著甚輕。謝生無箇事，急起爲蒼生。』又有《會稽山居寄薛播侍郎袁高給事高參舍人》詩。『稷卨今爲相，明君復是堯。寧知買臣困，猶負會稽樵。』當在耶溪舊居作也。又有《謝徐侍郎同諸詩客訪會稽山居》詩：『忽道仙翁至，幽人學拜迎。華簪窺甕牖，珍味代藜羹。洗硯魚仍戲，移罇鳥不驚。華亭攀叙卻，會此越中營。』温庭筠《宿秦生山齋》詩。『幽居路不同[一九]，結室在東峯。歲晚得支遁，夜寒逢戴顒。龕燈落葉寺，山雪隔林鐘。行解（一作行李）無由發，曹溪欲施春。』戴叔倫《酬秦徵君徐少府春日見寄》。『終日愧無狀，與君聊散襟。城根山半腹，亭影水中心。朗詠竹窗静，野情花逕深。那能有餘興，不作剡溪尋。』〔二〇〕

王翁信舊居

皇甫冉《送王翁信還剡中舊居》詩。『海岸耕殘雪，溪沙釣夕陽。家中何所有，春草漸看長。』

王公別業王公當是前詩王翁信也。

皇甫冉《送王公還剡中別業》詩。『不見關山去，何時到剡中。已聞成竹木，更道長兒童。籬落雲常聚，村墟水自通。朝朝憶玄度，向晚對清風。』

袁稠家林

李端寄稠詩。『花洞晚陰陰〔二一〕，仙壇隔杏林。漱泉春谷冷，擣藥夜窗深。石上開仙酌，松間對玉琴。戴家溪北住，雪後去相尋。』

吳處士溪嶼

賈島《憶吳處士》詩。『半夜長安雨，燈前越客吟。孤舟行一月，萬水與千岑。島嶼夏雲起，汀洲芳草深。何當折松葉，拂石剡溪陰。』

獨孤處士山居

棲白《寄獨孤處士》詩。『林下別多年，相逢事渺然。扁舟浙水上，輕策剡山前。坐石吟杉月，眠雲憶島仙。何期歸太白，伴我雪中禪。』

唐氏溪閣

趙湘《剡中唐郎中所居》詩。『古柳垂溪水，當門繫雪舟。開尊延白鳥，埽樹帶清秋。閣上看華頂，窗中見沃洲。尋常投刺少，來即是詩流。』

古　阡

漢朱買臣墓

縣北六里，有石羊。買臣吴人，墓在剡，可疑。然暨陽有買臣書堂及祠。

阮裕墓

縣東九里。

山桐公墓

縣東故港有高塚，世傳謝氏祖墓。

戴顒墓

縣北一里。王僧虔《吴郡記》曰：『顒死，葬剡中，有後人所立石表。』梅聖俞《寄剡縣主簿》詩：『應識道旁碑，因風奠醪醴。』王梅溪詩：『千年戴顒墓，三字道旁碑。』紹興二年，宰范仲將爲作享堂於墓下，堂今不存。嘉泰三年，四明樓鑰爲書本傳，立碑於道左。嘉定八年，令史安之重建墓亭，以修時祀，及於亭左右繪剡中先賢像。

王右軍墓

在〔二〕縣東孝嘉鄉五十里。

校勘記

〔一〕『下』，四庫本作『不』。

〔二〕『代』，四庫本誤作『伏』。

〔三〕同治本校：「按《水經注》：『吴黄門郎楊哀明居于宏訓里，太守張景數往造焉，使開瀆作埭。埭之西作亭。』此疑有脱簡。」

〔四〕『須回』，四庫本作『空迴』。按《羅昭諫集》卷三作『須迴』。

〔五〕『章八元詩』，同治本校云：「『章八元詩一作郎士元詩。』四庫本即作『郎士元詩』。

〔六〕四庫本無『常』字。按《世説新語》有。

〔七〕『平陵』，四庫本作『陵平』。按《水經注》卷四十作『平陵』。

〔八〕『趣』，《水經注》卷四十同，四庫本作『處』。

〔九〕『俯眺平林，煙杳在下』，《水經注》卷四十同，四庫本作『俯眺平湖，杳然在下』。同治本校：「《會稽志》引此云『俯眺平煙，杳然在下』。」

〔一〇〕『竿』，四庫本作『車』。

〔一一〕同治本校：「『氊字典作毦。』鉛印本云：『舊志，滌巾澗在瞻山麓。』」

〔一二〕同治本校：「『皐一作皀，下同。』四库本即作『皀』。

〔一三〕同治本校：「『吴越武肅王錢鏐起於唐，卒於唐莊宗時，此云晋，誤。』」

〔一四〕『與』，四库本作『於』。

〔一五〕此三字當作小字。

〔一六〕鉛印本云：仙巖鄉有强口村，宋以『强口布』出名。

〔一七〕四庫本無小注。

〔一八〕『笈』，四庫本作『屐』。按《文苑英華》一百六十六作『笈』。

〔一九〕『同』，四庫本作『通』。同治本校：『按温集起句作「衡巫路不同」。』

〔二〇〕同治本校：『《全唐詩》又有戴叔倫《題秦隐君麗句亭》詩：「北人歸欲盡，猶自住蕭山。閉户不曾出，詩名滿世間。」小注：猶一作獨，曾一作暫。』

〔二一〕『晚陰陰』，四庫本作『滿沉沉』。

〔二二〕『在』，四庫本作『去』。

剡録卷五

書二戴著書，一本經學，人但以隱逸推之，非知二戴者也[一]。

戴逵《五經大義》三卷

戴逵《老子音》一卷

戴逵《纂要》一卷

戴逵《竹林七賢論》

《戴逵集》十卷

《戴逵别傳》一卷

戴顒《中庸傳》一卷

戴顒《月令章句》十二卷

戴顒《逍遥論》

《戴氏琴譜》四卷

《戴氏譜》一卷

《阮裕别傳》一卷

《阮氏譜》一卷

《王羲之集》九卷

《王羲之别傳》一卷

《王氏世家》五卷

《王氏家牒》十五卷

《王氏家譜》二十卷

《謝玄集》十卷

《謝氏家譜》一卷

《孫綽集》十五卷

《許詢集》三卷

《支遁集》八卷
《支遁傳》一卷
支遁《經論》三卷
《秦系注老子》一卷
《秦系詩》一卷
吴筠《玄綱》一卷
《靈澈詩》十卷
鄭言《平剡録》一卷
《謝靈運集》十五卷
謝靈運《七集》十卷
《謝靈運賦》九十二卷
謝靈運《連珠集》五卷
《謝靈運集鈔》十卷
《謝靈運集詩》五卷
《謝靈運詩英》九卷
謝靈運《游山志》一卷
謝靈運《山居志》一卷
顧歡《政綱》一卷
《葛仙翁别傳》一卷
葛仙翁《神仙傳》十卷

文

遺支遁書

謝　安

支遁還吴，住支山寺。晚欲入剡，謝安爲吴興，與遁書曰：『思君日積，計辰傾遲。知欲還剡自治，甚以悵然。人生如寄耳，頃風流得意之事，殆爲都盡。終日慼慼，觸事惆悵，唯遲君來，以晤言銷之，一日當千載耳。此多山水，山縣閑静，差可養疾。事不異剡，而醫藥不同，必思[二]此緣，副其積想也。』《高僧傳》。

申三復贊[三]

安道文章世豈復可見，今得六篇。

戴逵

嗜好深則天機淺，名利集則純白離。如此故識鑒逾昏，驕淫彌汰。心與慎乖，則理與險會；然後役智以御險，履險以逃害。故陰陽寇其内，人力攻其外，陰陽結則金石爲之消，人事至則雖智不足賴。若然者，雖翠幄華堂，焉得而康之？列鼎重味，焉得而嘗之？

閑游贊序

戴逵

神人在上，輔其天理。知溟海之禽，不以籠樊服養；櫟散之質，不以斧斤致用。故能樹之於廣漠，栖之於江湖，載之以大猷，覆之以元氣[四]。使夫淳樸之心，静一之性，咸得就山澤、樂閑曠，箕嶺之下，始有閑游之人焉。降及黄綺，逮于臺尚，莫不有以保其太和，肆其天真者也。且夫巖嶺高則雲霞之氣鮮，林藪深則蕭瑟之音清，其可以藻玄瑩素，全其皓然者，舍是焉取[五]？故雖援世之彦，翼教之傑，效舞雩以發詠，聞乘桴而懔厲。況乎道乖方内，體絶風塵，理楫長謝，歌鳳逡巡，盪八紘於玄流，澄雲崖而怡神者哉。然如山林之客，非徒逃人患、避争鬥，諒所以翼順資和，滌除機心，容養淳淑而自適者爾。凡物莫不以適爲得，以足爲至，彼閑游者，奚往而不適，奚待而不足？故蔭映巖流之際，偃息琴書之側，寄心松竹，取樂魚鳥，則澹泊之願於是畢矣。然奇趣難均，玄契罕遇，終古皆孤棲于一巖，獨玩於一流。苟有情而未忘，有感而無對，則輟斤寢絃之歎，固以幽結於林中，驟感於遐心，爲日久矣。我故遂求方外之美，略舉養和之具，爲雜贊八首，暢其所託。始欣閑游之暇逸，終感嘉契之難會，以廣一往之詠，以抒幽人之心云爾。

贊

茫茫草昧，綿邈玄世。三極未鼓，天人無際。萬器既判，靈朴乃翳。實有神宰，忘懷司契。冥外旁通，潛感莫滯。總順巢禼，兼應夷惠。緬矣遐心，超哉絶步。顧揖百王，仰怡泰素。矜其天真，外其嚚務。詳觀羣品，馳神萬慮。誰能高映，悠然一悟。

尚長贊

尚叟冲順，庸行昏世。和同婉約，玄識罔滯。瞻彼崇高，俄爲塵翳。亦有同好，潛心宿契。超超增翥，眇眇偕逝。迹絶〔六〕青崖，影滅雲際。

酒　贊

醇醪之興，與理不乖。古人既陶，至樂乃開。有客乘之，隗若山頽。

山　贊

蔚矣名山，亭亭洪秀。並基二儀，嶢嶕雲構。嵯峨積岨，寥籠虚岫。輕霞仰拂，神泉旁漱。曰仁奚樂，希静比〔七〕壽。

松竹贊

猗歟松竹，獨蔚山皐。肅肅修竿，森森長條。

褚先生伯玉碑 先生築館金庭觀。蕭子顯《齊書》曰：『伯玉隱剡縣〔八〕之瀑布山。』

孔德璋

河洛擿寶，神道之功可傳；嵩華吐祕，仙靈之迹可觀。蓋事詳於玉牒，理焕於金符。雖冥默難源，顯晦異軌，測心觀古，可得而言焉。是以子晋笙歌，馭鳳於天海；王喬雲舉，控鶴於玄都。亦有羽蜕蟬觸〔九〕，影遁形銷，神翥帝宫，迹留劍杖。游瑶池而不返，宴玄圃以忘歸。永嘉惡道者，窮天地之險也。歕賨遏日，折石横波，飛浪突雲，奔湍急箭。先生攀途躋阻，宿楫涉圻，而衝飈夜鼓，山洪暴激，忽乃崩舟墜壑，一裂十仞，飄地淪篙，翻透無底。徒侶判其冰碎，舟子悲其雹散。危魂中夜，赴阻相尋，方見先生恬然安席。銘曰：

關西升妙，洛右飛英。鳳吹金闕，簫歌玉京。絶封萬古，乃既先生。先生浩浩，唯神其道。泉石依情，煙霞入抱。祕影窮岫，孤棲幽草。心圖上玄，志通大造。

金庭館碑　沈約

生靈爲貴，有識斯同。道奚云及，疑有字誤〔一〇〕。終天莫返。故仙學之秘，上聖攸尊。啓玉笈之幽文，貽金壇之妙訣。駐景濛谷，還光上枝。吐吸煙霞，變鍊丹液。出没無方，升降自已。下棲洞室，上賓羣帝。覩靈岳之驟啓，見滄波之屢竭。望玄州而駿驅，指蓬山而永騖。芝蓋三重，駕蟠龍之蜿蜒；雲車萬乘，載旗旆之逶迤。此蓋棲靈五岳，未〔一一〕暨夫三清者也。若夫上玄奥遠，言象斯絶，金簡玉字之書，玄霜絳雪之寶，俗士所不能窺，學徒不敢輕慕。且禁誓嚴重，志業艱劬，自非天禀上才，未易可擬。自惟凡劣，識鑒鮮方，徒抱出俗之願，而無致遠之力。早尚幽棲，屏棄情累。留愛巖壑，託分魚鳥。途逾遠而靡倦，年既老而不衰。高宗明皇帝以上聖之德，結宗玄之念，忘其菲薄，曲賜提引。末自夏汭，固乞還山，權憇汝南縣境，固非息心之地。聖王纘歷，復蒙縶維。永泰元年，方遂初願。遂遠出天台，定居兹嶺。所憇之山，實惟桐柏，實靈聖之下都，五縣之餘地。仰出星河，上參倒景。高崖萬沓，邃澗千迴。因高建壇，憑巖考室。飭降神之宇，置朝禮之地。桐柏所在，厥號金庭。事昺靈圖，因以名館。聖上曲降幽情，留信彌密。置道士十人，用祈嘉祉。越以不才，首膺斯任。永棄人羣，竄景窮麓。結懇志於玄都，望霄容於雲路〔一二〕，仰宣國靈，介兹景福。延吉祥於清廟，納萬壽於神躬。又願道無不懷，澤無不至。幽荒屈膝，戎貊稽顙。息鼓輟烽，守在海外。因此自勉，兼遂微誠。日夕勤劬，自强不已。翹心屬念，晚卧晨興。飧正陽於停午，念孔神於中夜。將三芝而延佇〔一三〕，飛九丹而宴息。乘凫輕舉，留舄忘歸。以兹丹款，表之玄極。無曰在上，日鑒非遠。銘石靈館，以旌厥心。其辭曰：

道無不在，若存若亡。於惟上學，理妙羣方。用之日損，言則非常。儵焉靈化，羽變霓裳。九重嶢屼，三山璀璨。日爲車馬，芝成宫觀。虹旍〔一四〕拂月，龍輈漸漢。萬春方華，千齡始旦。伊余菲薄，竊慕隱淪。尋師請道，結友問津。東探震澤，西游漢濱。依稀靈眷，仿佛幽人。帝明紹歷，惟皇纂位。屬心鼎湖，脱屣神器。降命凡塵，仰祈靈秘。瞻彼高山，興言覆簣。啓基桐柏，厥號金庭。喬峯迴峭，擘漢分星。臨雲置墠，駕岳開櫺。澗塗蹇産，林圻〔一五〕葱青。誰謂應遠，神道微密。慶集宫闈，祥流罕畢。其久如地，其恒如日。壽同南山，與天無卒。更生變練〔一六〕，外示無功。少君飛轉，密與神通。因資假力，輕舉騰空。庶憑嘉誘〔一七〕，永濟微躬〔一八〕。

金庭觀晋右軍書樓墨池記

裴　通

越中山水奇麗，剡爲最；剡中山水奇麗，金庭洞天爲最。洞在縣東南，循山趾右去凡七十里，得小香爐峯，峯則洞天北門也。谷抱山闕[一九]，雲重煙巒，迴互萬變，清和一氣。花光照夜而常晝，水色含空而無底。此地何事，常聞異香；有時值人，從古不死。真天下絶境也。有晋代六龍失馭，五馬渡江，中朝衣冠，盡寄南國。是以瑯琊王羲之領右軍將軍，家於此山，書樓墨池，舊制猶在。至南齊永元三年，道士褚伯玉仍思幽絶，勤求上玄。啓高宗明皇帝，於此山置金庭觀，正當右軍之家。書樓在觀之西北維，一間而四顧[二〇]徘徊，高可二丈；墨池在殿之東北維，方而斜，廣輪可五十尺。池樓相去東西差值[二一]纔可五十餘步，雖形狀卑小，不足以壯其瞻翫，而恭[二二]儉有守，斯可以示於將來。况乎處所遐深，風景秀異，契[二三]逍遥之至理，閲鸞鶴之參差，其金庭洞天，即道門所謂赤城丹霞第六洞天者也。按《上清經》，洞天在天台桐柏山中，辟方四十里；北門在小香鑪峯頂，人莫得見之。樵夫往往見之者，或志之以奇花異草，還報鄉里，與鄉里同往，則失其所志也。過此峯東南三十餘里，石竇呀爲洞門，即洞天之便門也。人入之者，必嬴糧秉燭，結侣而往。約行一百里、二百里，多爲流水淤泥所阻而返，莫臻其極也。通以元和二年三月，與二三道友，裹足而游。登書樓，臨墨池，但見其山水之異也。其險如崩，其聳如騰，其引如肱，其多如朋。不四三層而謂天可升。經再宿[二四]而還，以書樓闕壞、墨池荒毁話〔二五〕於邑宰王公。王公瞿然，徵王氏子孫之在者，理荒補闕，使其不朽。即事題兹，實録而已。

沃洲山禪院記

白居易

沃洲山在剡縣南三十里，禪院在沃洲山之陽，天姥岑之陰。南對天台，而華頂、赤城列焉；北對四明，而金庭、石鼓介焉；西北有支遁嶺，而養馬坡、放鶴峯次焉；東南有石橋溪，溪出天台石橋，因名焉。其餘卑巖小泉，如子孫之從父祖者，不可勝數。東南山水，越爲首，剡爲面，沃洲天姥爲眉目。夫有非常之境，然後有非常之人棲焉。晉宋以來，因山洞開，厥初有羅漢僧西天竺人白道猷居焉，次有高僧竺法潛、支道林居焉，次又有乾興淵、支道開、威、藴、崈、實、光、識、斐、藏、濟、度、逞、印凡十八僧居焉。高士名人〔二六〕，有戴逵、王洽、劉恢、許玄度、殷融、郗超、孫綽、桓彦表、王敬仁〔二七〕、何次道、王文度、謝長霞〔二八〕、袁彦伯、王濛、衛玠、謝萬石、蔡叔子、王羲之凡十八人，或游焉，或止焉。故道猷詩云：『連峯數千里，脩林帶平津。茅茨隱不見，鷄鳴知有人。』謝靈運詩云：『暝投剡中宿，明登天姥岑。高高入雲霓，安期還可尋。』蓋人與山相得於一時也。自齊至唐，兹山寖荒，靈境寂寥，罕有人游。故辭人朱放詩云：『月在沃洲山上，人歸剡縣江邊。』劉長卿詩云：『何人住沃洲。』此皆愛而不到者也。大和二年春，有頭陀僧白寂然來游兹山，見道猷、支、竺遺跡，泉石盡在，依然如歸故鄉，戀不能去。時浙東廉使元相國聞之，始爲卜築〔二九〕。次廉使陸君中丞知之，助其繕完。三年而禪院成，五年而佛事立，正殿若干間，齋堂若干間，僧舍若干間，夏臘之僧歲不下八九十。安居游觀之外，日與寂然討論心要，振起禪風，白黑之徒，附而化者甚衆。嗟乎！支竺殁而佛聲寢，靈山廢而法不作，後數百歲而寂然繼之，豈非時有待〔三〇〕、化有緣耶？六年夏，寂然遣僧常贄自剡抵洛，持書與圖，詣從叔樂天，乞爲禪院記。道猷肇開兹山，寂然嗣興兹山，樂天又垂文兹山。異乎哉！沃洲山與白氏其世有〔三一〕緣乎？

龍宮寺碑

李紳

會稽地濱滄海，西控長江，自〔三二〕大禹疏鑿了溪，人方宅土。而南巖海跡，高下猶存，則司其水旱，泄〔三三〕爲雲雨，乃神龍之鄉，爲福之所〔三四〕，寺曰龍宮，在剡之界〔三五〕靈芝鄉嵊亭里。地形爽塏，林嶺依抱，剎宇頹毁，積有年所。自創置基〔三六〕，三徙而安〔三七〕。此地像儀消化，鐘磬不揚，堵波已傾，法輪莫轉。老釋脩真，持誡兹寺〔三八〕，護念常啓，願興伽藍，而歲月屢遷，物力無及。貞元十八載，余以進士客於江浙，將〔三九〕適天台，與修真會於剡之陽。師言：『老禪有念，今兹果矣？』顧謂余曰〔四〇〕：『後當領鎮此道，幸願建飾以資福履。』余以爲孟浪之詞〔四一〕，笑而不答。師曰：『星歲有期，愚有冥告。』洎元和三年，余罷金陵從事，河東薛公苹招游鏡中〔四二〕，師已卧病，而約言無易。大和癸丑，余〔四三〕自分命洛陽，承詔以檢校左騎省，廉察於兹。

歲逾再紀，而修真已爲異物。龍宫棟宇將盡，命告墳塔，因追昔言，遂以頭陁僧會真部領工人，將以蒇事。余以俸錢三千貫[四四]，監軍使毛公承泰亦施以月俸，俾從事寮吏咸同勝因，閭里慕仁，風靡争施，子來之功力雲集，清凉之蓮宇欝興。浹旬而垣墉四[四五]周，逾月而棟幹連合。焕矣真界，昭乎化城。擇静行僧居之，以總寺事。因具香饌，告誠法王。上以資我后無疆之祚，次以資龍神水府之福，以名寺之功力，爲祐靈之顯報。一雨之施，潤洽必同。佛言龍王心力所致，使[四六]七郡山澤，城邑萬人，介福所安。翳我龍德是用，迴此法力[四七]，永資泉宫。僧齋護念，常爲仰答。余固不敢以脩真之言自伐，俾竭誠以爲人[四八]，刻石記言於寺之刹。銘曰：

滄海之隅，會稽巨澤。惟禹功力，生人始籍。土壤山嶼[四九]，濱海之東。溟漲空闊，邃祕龍宫。貝闕難知，珠宫莫測。雲雨交昏，深沈不隔。聞法必聽，依佛必降。豈騰溟海，亦化長江。既資勝因，爲龍景福。節宣風雨，以成播育。撞鐘以告，三界必聞。惟爾龍室[五〇]，昭昭不昏。我昔麻衣，有僧傳信。斯人已亡，斯言不泯。敬報前志，以垂後功。建飾儀相，昭明有融。普利羣生，罔資己力。琢磨記言，垂示無斁[五一]。

弔剡溪古藤文[五二]

舒元輿

剡溪上緜四五百里，多古藤，株枿逼土。春入土脈，他植發活。獨古藤氣候不覺，絶盡生意。予以爲本乎地者，春到必動。此藤亦本於地，方春且有[五三]死色，遂問溪上人。有道者曰：『谿多紙工，刀[五四]斧斬伐無時，擘剥皮肌，以給其業。』噫！藤雖植物，温而榮，寒而枯，養而生，殘而死，亦將有命於天地間。今紙工斬伐，不得發生，是天地氣力，爲人中傷，致一物之疾癘若此[五五]。異日，過數十百郡，東雒西雍，見書文者，皆以剡紙相夸。予悟剡藤之死，職止[五六]由此，此過固不在紙工。且今九牧人士，自言能見文章户牖者，數與麻竹相多，聽其語，其自安重，皆不啻握驪龍珠。苟有曉[五七]寤者，其倫[五八]甚寡。不勝衆者，固以歛手無語；勝衆者，自謂天之文章歸我，輕傲聖人道，使《周南》《召南》風骨，抑入於折揚皇荂中[五九]；言偃、卜子夏文學，陷入於淫靡放蕩中。比肩握管，動盈數千百人；數千百人筆下，動行[六〇]數千萬言，不知其爲謬誤。日月[六一]以縱，自然殘藤命，易甚柯葉，流波頹沓[六二]，未見止息。如此則綺文妄言輩，誰非書剡紙者耶？紙[六三]工嗜利，曉夜斬藤以鬻之，雖舉天下爲剡溪猶不足以給，況一剡溪者耶？以此，恐後之日不復有藤生於剡矣。大抵人間費用，苟得著其理，則不枉之道在，則暴耗之過莫由横及於物。物之資人，亦有其時。時其斬伐，不爲夭閼。予謂今之錯爲[六四]文者，皆夭閼剡溪藤之流也。藤生有涯，而錯爲文者無涯。無涯之損物，不直於剡藤而已。余所以取剡藤以寄其悲。

校勘記

〔一〕四庫本無小注。

〔二〕「必思」，四庫本作「思必」。按《太平廣記》卷八十七引作「必思」。

〔三〕同治本校：「三復一作復三。」

〔四〕「氣」，四庫本作「風」。按《藝文類聚》卷三十七引作「風」。

〔五〕「取」，四庫本作「由」。按《藝文類聚》所引缺此字。

〔六〕「迹絶」，《藝文類聚》同，四庫本作「絶跡」。

〔七〕「比」，原作「此」，據四庫本及《藝文類聚》卷七所引改。

〔八〕四庫本無「縣」字。

〔九〕「觸」，四庫本作「躅」。鉛印本亦云：「觸疑作躅。」然《藝文類聚》卷三十七引作「觸」。

〔一〇〕「道奚云及」，四庫本作「道天云及」。鉛印本云：「抄本作道奚天云及，《百三家集》作道天云及，《會稽志》作道天云及。」按《百三家集》實作「道天云及」。疑作「道奚云及」是，「天」字乃涉下句而誤。又下句四庫本作「終天莫及」，顯係涉此句而誤。

〔一一〕「未」，四庫本作「來」。按《會稽志》卷二十、《百三家集》俱作「未」。

〔一二〕鉛印本云：「民國本容作谷。」

〔一三〕鉛印本云：「民國本將作采。」

〔一四〕鉛印本誤作「旌」。

〔一五〕「圻」，《會稽志》同，《百三家集》作「麓」，四庫本作「折」。

〔一六〕鉛印本云：「民國本更作欒。」

〔一七〕「誘」，《會稽志》《百三家集》同，四庫本作「佑」。

〔一八〕『躬』，《會稽志》《百三家集》同，四庫本作『窮』。又同治本校：『留（當作屬）心本作留心。神躬本作聖躬。外示本作外視。凋塗本作碉塗。』

〔一九〕『闕』，四庫本作『鬭』。

〔二〇〕四庫本無『顧』字。

〔二一〕『差值』，四庫本作『計之』。

〔二二〕『恭』，四庫本誤作『泰』。

〔二三〕鉛印本此下衍『道』字。

〔二四〕四庫本漏『宿』字。

〔二五〕『話』，四庫本作『語』。

〔二六〕同治本校：『一作高人名士。』

〔二七〕『仁』，四庫本誤作『之』。

〔二八〕鉛印本云：『霞似宜作度。』不知何據。又下文『蔡叔子』鉛印本作『蔡子叔』，且校云『子叔似宜作叔子』，亦似排印錯誤而又誤校。

〔二九〕同治本校：『卜築一作築室。』

〔三〇〕鉛印本於此下據舊志增『而』字。按《白氏長慶集》卷六十八亦有而字。

〔三一〕四庫本無『有』字。按《白氏長慶集》有。

〔三二〕四庫本無『自』字，亦無下句『而』『則』兩字。按此文四庫本所録多無虛詞，以下不影響文義者則不出校。

（三三）『泄』，四庫本作『鳴』。

（三四）四庫本無此四字。

（三五）四庫本無『之界』二字。

（三六）四庫本無『置基』二字。

（三七）『而安』，四庫本作『始定』。

（三八）四庫本無此四字，亦無下文『愿興伽藍而』五字。

（三九）鉛印本云：『碑文將作時。』

（四〇）四庫本無此四字。

（四一）四庫本無『孟浪之詞』四字，亦無下文『笑而不答』之『而』字。

（四二）鉛印本云：『鏡中，寶慶《會稽志》作越中。』

（四三）四庫本無『余』字，亦無下文『承詔』之『承』字。

（四四）同治本校：『按原碑三千貫作三百貫。』按四庫本作『捐錢三十萬』。

（四五）四庫本無『四』字，亦無下文『連合』之『連』字。

（四六）四庫本無『佛言龍王心力所致使』數字。

（四七）此句四庫本作『翳我龍德，用迴法力』。

（四八）四庫本無『僧齋護念』至此。

（四九）『嶼』，四庫本作『嶼』。

（五〇）鉛印本云四庫本『室』作『宫』。 按文淵閣本實作『室』。

〔五一〕同治本校：「南巖山在新昌縣西十五里，沙石積成，巖間或有螺殼。志云巖下乃海門李碑，指此。」鉛印本云：「今存唐《龍宫寺碑》拓片。」

〔五二〕《文苑英華》三百七十四作「悲剡溪古藤説」，《唐文粹》卷三十三下作「悲剡谿古藤文」。按兩書及四庫本所録與本文異字異詞甚多，同治本嘗據《全唐文》校勘，以其繁瑣，非關文義者不出校。

〔五三〕四庫本漏「有」字。

〔五四〕「刀」，四庫本作「萬」。

〔五五〕四庫本無「致一」及下文「若此」數字。同治本校：「之疾癘若此作疵癘之若此。」

〔五六〕同治本校：「止作正。」

〔五七〕「曉」，四庫本作「晚」。

〔五八〕同治本校：「倫作論。」

〔五九〕此句四庫本作「入於折楊皇華中」。

〔六〇〕同治本校：「動行，行字衍。」

〔六一〕同治本校：「日月作日日。」

〔六二〕「甚」，四庫本作「其」。鉛印本亦云：「抄本甚作其。」同治本校：「柯葉流波作桑柯波浪。」《文苑英華》《唐文粹》作「易甚桑皋波波頽沓」，而《文苑英華》校云「《文粹》作易其桑葉」。是異文由來已久，是非難辨。

〔六三〕四庫本無「紙」字。

〔六四〕四庫本此下有「之」字，《唐文粹》亦有。

剡録卷六上

詩

詩中有及剡者采焉。

登臨海嶠初發彊中作

謝靈運

杪秋尋遠山，山遠行不近。與子別山阿，含酸赴脩軫〔一〕。中流袂就判，欲去情不忍。顧望脰未悁，汀曲舟已隱。隱汀絶望舟，鶩棹逐驚流。欲抑一生歡，並奔千里游。日落當棲薄，繫纜臨江樓。豈惟夕情歛，憶爾共淹留。淹留昔時歡，復增今日歎。兹情已分慮，况乃協悲端。秋泉鳴北澗，哀猿響南巒。戚戚新別心，悽悽久念攢。攢念攻別心，旦發清溪陰。暝投剡中宿，明登天姥岑。高高入雲霓，還期那可尋。儻遇浮丘公，長絶子徽音。

尋沈剡至嵊亭〔二〕

虞騫

命楫尋嘉會，信次歷山原。捫天上雲紇，與石下雷奔。澄潭寫度鳥，空嶺應鳴猿。榜歌唱將夕，商子處方昏。

游沈道士金庭館[三]

沈約

秦皇御宇宙，漢帝恢武功。歡娱人事盡，情性猶未充。鋭意三山上，託慕九霄中。既表祈年觀，復立望仙宫。寧爲心好道，直由意無窮。曰余知止足，是願不須豐。山嶂遠重疊，竹樹近蒙蘢。開襟濯寒水，解帶臨清風。所累非外物，爲念在玄空。朋來握石髓，賓至駕輕鴻。都令人徑絶，唯使雲路通。一舉凌倒景，無事適華嵩。寄言賞心客，歲暮爾來同。

徵鏡湖故事

將尋鍊藥井，更逐賣樵風。凡初[四]
刻石秦山上，探書禹穴中。吕渭
谿邊尋五老，橋上覓雙童。嚴維
梅市西陵近，蘭亭上道通。謝良弼
雷門驚鶴去，射的驗年豐。賈肅
古寺思王令，孤潭憶謝公。鄭概
帆開巖上石，劍出浦間銅。庾騤
興裹還尋戴，東山更向東。裴晃

壯游　杜甫

越女天下白，鏡湖五月凉。剡溪蘊秀異，欲罷不能忘。歸帆拂天姥，中歲貢舊鄉。氣劘屈賈壘，目短曹劉牆。

淮海對雪　李白

朔雪落吴天，從風渡溟渤。海樹成陽春，江沙皓明月。飄飄四荒外，想像千花發。瑶草生階墀，玉塵散庭闕。興從剡溪起，思繞梁山〔五〕發。寄君郢中歌，曲罷心斷絶。

別儲邕之剡中　李白

借問剡中道，東南指越鄉。舟從廣陵去，水入會稽長。竹色溪下緑，荷花鏡裏香。辭君向天姥，拂石卧秋霜。

贈陸調　李白

挂席候海色，當邑下長川。多酤新豐醁，滿載剡谿船。中途不遇人，直到爾門前。大笑同一醉，取樂平生年。

贈王判官

李　白

昔別黄鶴樓，蹉跎淮海秋。俱飄零落葉，各散洞庭流。中年不相見，蹭蹬游吴越。何處我思君，天台緑蘿月。會稽風月好，卻遶剡溪迴。雲山海上出，人物鏡中來。

避地剡中贈崔宣城

李　白

忽思剡溪去，水石遠清妙。雪晝〔六〕天地明，風開湖山貌。悶爲洛生詠，醉發吴越調。赤霞動金光，日足森海嶠。獨散萬古意，閑垂一溪釣。猿近天上啼，人移月邊棹。無以墨綬苦，來求丹砂要。華髮長折腰，將貽陶公誚。

秋山寄衛尉張卿及王徵君

李　白

何以折相贈，白花青桂枝。月華若夜雪，見此令人思。雖然剡溪興，不異山陰時。明發懷二子，空吟招隱詩。

寄韋南陵

李　白

春風狂殺人，一日劇千〔七〕年。乘興嫌太遲，焚卻子猷船。夢見五柳枝，已堪挂馬鞭。何日到彭澤，長歌陶令前。

夢游天姥吟留別

李　白

海客談瀛洲，煙濤微茫信難求；越人語天姥，雲霓明滅或[八]可覩。天姥連天向天橫，勢拔五嶽掩赤城。天台四萬八千丈，對此欲倒東南傾。我欲因之夢吴越，一夜飛度鏡湖月。湖月照我影，送我至剡溪。謝公宿處今尚在，渌水蕩漾清猿啼。脚著謝公屐，身登青雲梯。半壁見海日，空中聞天雞。千巖萬壑路不定，迷花倚石忽已暝。熊咆龍吟殷巖泉，慄深林兮驚層巔。雲青青兮欲雨，水澹澹兮生煙。列缺霹靂，丘巒崩摧。洞天石扉，訇然中開。青冥浩蕩不見底，日月照耀金銀臺。霓爲衣兮風爲馬，雲之君兮紛紛而來下。虎鼓瑟兮鸞回車，仙之人兮列如麻。忽魂悸以魄動，怳驚起而長嗟。惟覺時之枕席，失向來之煙霞。世間行樂亦如此，古來萬事東流水。别君去兮何時還？且放白鹿青崖間，須行即騎訪名山。安能摧眉折腰事權貴，使我不得開心顔。

送王屋山人魏萬還王屋

李　白

遥聞會稽美，一度耶谿水。萬壑與千巖，崢嶸鏡湖裏。秀色不可名，清輝滿江城。人游月邊去，舟在空中行。此中久延佇，入剡尋王許。笑讀曹娥碑，沈吟黄絹語。

魯東門汎舟　李白

日落沙明天倒開，波摇石動水縈洄。輕舟汎月尋溪轉，疑是山陰雪後來〔九〕。
水激龍盤犯石堤，桃花夾岸魯門西。若教月下乘舟去，何啻風流到剡溪。

秋下荆門　李白

霜落荆門江樹空，布帆無恙挂秋風。此行不爲鱸魚膾，自愛名山入剡中。

送定法師　楊巨源

鳳城初日照紅樓，禁寺公卿識惠休。詩引棣華霑一雨，經分貝葉向雙流。孤猿學定前山夕，遠雁傷離幾地秋。空性碧雲無處所，約公曾許剡溪游。

雲門五谿　許渾

此谿何處路，遥問白髭翁。佛廟千巖裏，人家一島中。魚傾荷葉露，蟬噪柳條風。急瀨鳴車軸，微波漾釣筒。石苔縈棹緑，山果拂舟紅。更就前溪宿，村橋與剡通。

湖上蘭若示清會上人　清晝

峯心惠忍寺，嵊頂謝公山。何似南湖近，芳洲一畝間。意中雲木秀，事外水禽閒。永日無人到，時看獨鶴還。

剡溪行　朱放

潺湲寒溪上，自此成離别。迴首望歸人，移舟逢暮雪。頻行識草樹，漸老傷年髮。唯有白雲心，爲向東山月。

剡溪舟行　朱放

月在沃洲山上，人歸剡縣江邊。漠漠黄花覆水，時時白鷺驚船。

送王公還剡中别業　皇甫冉

不見關山去，何時到剡中。已聞成竹〔一〇〕木，更道長兒童。籬落雲常聚，村墟水自通。朝朝憶玄度，非是對清風〔一一〕。

袁郎中破賊後經剡中山水　皇甫冉

武庫分帷幄，儒衣事鼓鼙。兵連越徼外，寇盡海門西。節比全疏勒，功當雪會稽。旌旗迴剡嶺，士馬濯耶谿。受律梅初發，班師草未齊。行看佩侯印，豈得訪丹梯。

潤州南郭留別　皇甫冉

縈迴南北岸，留滯木蘭橈。吴岫新經雨，江天正落潮。故人勞見愛，行客自無憀。君問前程事，孤雲入剡遥。

冬中寄韋弇　李端

獨坐知霜下，開門見木衰。壯應隨日去，老豈與人期。廢井蟲鳴苦〔一二〕，陰階菊發遲。興來空憶戴，不似剡溪時。

送少微上人　李端

削髮本求道，何方不是歸。松風開法席，江月濯禪衣。飛閣猿鳴早，漫天過客稀。戴顒常執筆，不覺此身非〔一三〕。

雲陽觀寄袁稠

李端

花洞晚陰陰，仙壇隔杏林。漱泉春谷冷，擣藥夜窗深。石上開仙酌，松間對玉琴。戴家溪北住，雪後去相尋。

寄剡中友

項斯

歇馬亭西酒一巵，半年間事亦堪悲。船横鏡水人眠後，蓼暗松江雁下時。山晚迴尋蕭寺宿，雪寒誰與戴家期。夜來忽覺秋風急，應有鱸魚觸釣絲。

過吴張二子檀溪别業

孟浩然

卜築因自然，檀溪不更穿。園廬二友接，水竹數家連。直取南山對，非關選地偏。草堂時偃曝，蘭棹日周旋。外事情都遣，中流性所便。閒垂太公釣，興發子猷船。予亦幽棲者，經過竊慕焉。梅花初臘月，柳色半春天。鳥泊隨陽雁，魚藏縮項鯿。停盃問山簡，何似習池邊。

宿雲門寺

宋之問

雲門耶溪裏，泛舟〔一四〕路纔通。夤緣緑篠岸，遂到青蓮宫。天香衆壑滿，夜梵羣山空。漾漾潭際月，颼颼[一五]杉上風。兹焉多嘉遁，數子今莫同。鳳歸慨處士，鹿化聞仙翁。樵徑謝村北，學井阿巖東。永夜豈云寐，曉景忽朦朧。谷鳥囀尚澀，源桃驚未紅。再來期春暮，當造林端窮。庶幾蹤謝客，開山投剡中。

宿道一上方院　王維

一公棲太白，高頂出雲煙。梵流諸洞徧，花雨一峯偏。迹爲無心隱，名因立教傳。鳥來還語發，客去更安禪。晝涉松路盡，暮投蘭若邊。洞房隱深竹，静夜聞遥泉。向是雲霞裏，今成枕席前。豈唯暫留宿，服事[一六]眠來將窮年。

送惟律　崔子向

陽羡諸峯頂，何曾異剡山。雨晴秋到後，木落夜開關。縫衲紗燈亮，看心錫杖閒。西方知有社，未得與師還。

寄嚴長史　章八元[一七]

昨辭夫子棹歸舟，家在桐廬憶舊邱。三徑暖時花競發，兩溪分處水争流。近聞江老傳鄉語，遥見家山减旅愁。或在醉中逢雪夜，懷賢應向剡川游。

寄秦系　戴叔倫

北人歸欲盡，猶自寓蕭山。閉户不曾出，詩名滿世間。

酬秦徵君春日見集　戴叔倫

終日愧無政，與君聊散襟。城根山半腹，亭影水中心。朗詠竹窗静，野情花徑深。那能有餘興，不作剡溪尋。

早行寄朱放山人　戴叔倫

山曉旅人去，天高秋氣悲。明河川上没，芳草露中衰。此别又萬里，少年能幾時。知心剡溪路，聊且寄前期。

訪秦系　韋應物

俗吏閒居少，同人面會難。偶隨香署客，來訪竹林歡。暮館花微落，春城雨暫寒。甕間聊共酌，莫使宦情闌。

舟行入剡　崔顥

鳴棹下東陽，迴舟入剡鄉。青山行不盡，緑水去何長。地氣秋仍濕，江風晚暫凉。山梅猶作雨，谿橘未知霜。謝客文逾盛，林公未可忘。多慚越中好，流恨閲時芳。

送師弟往台州　崔峒

遠客乘流去，孤帆向夜開。春風江上使，前日漢陽〔一八〕來。路别猶千里，離心重一杯。剡溪木未落，羨爾過天台。

送越客　張籍

見説孤帆去，東南到會稽。春雲剡谿口，殘月鏡湖西。水鶴沙邊立，山鼯竹裹啼。謝家曾住處，煙洞入應迷。

送嚴維歸越州　李嘉祐

艱難只用武，歸向浙江東。松雪千山暮，林泉一水通。鄉心緣緑草，野思看青楓。春日偏相憶，裁書寄剡中。

送越州辛法曹　　李嘉祐

但能一官適，莫羡五侯尊。山色垂趨府，潮聲自到門。緣塘剡溪路，映竹五湖村。王謝登臨處，依依今尚存。

送䛒光大師師以草書應制。　　羅隱

禹祠分首戴灣逢，健筆尋知達九重。聖主賜衣憐絶藝，侍臣摛藻許高蹤。寧親久別街西寺，待詔初離海上峯。一種苦心師得了，不須迴首笑龍鍾。

送裴饒歸會稽　　羅隱

金庭路指剡川隈，珍重良朋自此來。兩髩不堪悲歲月，一卮猶得話塵埃。家通曩分心空在，世逼横流眼未開。笑殺山陰雪中客，等閒乘興又須迴。

趙能卿話剡之勝景　　羅隱

會稽詩客趙能卿，往歲相逢話石城。正恨故人無上壽，喜聞良[一九]宰有高情。山朝絶巘[二〇]層層聳，水接飛流步步清。兩火一刀羅亂後，會須乘興月中行。

送孔徵君即孔淳之。　皇甫曾

谷口幽多處，君歸不可尋。家貧青史在，身老白雲深。掃雪開松徑，疏泉過竹林。余生負丘壑，相送亦何心。

送張司馬罷使適越　劉長卿

時危身赴敵，事往任浮沈。末路三江去，當時百戰心。春風吴苑緑，古木剡山深。千里滄波上，孤舟不可尋。

孤　石　劉長卿

孤石自何處，對之如舊游。氤氳〔二二〕峴首夕，青翠剡中秋。迥出奇峯當殿前，雪山靈鷲慚貞堅。一片夏雲長不去，莓苔古色空蒼然。

雪夜訪别　劉長卿

扁舟乘興客，不憚苦寒行。晚暮相依處，江湖欲别情。水聲冰下咽，沙路雪中平。舊劍鋒鋩盡，應嫌自贈輕。

賈侍御自會稽使迴　劉長卿

江上逢星使，南來自會稽。驚年一葉落，按俗五花嘶。上國悲蕪梗，中原動鼓鼙。報恩看鐵劍，銜命出金閨。風物催歸緒，雲峯發詠題。天長百越外，潮上小江西。鳥道通閩嶺，山光落剡溪。暮帆千里思，秋夜一猿啼。柏署榮新寵，桃源憶故蹊。若爲能亟去，行復草萋萋。

路入剡中作　方干

戴灣衝瀨片帆通，高枕微吟到剡中。掠草並飛憐燕子，停橈獨飲學漁翁。波濤慢撼長潭月，楊柳斜牽一岸風。便擬乘槎應去得，仙源直恐接星東。

山齋讀書寄校書　錢起

日愛衡茅下，閒觀山海圖。幽人自守朴，窮谷也名愚。隔嶺知溪雨，新泉到户樞。蘭叢齊稚子，蟠木老潛夫。憶戴時過剡，游山慣入壺。濠梁時一訪，莊叟亦吾徒。

憶吴處士　賈島

半夜長安雨，燈前越客吟。孤舟行一月，萬水與千岑。島嶼夏雲起，汀洲芳草深。何當折松葉，拂石剡溪陰。

竹下殘雪

邱　爲

一點銷未盡，孤明在竹陰。晴光夜轉潔，寒氣曉仍深。還對讀書牖，且關乘興心。已能依此地，終不傍瑶琴。

送閻校書之越

邱　爲

南入剡中路，草雲應轉微。湖邊好花照，山口細泉飛。此地饒古跡，世人多忘歸。經年松雪在，永日世情稀。芸閣應相望，芳時不可違。

題招隱寺

張　祜

千年戴顒宅，佛廟此崇脩。古寺人名在，清泉鹿跡幽。竹光寒閉院，山影夜藏樓。未得高僧旨，煙霞空暫游。

剡中贈張卿侍御

嚴　維

辟疆年正少，公子貴初還。早列名卿位，新參柱史班。千夫馳驛道，駟馬入家山。深巷烏衣盛，高門晝戟閒。逶迤天樂下〔二二〕，照耀剡谿間。自賤〔二三〕游章句，空爲衰草顔。

送嚴十五之江東　戎昱

江都萬里外，别後幾悽悽。峽路花應發，津亭柳正齊。酒傾遲日暮，川闊遠天低。心繫征帆上，隨君到剡溪。

送清徹〔二四〕游太白山　無可

卷經歸太白，躡蘚到蘿龕〔二五〕。若履浮雲上，須看積翠南。倚松身入漢，瞑目月離潭。此境堪長往，塵中事可諳。

京口别崔固　無可

積雨晴時近，西風葉滿船。相逢嵩岳客，共聽楚城蟬。宿館横秋島，歸帆漲遠田。别君還寂寞，不似剡中年。

游東峯宗密精廬　温庭筠

百尺青崖三尺墳，微言已絶杳難聞。戴顒今日稱居士，支遁他年識領軍。暫對杉松如結社，偶因麋鹿自成羣。故山弟子空回首，葱嶺還應見宋雲。宋雲事見《洛陽伽藍記》。

宿一公精舍　温庭筠

夜聞黄葉寺，瓶錫兩俱能。松下石橋路，雨中山殿燈。茶爐天姥客，棋局[二六]剡溪僧。還笑長門賦，高秋卧茂陵。

寄清凉寺僧　温庭筠

石路無塵竹徑開，昔年曾伴戴顒來。窗間半偈聞鐘後，松下殘棋送客迴。簾向玉峯藏夜雪，砌因藍水長秋苔。白蓮社裏如相問，爲説游人是姓雷。

送剡客　趙　嘏

兩重江外片帆斜，數里林塘遶一家。門掩右軍餘水石，路横諸謝舊煙霞。扁舟幾處逢溪雪，長笛何人怨柳花。若到天台洞陽觀，葛洪丹井在雲涯。

送張文新除温州　趙　嘏

東晋江山稱永嘉，莫辭紅旆向天涯。凝絃夜醉松亭月，歇馬曉尋溪寺花。地與剡川分水石，境將蓬島共煙霞。卻愁明詔徵非晚，不得秋來見海槎。

送人之江東　劉　商

含香仍佩玉，宜入鏡中行。盡室隨乘興，扁舟不計程。渡江霖雨霽，對月夜潮生。莫慮當炎暑，稽山水不清。

送宣武從事越中按獄　陸龜蒙

曉看呈使範，知欲敕星軺。水國難驅傳，山城便倚橈。秉籌先獨立，持法稱高標。旌旆臨危堞，金絲發麗譙。别愁當翠巘，寬望隔風潮。木落孤帆迥，江寒疊鼓飄。客鴻吴島盡，殘雪剡汀銷。坐想休秦獄，春應到柳條。

送蕭鍊師入四明〔二七〕　孟　郊

閒於獨鶴心，大於高松年。迥出萬物表，高棲四明巔。千尋直裂峯，百尺倒瀉泉。絳雪爲我飯，白雲爲我田。静言不話俗，靈蹤時步天。

送談公　孟　郊

坐愛青草上，意含滄海濱。渺渺獨見水，悠悠不問人。鏡浪洗手緑，剡花入心春。雖然防外觸，無奈饒衣新。行當譯文字，慰此吟殷勤。

剡溪館聞笛

丁仙芝

夜久聞羌笛，寥寥虚客堂。山空響不散，溪静曲宜長。草木生邊氣，城池逗夕凉。虚然異風出，髣髴宿平陽。

贈江州李十使君員外

丁仙芝

我本江湖上，悠悠任運身。朝隨採樵客，暮伴打魚人。跡爲燒丹隱，家緣嗜酒貧。經過剡溪雪，尋覓武陵春。

校勘記

〔一〕鉛印本云：抄本「軫」作「畛」。按詩文異文本多，以下但録各本異文，不據本集校勘。

〔二〕鉛印本云：「民國本注：沈剡一作沈約。」

〔三〕鉛印本云：「抄本館作觀。」同治本亦校云：「館一作觀。」

〔四〕鉛印本云：「抄本作元初。」按《緯略》卷十又引作「允初」，《會稽掇英集》卷十四引作「□允初」，是其姓氏已缺。

〔五〕「山」，四庫本作「園」。鉛印本云：「《全唐詩》山作園。」

〔六〕「晝」，四庫本作「盡」。鉛印本云：「抄本晝作盡。」同治本亦云：「雪晝一作雪盡。」

〔七〕「千」，四庫本作「三」。

〔八〕「或」，四庫本作「不」。

〔九〕四庫本「汎」作「帆」，「疑」作「吾」。

〔一〇〕「竹」，四庫本作「樹」。

〔一一〕四庫本「憶玄度」作「隱去渡」，「非是」作「非晚」。

〔一二〕「苦」，四庫本作「早」。

〔一三〕「非」，四庫本作「飛」。

〔一四〕「舟」，四庫本作「鵃」。

〔一五〕「颼颼」，四庫本作「颸颸」。

〔一六〕「服事」，四庫本作「服來」。

〔一七〕同治本校：「按《全唐詩》作「歸桐廬舊居寄嚴長史」，係朱放詩。小注：一作章八元。」

〔一八〕「漢陽」，道光本、同治本作「濮陽」，四庫本作「漢陽」。鉛印本云：「當從《全唐詩》濮陽作漢陽。」

按《文苑英華》卷二百二十亦作「漢陽」，據改。

〔一九〕「良」，四庫本作「郎」。

〔二〇〕「絶巘」，四庫本作「佐命」。

〔二一〕「氤氳」，四庫作「氛氳」。

〔二二〕「天樂下」，四庫本作「天下樂」。

〔二三〕『賤』，四庫本作『賦』。

〔二四〕『清徹』，四庫本作『清散』。

〔二五〕四庫本『太白』作『太山』，『到』作『别』。

〔二六〕『局』，四庫本作『席』。

〔二七〕四庫本此下有『山』字。

剡録卷六下

詩

送越帥程公闢

趙汝礪監察御史裏行

畫舫參差看欲飛，紛紛車馬厭塵泥。右軍筆墨空蘭渚，安道風流訪剡溪。白首得時歸莫遽，丹心懷國去猶稽。月明會醉蓬萊閣，應笑雲霄自有梯。右次雜端正言韻。

前　題

曾孝宗虞部郎

虎符分鎮浙江東，艤棹都門使旆雄。雙槳徘徊枌社日，高牙摇曳剡溪風。蓬萊閣讌公書簡，賀監湖游獄榜空。行聽越民歌德政，亟還青瑣見旌忠。

前　題

劉奉世集賢校理

使君遺愛徧南州，五馬新歸瘴海頭。持〔一〕橐未厭青鎖直，懷章還作鑑湖游。餘姚人物傳吴遠，越地山川向剡幽。應有清詩資卧理，會吟他日記風流。

前　題　王仲脩崇文院校書

一麾占得山川勝，金紐新提左顧龜。蒼闕闘龍辭日下，紅旌引騎照江湄。剡溪月午何妨醉，曲水春餘好賦詩。玉案天香攜滿袖，錦衣誰似過鄉時。

晚泊嵊蒲寄剡縣劉貺員外　潘　閬

曉泛剡溪水，晚見剡溪山。徘徊駐行棹，待月思再還。漁唱深潭上，鳥棲高樹間。應當金石友，念我無暫閒。

自諸暨抵剡　吴處厚

莫歎塵泥汩〔二〕，且圖山水游。維峯天姥翠，一舸剡溪秋。不見戴安道，有懷王子猷。西風無限意，盡屬釣魚舟。

夷猶雙槳去，莫不辨東西。夕照偏依樹，秋光半落溪。風高一雁小，雲薄四天低。莽蕩孤帆卸，水村楊柳堤。

秋渚函空碧，秋山刷眼青。排頭煙樹老，撲面水風醒。上瀨復下瀨，長亭仍短亭。夜船明月好，客夢滿流螢。

出得雲門路，風悽日夕曛。船撑鑑湖月，路指沃州雲。山色周遭見，溪流屈曲分。一觴還一詠，誰似右將軍。

憶越

楊　蟠

蓬萊閣面對青山，地上游人半是仙。漁浦夕陽横掛雨，鑑湖春浪倒垂天。高城尚鎖當時月，故殿空留幾處煙。長愛剡溪堪發興，雪中曾棹子猷船。

寄雲門運禪師

顔　復

句谿曲曲剡山重，誰訪桑門物外蹤。超世有言皆實際，示人無意在機鋒。平生懷抱佳高遯，壯歲衣冠鏁俗容。每想清禪心暫寂，秋聲蕭瑟夜庵松。

雨霽剡谿

錢昭度

剡溪風雨霽，航葦重行行。到處楊柳色，幾家荷葉聲。噪蟬金鼎沸，游水玉壺清。最喜魚梁伴，歸帆的的輕。

剡中夜思　林槩

密樹芳穠碧草齊，春華微度緑陰低。溪連嵊水興何盡，路接仙源人自迷。落絮有情風上下，好花無語日東西。故園桃李經年别，一望歸心遶翠蹊。

剡溪書懷三絶　盧天驥

山鳥逢春恰恰啼，桃花流水路猶迷。何時鼠子膏齋斧〔三〕，笑領白雲歸剡溪。

故園生事只衡茅，不管方兄久絶交。糲食枯椽吾易足，鷦鷯只占一枝巢。

山杏枝頭鵯鵊兒，來傳春意語多時。脆紅可是渾無力，不奈東風盡日吹。

泛剡溪　盧天驥

愁呵龜手冷摇鞭，乘興來登訪戴船。解事篙師小鳴艣，恐驚寒雁入晴天。

龍宫寺　華鎮

鹽梅器業尚風塵，書劍曾游寂寞濱。秀句玲瓏滿天下，應搜佳麗入機神。

金庭洞天　華鎮

嵩高秀入洛川清，鶴去雲歸冷玉笙。霜白金庭今夜月，流風依約有遺聲〔四〕。

桃　源　華鎮

嘉樹風生玉宇香，鶯飛燕舞弄春陽。歸來井邑皆如舊，始覺仙家日月長。

瀑布嶺　華鎮

春日雲崖晴杳杳，東風山溜曉泠泠。煙霞密邇神仙府，草木微滋亦有靈。

戴　溪　華鎮

月華雪彩照長川，一葉扁舟破紫煙。十二瑶臺登賞夜，清光長似昔時天。

題戴溪亭　林東

溪亭故事幾年華，來值秋霖眺望賒。雲障山巒多少處，雨埋煙火兩三家。水肥去馬行高坂，汀没閒鷗上淺沙。誰是子猷誰是戴，小船杯酒興無涯。

獨秀山　李易

訪戴溪長近若耶，金庭雪對赤城霞。沼從鵠舉添蕭索，峯似鸞翔解歎嗟。每愛林間百種蝶，難忘竹外四時花。剡川圖上他年指，獨秀山前是我家。

剡溪幽居　李易

勝絶剡溪邊，巢枝度半年。燕回銜落絮，魚涌接飛泉。丹鼎山頭氣，茶爐竹外煙。幽居已成趣，佳致若爲傳。

浴鵠沼　李易

鵠沼開新鑑，纖塵莫遺遮。翠光争水鳥，紅影湛山花。天外時分月，林端更蔚霞。高飛留舊跡，全付謫仙家。

龍潭二首　李易

雲巘移佳茗，風潭遶怪松。書傳黄石秘，税可紫芝供。抵玉休鶩鵲，懷珠且伴龍。聽經誰氏子，卉服秀仍恭。

鐵[五]騎侵淮海，龍潭路始通。雲生迷寶刹，月皎現珠宫。瀉澗泉噴薄，依巖樹鬱葱。神交難獨擅，吾黨契元同。

西　溪　　李　易

玉龍擘山開，南鶩肆奔猛。風蕩雪濛濛，月流光炯炯。壯氣動貴門，前驅入蛟井。萬籟息中宵，一區臨絶境。奔雪有遺音，垂磬得深省。白雲何所聞，就宿孤峯頂。

登軍營塢　　李　易

褰裳涉流水，倚水送歸雲。海角春潛到，山腰路忽分。伏龍應厭睡，飛雹駭論文。鸛雀知機早，翻然不待羣。

居剡一篇寄鄭天和　　李　易

金庭洞在桐柏山，山高一萬八千丈。中有神仙不死區，郁郁黄雲覆其上。透巖流壑遶四旁，面勢參差皆意向。雞登天姥有時聞，鶴羨沃洲何待放。彩衣大勝宫錦袍，白髮奉親仍縱賞。異才争出輔清朝，爽氣自欣游碧嶂。古來無位有重名，吾家謫仙陸魯望。平生願到猶不諧，矧彼區區走俗狀。桃源康樂舊鄉存，路接風煙聽還往。渡江正爲九華丹，石筍飛泉歸指掌。鸞翔鵠浴傳異時，列岫方池閒想像。剡溪隨處可卜居，乘興扁舟一相訪。

貴門卜築

李　易

亂後亦擇居，筮山山輒許。居民百餘家，喜甚手欲舞。云〔六〕久聞公名，此幸殆天與。感兹鄭重意，時節共雞黍。剡川非沃野，地僻民更窶。趁時務擷茗，餘力工搗楮。寡婦念遺秉，洿池憐數罟。我欲教耦耕，盡力循南畝。桃杏種連山，深居可長處。東鄰有節士，酒酣乃發語。公昔起布衣，高議掩前古。親擢類平津，决見逢真主。兩宫佇六飛，萬乘思一舉。交侵正倔强，蠭起益旁午。浩然公獨歸，偶出寧有補。默塞復何言，長歎汗如雨。

題龍潭壁

李　易

貴門今是鹿門山，盡室扶攜萬壑間。流水偶隨真自悟，遥岑相望若爲攀。風翻竹塢慵休掃，月過松扉静不關。潭底卧龍煩一起，正須霖雨濟塵寰。

書剡山所見寄周侍郎

李　易

剡山無數野薔薇，黄雲爛熳相因依。玉盃淺墜〔七〕承墜露，金鐘倒挂摇晨暉。斑竹筍行三畝地，紅藥花開一尺圍。豆角嘗新小麥秀，來禽向長櫻桃肥。歌舌隨風柳外囀，翠花帶水煙中飛。魚跳破浪奮赤鬣，鶴唳投松翻縞衣。鄉關萬里久無夢，巖壑四年今息機。叮嚀杜宇往江北，爲唤故人令早歸。

題剡溪　　王　銍[八]

我家住在剡溪曲，萬壑千巖看不足。卻笑當年訪戴人，雪夜扁舟去何速。

戴安道宅　　王　銍

山水戴逵宅[九]，尚餘清興中。千巖落花雨，一徑卷松風。酒茗延幽子，圖書伴老翁。長生吾不羡，久悟去來同。

雪作望剡溪　　釋仲皎

玉樓瓊樹曉煙披，擁衲開門四望迷。清曠世人誰似我，雪中更對子猷溪。

懷剡川故居　　釋仲皎

煙光流轉太騣騣，又見春山换緑陰。蝴蝶夢中新歲病，杜鵑聲裏故鄉心。焦桐冷卻風三尺，瘦竹拖來月一尋。早晚掉頭歸小隱，誅茅千嶂白雲深。

斷雲流水古巖隈，憶得柴門半扇開。雪打子猷船上過，春從靈運屐邊來。逃禪野榻排芳草，覓句寒崖掃落苔。容易三年抛絶去，不勝啼月曉猿哀。

病目飛蠅鬢雪乾，欲扶吾道愧衰殘。把他杓柄力何倦，還我钁頭心便安。待摘菜花添午供，便裁荷葉備春寒。不辭高卧煙霞裏，枕上青山最好看。

剡　溪　王十朋

千古剡溪水，無窮名利舟。乘閒雪中興，唯有一王猷。

了　溪　王十朋

禹迹始壺口，禹功終了溪。餘糧散幽谷，歸去錫元圭。

校勘記

〔一〕『持』，四库本作『捧』。

〔二〕『汩』，道光本、同治本作『泊』，四庫本作『汩』。泊字不成文，按《會稽掇英集》卷四亦引作『汩』，據改。

〔三〕『齋斧』，四庫本作『齊斧』。按二字通，《易經》作『資斧』。

〔四〕鉛印本云：『此詩乾隆志作盧天驥作。』

〔五〕『鐵』，四庫本作『敵』。

〔六〕『云』，四庫本作『去』。

〔七〕『墜』，四庫本作『琢』。

〔八〕四庫本無『王銍』二字。

〔九〕『宅』，四庫本作『邑』。

剡録卷七

畫

戴逵畫南都賦圖

戴安道就范宣學，《中興書》曰：『逵不遠千里，往豫章范宣。宣見逵，異之，以女妻焉。』視范所爲，范讀書亦讀書，范抄書亦抄書。唯好畫，范以爲無用，不宜勞思於此。戴於此乃畫《南都賦圖》，范看畢咨嗟，以爲有益，始重畫。

戴逵畫行像

戴安道中年畫行像甚精妙。庾道季看之，語戴曰：『神明太俗，由卿世情未盡。』曰：『唯務光當免卿此語耳！』《列仙傳》曰：『務光，夏時人也，好鼓琴。湯將伐桀，謀於光曰：「伊尹何如？」務光曰：「强力忍詬，不知其他。」湯克天下，讓於光，光曰：「吾聞無道之世，不踐其土，况讓我乎？」負石自沈於蓼水。』

王羲之像

金庭觀有右軍書樓、墨池，舊有羲之像。

王徽之像

劉原父《徽之〔一〕贊》曰：『人生誰不知，妄爲世所束。興來當暫往，興盡期自復。大雪暗溪路，新晴月微燭。去非斯人慕，返豈斯人辱。優游便所適，偃蹇尚幽獨。』

李紳像

龍藏寺有唐李紳書堂，舊有李紳畫像。

剡中溪谷村墟圖

《畫録》曰：『毛惠秀《剡中溪谷村墟圖》一卷，隋朝官本。』李嗣真《續畫録》曰：『惠秀繪事頗爲詳悉，太自矜持，翻成羸屯〔二〕，不及惠遠。』湘東王蕭繹《續畫品》曰：毛稜，惠遠子，便捷有餘，真巧未足。

王詵雪溪乘興圖

詵字晋卿，東坡題其圖：『溪山雪月兩佳哉，賓主談鋒夜轉雷。猶言不見戴安道，爲問適從何處來。』欒城次韻：『亟往遄歸真曠哉，聾人不識有驚雷。雖云不必見安道，已誤扁舟犯雪來。』李易詩：『剡川圖上他年指〔三〕，獨秀山前是我家。』易歷給事中，嘗居剡之貴門山。剡川固可圖，自惠秀之後無其人耳。一止〔四〕《剡溪道上》詩：『一水縈不斷，千巖翠相扶。扁舟訪雪月，我昔見畫圖。』

訪戴圖

吕居仁《答錢遜叔訪戴圖》詩：『北風吹霜夜如雪，江城草木凍欲折。病夫袖手無所爲，一坐臨川已三月。忽蒙妙句起衰憊，頓覺和氣生毛髮。公能忘機我亦倦，不待文殊見摩詰。畫圖是非久未解，况保長年不磨滅。請公置畫莫多求，要與時人除愛渴。』

李商老訪戴圖當是商老所藏。

李商老《觀訪戴圖》詩：『閒庭秋草積，滿砌蒼苔深。忽向冰紈上，聊窺訪戴心。雪月俱皎皎，風林互森森。縱觀停艫處，猶聞擊汰音。終年剡溪曲，何嘗返山陰。徒言興已盡，真安誰能尋。浮生圖畫爾，慷慨爲長吟。』

廉宣仲訪戴圖 宣仲名布，號射澤老農，宣和間爲畫學博士。

王銍云：『僕自會稽泛舟至剡中，是時雪遲梅早〔五〕，煙外萬枝，夾岸幽香不斷，蓋非人間世也。友人廉宣仲在四明，聞之，作《子猷訪戴圖》見寄，作長句謝之。仍書四絶句於圖後：「剡溪萬壑千巖景，人境誰能識心境。君畫山陰雪後船，始悟前人發清興。」「眼中百里舊山川，荒林雪月縈寒煙。應緣興盡故無盡，賓主不見寧非禪。」「當年戲留一轉語，不意丹青能盡覩。更畫人琴已兩忘，妙盡子猷真賞處。」「白玉花開碧玉巒，戴逵溪上謝公山。若教當日逢斯景，肯道扁舟盡興還。」「越溪梅接剡溪濱，得意還成一景春。此日可憐高興盡，扁舟處處作東隣。」「山回水轉碧玲瓏，月在羣山四合中。香滿一船梅勝雪，休誇訪戴畫屏風。」「梅英與雪一般色，不得北風香不知。懶詠左思招隱句，先生今有畫中詩。」』

仲皎廬山圖

仲皎所作《廬山圖》，窈窕清潤，有詩書氣。僧惟敬所藏，先公翰林嘗跋。

十八高士圖

先公翰林居剡，作雪館於玉岑山，又作集高亭，繪晉入剡十八高士爲圖，列左右。

紙

剡藤

李肇《國史補》曰：『紙之妙者，越之剡藤。』舒元輿有《悲剡川古藤文》，文在文卷中。吴淑《紙賦》曰：『金花玉骨，剡藤麻面。』劉禹錫詩：『精彩添隃墨，波瀾起剡藤。』顧逋翁《剡紙歌》：『雲路上山陰雪，中有玉人持玉節。宛委山裹禹餘糧，石中黄子黄金屑。剡溪剡紙生剡藤，噴水搗〔六〕爲焦葉稜。欲寫金人金口偈，寄與山陰山裹僧。手把山水紫羅筆，思量點畫龍蛇出。正是垂頭塌〔七〕翼時，不免向君求此物。』丁晉公紙詩：『妙制剡溪人，多名錦水春。』歐陽公詩：『剡藤瑩滑如玻璃。』熊岑《送程公闢》詩：『溪藤頻得句，雪舫夜留賓。』黄太史詩：『蔓尾鋃鈎寫珠玉，剡藤蜀璽〔八〕照松煙。』韓持國詩：『剡溪柔弱難争强，紫巖緊實爲最長。』李商老詩：『相望唇亡齒寒國，書來莫惜剡溪藤。』僧巽中《謝吴令惠越紙》詩：『不用微文吊剡藤，紙成功用貴深精。布頭末足全彰美，魚綱徒勞獨擅名。贈我喜同青玉案，報公慚乏碧雲情。道山何日鞭歸騎，給札還應付長卿。』

剡　紙

陸龜蒙詩：『宣毫利若風，剡紙光如月。』梅聖俞詩：『花[九]牋脆蠹不禁久，剡楮薄慢還可怡。』

剡　硾

薛能《送浙東王大夫》詩：『越毫逐厚俸，剡硾得佳名。』注曰：『近相傳以擣熟紙名硾。』《雞林志》曰：『高麗紙治之緊滑不凝筆，光白可愛，號白硾紙。』林和靖詩：『紙軸敲晴響，茶鐺煮晚濃。』和靖又有《槐木紙椎贈周太祝》詩：『輕如魚網滑如脂，時寫新詩肯寄來。』硾紙，其法椎擣也。

剡溪玉葉紙

皇甫松[一〇]《非煙傳》曰：『臨淮武公業，位河南功曹參軍。愛妾曰非煙，北鄰子趙象窺見，慕之。象取薛濤詩，以剡溪玉葉紙書[一一]之，達意於非煙。煙復以金鳳紙題詩酬之。』

澄心堂紙

剡用南唐澄心堂紙，其樣甚展。《新安志》曰：『績溪紙乃澄心堂遺物。』歐陽公、韓持國有《澄心堂紙》詩，米元章、薛道祖亦有詩。

玉版紙

東坡詩：『溪石琢馬肝，剡藤開玉版。』黄太史有《次韻王炳之惠玉版紙》詩。

敲冰紙

張伯玉《蓬萊閣》詩：『敲冰呈好手，織素競交鴛。』注曰：『越俗呼敲冰紙。』《新安志》曰：『紙敲冰時[一二]爲之益佳。』剡之極西，水深潔，山又多藤楮，故亦以敲冰時爲佳，蓋冬水也。吕本中詩：『敲冰落手盈卷軸，頓使几案生清芬。』

羅牋

蘇易簡《紙譜》曰：『蜀人造十色牋，其文謂之魚子牋，又謂之羅牋，剡溪有焉。』

古物

晋剡鐘

晋《郭璞傳》：『元帝爲瑯琊王，使璞筮，遇《豫》之《睽》，曰：「會稽當出鐘，以告成功。上有勒銘，應在人家井泥中得之。」及帝即位，太興初，會稽剡縣人果於井中得一鐘，長七寸二分，口徑四寸半，上有古文，所書十八字云「會稽徽命」，餘字時人莫識。』

戴安道琴

《琴箋》曰：『安道一琴，比常製長一尺。』

許承瓢

唐先天中，女冠投簡金庭，見褚伯玉所得許承瓢，遂持以進。

顧歡素琴

歡隱剡山，齊高帝徵至，進《政綱》〔一三〕，優詔稱善，賜歡素琴。

顧歡麈[一四]尾

齊高帝又賜歡麈尾。

秦系硯

秦系《山居》詩：『洗硯魚仍戲，移樽鳥不驚。』系注《老子》，穴山石爲硯。

剡西古硯

剡開元鄉民斸土值硯，色下巖也，渾璞溲[一五]蝕，受墨處獨低，中窽凹處，唐以前物。銘：『玉在深山，有道則見。山耶石耶，陵谷幾變。嗚呼此玉，不晦不炫。不以知貴，不以棄賤。』

八角石硯

剡丁發硯於破冢，外肖羲畫，内鑿禹海。越手輕爽，石性已空，入土老也。銘：『二火一刀，硯與人俱高。甲乙丙丁，硯與數不逃。石之饕，志之勞，文之騷，人之豪。』

二大洗

吴莊漁人得之，歸章氏。章氏遺余。銘：『金兮精，火兮明；土兮英，水兮清；器兮貞，人兮聲。』

翠　壺

甲戌冬，剡丁發諸荒墟。壺範簡古，蘚花黛緑，銅性空，入手輕甚。銘：『黛澤涵靈，苔花布跡。金性積蜕，土膏輟蝕。』

三足洗

表弟周樞得之清化。銘：『尚古維〔一六〕人，範模首智。伊谷可陵，厥用罔暨。』

校勘記

〔一〕四庫本『之』下有『像』字。

〔二〕『屯』，四庫本作『絶』。

〔三〕『指』，四庫本作『事』。

〔四〕『一止』，四庫本誤作『又止』。按此指宋詩人劉一止。

〔五〕『早』，四庫本作『子』。

〔六〕『擣』，四庫本作『搗』。

〔七〕『塌』，四庫本作『搨』。

〔八〕「蠒」，道光本、同治本作「璽」，據四庫本改。

〔九〕「花」，四庫本作「巴」。

〔一〇〕「松」，鉛印本云：「《唐宋傳奇集》作枚。」

〔一一〕「書」，四庫本作「寫」。

〔一二〕四庫本無「時」字。

〔一三〕「政綱」，四庫本誤作「元綱」。顧歡進《政綱》事見《南史·隱逸傳》。

〔一四〕「塵」，四庫本誤作「塵」。

〔一五〕「溲」，四庫本作「泑」。

〔一六〕「維」，四庫本作「雒」。

剡録卷八

物外記祠附

道　館

金庭觀在剡金庭山，是爲崇妙洞天，金庭福地。道經曰：『王子晋登仙，是天台山北門第二十七洞天，桐柏山洞中三十五里，見日月，下見金庭壁四十里。』又曰：『天治華頂之東門，曰金庭洞天，周王子晋善吹笙，爲鳳凰之聲，從浮丘登高而羽化緱山。去後主治華頂，號白雲先生，往來金庭。風月之夕，山中有聞吹笙者。』循山趾而右，得小香爐峯，其峯八面，即洞天之北門。唐裴通記曰：『金庭洞天，在縣之東南。循山趾而右，得小香爐峯，即洞天之北門，嘗聞異香，時值仙人〔一〕，從古不死，真天下之絶境也。』又有五老峯、上多大松。卓劍峯。其山形如劍。觀之後爲放鶴峯，山峯巒奇聳，多古木。其東有仙人走馬岡，岡有路跡，下有龍湫水，極清洌。下流爲小澗，有赤水橋。又東爲洞山，山中人皆姓董，又曰董山。是爲毛竹洞天。《洞天記》曰：『毛竹爲二十七洞天。』洞門巖石竦立，有老木龍藤，糾繞巖石。洞前有碧洞，去觀二里曰再度村。世傳右軍渡〔二〕此，見山嶺崇峻，以爲罕有，故謂之罕嶺。去〔三〕觀東去十五里，有大湖山，峯勢入天，上有赤水丹池，池可丈餘，深不可測，其水色赤，勺之則其清如鏡，禱雨甚靈。舊爲王右軍宅。東廡設右軍像，有書樓、墨池、鵝池。裴通記曰：『琅琊王羲之家於此，其書楼、墨池舊制猶在。書樓今不存，墨池方丈餘，水或清或黑，亦甚異也。又有鵝池，在卓劍峯之下，可三畝，水極清潔。石鼓山有靈鵝巖，謂鵝飛於此山。』右軍捨宅爲觀，初名全真館，又改金真宮，舊傳右軍捨讀書樓〔四〕爲觀。宋齊間褚伯玉居此山。伯玉居此山三十餘年，後游南嶽〔五〕霍山，復歸，謂弟子曰：『吾從此去，十旬當逝。』及期而終，年八十六。史言齊高帝迎之，辭疾，敕於剡白石山立太平館居之。與舊經少異。沈約有《金庭館碑》。唐先天間遣女道士投簡金庭觀，見許承瓢，遂持以進。《真誥》曰：『上虞吴曇得許承一瓢，贈伯玉，伯玉亡，授弟子朱僧標〔六〕，歷代寶之，可受一斛。』張説《題金庭觀》詩。『玄〔七〕珠道在豈難求，海變須教鬢不秋。他日洞天三十六，碧桃花發共師游。』唐僧小白《題金庭觀》詩。『羽客相留宿上方，金庭風月冷如霜。直饒人世三千歲，未抵仙家一夜長。』羅隱《送裴饒歸會稽》詩。『金庭路指剡川隈，珍重良朋自此來。兩鬢不堪悲歲月，一卮猶得話塵埃。家通曩分心空在，世逼横流眼未開。笑殺山陰雪中客，等閑乘興又須迴。』李易《居剡寄鄭天和》詩。『金庭洞在桐柏山，山高一萬八千丈。中有神仙不死區，郁郁黄雲覆其上。透巖流壑逶四旁，面勢參差皆意向。雞登天姥有時聞，鶴羡沃洲何待放。彩衣大勝官錦袍，白髮奉親仍縱賞。異才争出輔清朝，爽氣自驚游碧障。古來無位有重名，吾家謫仙陸魯望。平生願到猶不諧，矧復區區走俗狀。桃源康樂舊鄉存，路接風煙聽還往〔八〕。渡江正爲九華丹，石筍飛泉歸指掌。鸞翔鵠浴傳異時，列岫方池閒想像。剡溪隨處可卜居，乘興扁舟正相訪。』劉昌《游金庭》詩。『衡嶽真人稱福地，南齊高士寄山阿〔九〕。赤城仙去騎丹鳳，墨沼人傳詠白鵝。一世風流俱寂寞，千年氣象故嵯峨。登臨不盡懷人恨，唯有蒼蒼石可磨。』仙都李清叟詩。『山屬蓬壺第幾重，奇峯翠岫繞靈宮。雲藏毛竹深深洞，煙起香爐裊裊風。放鶴已歸天漢上，養鵝無復小池中。羽人盡得飛章法，神與寥陽路暗通。』歐陽建世詩：『右軍平昔愛觀鵝，尚有池塘聚渌波。但見當時塵跡在，徘徊終日對嵯峨。』天台金卞詩。『尋真窮養浩，崇妙路迢迢。洞掩峯千疊，塵分水一條。白雲生石壁，飛閣插崖腰。隱隱存仙跡，渾疑在碧霄。』羽士葉參光詩。『迢遞人間入路遥，忽窺仙闕絶塵囂。事尋奇異披〔一〇〕燕石，文載興崇是晉朝。攻藝高樓無筆硯，養鵝靈沼識蒭蕘。英雄雖逐年華謝，萬古真風冠碧霄。』淮南馬并詩。『右軍學業隱林邱，世隔年餘景尚幽。苔鎖一泓殘墨沼，雲遮三級舊書樓。欣逢羽客開金闕，快覩仙童侍玉旒。自怪今朝説凡骨，飛身得向洞天游。』四明朱仝詩。『憶昔羲之古事脩，龍蟠雲捲卒難搜。鵝池墨沼今雖在，誰復書堂筆下求。』羽士李太澄詩。『步步溪山轉幾重，五雲深處敞琳宮。峯巒秀擁神仙至，門逕清無世俗風。畫静棋聲深院裏，月明琴弄夜堂中。丹成仙子無餘事，祇待蟠桃信息通。』

桃源觀，唐爲太清宫，在剡門之北。唐武德八年置，號太清，後廢。乾祐三年重置，曰桃源觀。人言太清宫屋趾延袤在北門之外，今門外田疇猶曰宫前阪。按吴越時有《東都帖》曰：『桃源觀，宫主靈逸大師陸契真，乞以錢本回運香油。未審剡縣太清宫所，彼三清大師作真聖宫，北〔一一〕帝院使用。』則是時太清宫尚存，又與桃源觀爲二區矣。沈遘《贈剡溪桃源宫王道士》詩。『我昔剡溪游，道人一相遇。重來十歲餘，顔色宛如故。顧我命衰早，鬢毛已蒼然。乃知世上榮，詎若山中閑。道人家東都，問胡不歸北。北方多風塵，素衣化爲黑。斯言共所信〔一二〕，吾志亦江湖。瀟洒會稽守，平生欣莫如。君恩容苟安，願奉三年計。幸爾數到城，閑談北方事。觀有古鐘。世傳鍾靁今嶽祠前田池中。

僧廬

惠安寺，在剡山之陽，舊曰般若臺寺，又曰法華臺寺。晋義熙二年，南天竺國有高僧二人入金華，師道深弟子竺法友[一三]，授《阿毗譚論》一百二十卷，甫一宿而誦通。道深遂讚法友『釋迦重興』。今先[一四]授記，遂往剡東峁山，復於剡山立般若臺寺。會昌廢，咸通八年重建，改法華臺寺。天祐四年，吴越武肅改興邑寺。大中祥符元年，改今額。《十道志》曰：『西臺寺，今法臺寺是也。陳惠度所立。』寺有上方軒，窗與溪山對，極高明之眺。中産草，號鹿胎草。獵士陳惠度射鹿此山，鹿孕而傷，既産，以舌舐子，身乾[一五]而後母死。惠度棄弓矢，投寺出家，後爲名僧。鹿死之處生草，號曰鹿胎草。寺有灌頂壇。張繼《剡縣法臺寺灌頂壇》詩：『九燈傳像法，七夜會龍華。月静金田廣，幡摇銀漢斜。香壇分地位，寶印辨根芽。試問因緣者，清溪無数沙。』趙嘏有《早發剡中法堂寺》詩。當是法臺寺[一六]。『暫息勞生樹色間，平明塵事又相關。吟辭宿處煙霞古[一七]，心負秋來水石閒。竹户半開鐘未絶，松枝静霽鶴初還。明朝一倍堪惆悵，回首塵中見此山。』寺有增勝堂，寺僧彦强所居。王銍題詩。『心是華嚴境，圓機更善根。一塵猶可見，十勝不爲繁。放鶴掃松逕，呼猿開竹門。妙高峯頂住，客到亦忘言。』彦强山居詩。『老矣無能役，巖分草草緣。放渠藜六尺，銷得屋三椽。雪盡收茶早，雲晴拾菌鮮。有時臨近澗，揎手弄潺湲。』擇璘《題思安清意太師幽遠庵》詩。『得意幽深觸處真，何須丘壑密藏身。愛兹殊勝園林地，非彼等閒花木春。白晝杜門人莫到，清談絶俗世難親。紛紛閙市繞山脚，獨有此中無點塵。』

圓超寺，在剡山之西，舊曰靈岫庵。晋天福六年建奉國院，大中祥符賜今額。王銍詩。『松間清月佛前鐙，庵在危峯更上層。犬吠一山秋意静，敲門知有夜歸僧。』山中奉靈感大士，精祈必格。寺有大觀舊記。記曰：圓超禪院，舊曰靈岫庵。有老僧獨居，禮觀音。觀音乃舊工王温夾苧爲之。治平初，國子博士鄭公宰剡，秋夜月明，夢一人儀形有異，進而前曰：『衣敝久矣，幸念之。』一日，詣寺見大士像，喟然曰：『感夢者非此乎？』命工繪飾。宰及去〔一八〕，謂院僧曰：『大士常感於予，願輸金易之以去。』僧合謀曰：『金雖多，豈若大士在山中，可爲無窮之福利也？』齎金請於宰。前一夕，宰之家人皆夢大士曰：『翌日當訣矣。』宰見僧至，遂奉以歸。自是剡人益奇其事，乃記大士靈感之因、大士靈感之跡云。崇寧五年四月旦，承務郎尉鄭雄飛記。有亭，盡得溪山登覽之勝，曰挾溪亭。盧駿元《題圓超寺挾溪亭》詩。『孤亭瞰平野，雙溪分兩腋。野闊春風香〔一九〕，溪晴照人碧。』『我來亭上天欲春，溪聲野色争赴人。胸中邱壑相映發，翛然便欲乘飈〔二〇〕輪。惜無妙手王摩詰，半破鵝溪重畫出。溪山應喜得賞音，盡遣煙霞供落筆。我嗟吟鬢犯車塵，一凭危欄眼界新。寄謝溪聲與山色，他時來作箇中人。』梅谿王十朋次韻。『路入剡山腰，風生玉川腋。孤亭物外高，雙溪眼中碧。』『山僧作亭去幾春，賞音端的逢詩人。自從妙語發丘壑，遂使絶景多蹄輪。我來首訪維摩詰，問訊雙溪自何出。發源應與婺溪同，賦物慚無沈郎筆。凭欄一洗利名塵，入眼翻驚客恨新。山城重重水如帶，可能挽住思鄉人。』王銍《登挾溪亭》詩。『剡中何許隔林坰，無復晴巒到眼明。賴有西南天一角，亂雲深處疊秋屏。』松嶺之側，舊有俯山堂，前拖衆山，下瞰井邑。堂廢已久，昔人留題甚多，如『近離城市不多地，高壓樓臺無限家』，不知誰人作。寺前巨竹數萬箇，琅玕入天，今非昔矣。

瑞像寺，在邑之東，吴越武肅王所創。唐景福元年。

南巖廨院。唐龍紀元年建，縣東二百步。今廢爲民居。

實性院，在剡山之西，唐曰清泰院。唐乾元中建清泰院，會昌廢。晉天福七年重建，大中祥符元年賜今額。寺下有古井。《輿地志》曰「城内有石井深五丈」，即此也。

超化院，在剡門之北，其後枕剡坑，有林澗之美。晉天福七年建水陸院，大中祥符改今額。院有鑑軒。石延慶《題鑑軒》詩。「一軒曾以〔一二〕鑑爲名，軒下方池徹底清。坐客不須頻拂拭，主人猶恐太分明。一塵不染元無物，萬象俱涵豈有情。堪笑越湖三百里，等閑風浪不曾平。」劉彝嘗賦《悼賢》詩。「越州剡縣超化院，皇祐辛卯春，予寄居是邑，民方阻饑，流莩萃千里，集於城下。縣令祕丞過公彦專，勸誘豪族，得米二萬斛以救民。明年又饑，遂出常平錢萬緡，請糴於明，歸，以剡價取其贏米幾萬斛，繼續民命。尚憚其不給也，乃刻俸麥七十斛爲種，而假超化院左僧民之田十餘頃，役饑民耕種之。明年，得大麥五百餘斛，嗣給流民，各俾歸業。熙寧己酉春，余倅永嘉，就移湖北道，出剡溪，民有懷過公者，尚皆感泣；而院僧聞其云亡，尤增痛悼。因書屋壁，繼以詩：良疇十頃接晴煙，曾假過侯就旱年。俸麥一車開德濟，流民千里荷生全。人嗟逝水今亡矣，俗感遺風尚泫然。獨對老僧談舊事，斜陽春色漫盈川。」先公《和曾原伯寄超化舉長老》詩。「文聲宮祉韻鸞和，素履冰霜凜節柯。鵬翼扶揺鷩斥鷃，鳳翔寥廓無靈鵝。參玄問學淵源遠，支許游從日月多。誰袖新篇來古剡，夜寒不覺聳肩哦。」

明心院，四山環合，自成一嶼，寺在其中，前臨松嶺，路通吴越。建隆二年陳承鄴捨宅建，號「黄土塔院」。大中祥符改今額，在縣北二里。魯國唐咨記。記曰：邑北五里，林巒幽邃如城郭。其西北一隴，望之蔚然，高出於羣峯，曰黄土嶺。嶺腰有靈泉，清冷甘滑，行者、負者滌熱爲凉。顯德七年，鄉民蘇老賓請於錢氏爲僧院。宋建隆初，爲黄土塔院。又有陳房二翁捐山以廣寺。治平三年賜今額。景祐中，僧仁偃甃爲二泓，立廊以升，凡二百級。人至瀟灑，不知人間有暑。惟佛法能轉惑見爲真知，卻羣迷爲正覺，離執著爲圓明，然後逍遥乎真空之理，超悟乎妙道之場。所謂明心者，因夫明心之理以告云。西山之嶺，有歸鴻閣。王銍《歸鴻閣》詩。『初離江渚荻生芽，飛到龍荒雪滿沙。寄語不須傳信遠，將軍憂國不憂家。不向幽林敞畫欄，夕陽空伴六朝山。故人爲我留歌興，絶勝溪邊訪戴還。今君有意去來中，白日無私物自公。回首溪山莫留戀，不隨社燕與秋鴻。』仲皎《歸鴻閣》詩。『精舍傍脩嶺，道心隨眼明。山遺僧偃迹，水作剡溪聲。無雨竹亦潤，有風松更清。上方真可住，不用觸歸情。』又有歸雲亭。仲皎《歸雲亭》詩。『一從飛出岫，舒卷意何長。作雨遍天下，乘風歸帝鄉。無心憐瀟落，到處自清涼。縹緲來空碧，吟邊帶夕陽。』又有偃公泉。僧仁偃施水得名。水味清甘，宜茶。王梅溪《偃公泉》詩。『泉自何時有，得名從偃公。誰能繼長陸，爲載水經中。』寺有詩僧仲皎，自號閑閑。庵今爲倚吟閣，先公爲僧惟敬記之。寺之南麓，先公翰林所藏，山有藏書寮。又有雪廬、玉峯堂、香〔二二〕堂。

福感寺，依小坡，有竹，前有橋，橋下澗水通焉。晋天福四年建，號『報恩』。大中祥符改。東二十五里。

普安寺，居坦平，後依山，甚高峻，號白雲山。雲起即雨。山中林木前有池。宋元嘉二年建，會昌廢。後唐清泰二年興。東二十五里〔二三〕。

資福寺，在平野，後有小山。東望四明山，前鑿小池。晋天福八年建，號『增福』。大中祥符改。東三十里。

尊勝寺，在小坡陀中。山枕四明山。寺之山曰清泉山。凡寺之内外前後，每鑿地三尺，必得水，雖地有高下，無所異。丈室之前有兩池，清潔紺碧。宋永嘉二年，曰厚山院。會昌廢。天福六年建。東[一四]四十里。

華藏寺，居陽坡，有竹樹。左爲四明山。乃茹蘭禪師所立。晋開運二年，號雲峯院。大中祥符改。東四十五里。

上乘寺，枕四明山，四圍皆山，多林樾。池前一巨壑，其左一池，水湛潔。距寺之西南一里有雪潭，有龍居焉。梁永明二年置安福寺，會昌廢。景福元年興建。東七十里。

法祥寺，据山，山勢秀拔，左右環擁，林木陰翳。寺之後有峯曰獅子頂。距寺三里有靈鵝山。世傳右軍鵝池中鵝飛至山中。山有石鼓洞，洞爲穴二，高七丈，有二石鼓。晋時於此山置石鼓山。洞中可坐一二十人，清浄澄邃。洞之前有澗水潺湲。宋元嘉二年，號『延福』。會昌廢。後唐清泰二年興，大中祥符改『法朗』，又改今額。東七十里。

清隱寺，居山腰，其北三峯皆峭峻，巨杉交蔭，路通四明雪竇山。其第二峯有龍池，池中有金蛇、金線文龜，蛇見則雨。前有二洞橋，橋下清澗湍激。又有四照亭，左右有二巨壑。唐大中七年建，號三峯院。治平三年改。東七十里。仲皎《送僧入三峯》詩。『上人瞿曇裔，律身玉無瑕。力究毗尼論，汪汪海無涯。振錫復何許，三峯隱蒼霞。堂上大道師，靈芝發根芽。想見湧法施，鼕鼕鼓聲撾。上人從之游，勿憚歲月遐。坐待霜露熟，香風散天葩。』

明覺寺，据山後，依燕尾峯，面獨秀峯，林木環聳。山中有七井，其一大者深五丈，闊一丈，有一靈鰻若大椽，常見之。寺之左有白蓮龍潭，下有大壑，曰白蓮池。寺始於長安營焉。後有老師望一處有靈光，遂遷寺。今謂之光明塘。後有聞山中鐘鼓聲者，又遷今所。梁大通元年，智遠禪師建禪林寺，會昌廢。晋天福建，大中祥符改今額。南二十里。

空相寺，依平山，前有澗水。太平興國元年，號開明院。大中祥符改。南四十里。

禪惠寺，据山之坡，山形圍焉。山林蔚青，前有一池，右有迴龍橋，橋之下澗水出焉。山中有古井，齊景明中，安南將軍黄僧成家天雨錢數億萬，捨以造寺，號錢房寺。梁天監中改禪房寺。會昌廢，咸通二年重建。縣之西二十里。

天竺寺，宅山之腰，山極崇峻，多篠竹。前山亦巍竦。寺之前有石，曰安禪石，四五枚。又有破石，石平爲半，有清澗環激。晋天福七年建，號西明院。祥符改今額。縣之西二十里。

顯净寺，在平嶼，左右有松竹。寺有八池，水甚清美。其西廡有白鶴井。齊永明三年建青林寺，會昌廢。後唐長興元年建，大中祥符元年改。縣西二十里。

悟空寺，据高巖，前有巨壑。又東有山澗，通蛟井。周廣順元年於古烏流寺基建保安院，治平二年改。在縣西二十里。有石如鼓，不擊自鳴。白樂天《沃洲山記》曰：『北對四明，而金庭石鼓介焉。』盧天驥《題石鼓》詩。『山在江城欲盡頭，招提無處著清幽。寒沈水底長留月，冷入天圍不剩秋。村静尚遺看鶴户，溪寒只受釣漁舟。眼前佳思能如許，悔不長爲隱地游。』

大明寺，居獨秀山，面大谿。有古井可五尺，深數尺，水不曾少竭。山之西爲韶國師所鑿，有坑甚深。晋天福四年有姚氏女捨宅爲寺，曰崇明寺。治平二年改今額。縣西三十里。

真如寺，白道猷行谿而來，登山腰，有禮拜石，石上有兩穴，膝如陷焉，山中築庵，道猷居焉。其後於山之坦平者立刹，四圍山林蔚茂，峯巒峻拔，澗溪繞寺，清汲皆通。澗水入於五龍山潭。周顯德元年，號寶壽院。大中祥符改。西四十里。

宣妙寺，居法華山，林樾清邃。山有大士井，泉味清美，深無底。東麓有清泉，筒引以入於寺。其東二小池植蓮。宋元嘉二年，號崇明寺。會昌廢，晋天福四年建，治平改。西四十里。方鴻飛《宣妙寺》詩〔二五〕。『雲觀煙樓是梵家，竹圍如洗逼寒沙。因風緑浪摇晴麥，遇雨紅香落澗花。人鎖書房聽鳥語，僧歸晚塢放蜂衙。不須老遠來沽酒，只覓天酥爲點茶。』

戒德寺，依火爐尖山，山甚秀拔，如星子峯。前有松林，左右皆松竹。二池澄潔。齊永明三年置光德院，會昌廢。天福七年建。西四十里。

普惠寺，依遥望山，有林樾，前有橋，流水過之，東爲放生池。齊永明三年，號安養法華院。會昌廢，乾符重建。治平改西四十里。王銍《題普惠方丈》詩。『鏡裏形容水底天，定將何物喻真禪。心安便是毗盧界，盡日添香伴兀然。』

證道寺，居五龍山，峭崖絶壁，上攀雲霄，竹樹蒙蔽。前有陰澗，來自寶壽山，注於龍潭。潭有五山，中有晋高僧白道猷道場。山中産茶，不在日鑄〔二六〕下，取潭中水瀹茶，尤絶奇。治西四十五里。晋開運元年，號五龍院。

定林寺，依山，林壑崇峻。山抱其右，其左翼以大〔二七〕谿，水石清湍，水出於黃院。相去五里有響巖，雨下則巖響。又有東泄潭，有龍居焉，其左有山曰石姥山。宋元嘉二年，號松山院。會昌廢，晋天福重建，治平改。西四十五里。山中有響巖、龍潭。盧天驥《過定林寺》詩。『寒旌隱隱入花村，小雨初晴水帶昏。不憚山程尋寺去，只將詩思與僧論。菱〔二八〕侵水步深藏艇，柳暗人家半掩門。莫厭禪居蕭冷甚，此來一爲訪溪藤。』

下鹿苑寺，山接太白山。其上即披雲寺。宋元嘉二年建，號靈鷲寺。會昌廢，咸通十四年重建，治平元年改。西四十五里。有隱天閣。盧天驥《登鹿苑隱天閣》詩。『欲結愛山人，共了尋山債。未有買山錢，愁聞有山賣。小雨濕春風，倦雲遮落日。不若叫風來，吹雲放山出。一眼吞萬山，寸心貯千里。何日上歸舟，教人問春水。殘雪領春來，疎鐘驚夢去。尚憶去年愁，孤舟繫江樹。』《再登隱天閣》詩：『好在滄洲趣，青蘋入眼多。落紅隨水盡，啼鳥奈春何。生事詩千首，功名印幾窠。如何喚禪伯，軟語坐盤陀。』山有龍潭，潭洩水下爲飛瀑，對瀑水爲玉虹亭。盧天驥《登鹿苑寺玉虹亭》詩。『饑鼯愁玃號窮冬，層巒秀壁撑晴空。閑〔二九〕拖小藤餘力借，來看霜巖飛怒虹。小奚〔三〇〕催呼老款段，瀹鼎篝火烹團龍。餘甘入口齒頰爽，兩腋便欲生清風。悠然千里堕眼界，金篦刮〔三一〕膜開雙瞳。乃知足力不到處，別有天地生壺中。國恩欲報已華髮，征車未去先晨鐘。玉川乘雲紫皇家，謫仙騎鯨河伯宫。聊追二子歸禹穴，碧空轉首山重重。』葛翁仙壇，壇之北有仙井，水極清美，下通海眼，四時不竭。上有石覆之。

上鹿苑寺，山自太白山來，有姚聖姑者，來赴下鹿苑〔三二〕供，不納，遂披雲登山中，曳裾止處，有靈犬隨之，遂立寺。盧天驥《游鹿苑寺山》詩。『喜策尋春杖，登高不待扶。蟻寒穿柳影，蜂暖飽花鬚。把酒憐櫻筍，臨流憶鱖魚。他時公事了，方有醉工夫。』宋元嘉七年，姚聖姑於西山造披雲院。晋天福七年，吴越改披雲寺。西〔三三〕四十五里。山中有接山堂。盧天驥詩。『政和戊戌，自東憲游云。予嘗愛晋人吏隱多在會稽，而王子猷冒雪訪戴，尤爲一時勝事。予以捕寇過剡，時方大雪初霽，山流暴漲，橋斷不可行，遂登鹿苑寺。憑欄四矚，便覺溪山來相映發，豈真中令當日〔三四〕應接不暇處耶？爲名堂〔三五〕，爲接山，且賦詩以紀其事：故臘老欲盡，新春慳未來。無令隴梅覺，且遣山禽催。雲間古招提，鐵鳳翔斗魁。單車夜剥啄，境浄無纖埃。倏篁舞瘦蛟，怒瀑生晴雷。坐久欲頮風，吹我心霧開。乃知白蓮社，未下黄金臺。緬思王騎曹，逸韻挽不回。且同謝康樂，屐齒破蒼苔。重游定不惡，林壑富詩材。』盧天驥《再登接山堂》詩〔三六〕。『鷲峰游屐少，我獨住多時。僧護翻經石，猿攀嘯月枝。地寒春到晚，山遠夢歸遲。尚被浮雲誤，吾心信兹癡。』『着地嵐陰撥不開，傍間同到妙高臺。老僧只恐泉聲少，坐遣飛雲喚雨來。修蛇細路困車牛，公事催人不自由。欲到遥岑冷浸骨，寄聲歸雁莫來休。』

校勘記

〔一〕此句四庫本無『循』字、『門』字，又『仙人』上有『一』字。

〔二〕『渡』，四庫本作『度』。

〔三〕同治本校：『去字疑衍。』

〔四〕四庫本脱『樓』字。

〔五〕四庫本無『嶽』字。

〔六〕四庫本『亡』作『已』，『標』作『受』。
〔七〕『玄』，四庫本作『女』。
〔八〕『聽還往』，四庫本作『甘遠往』。又下句『渡』四庫本作『越』。
〔九〕『阿』，四庫本作『河』。
〔一〇〕『披』，四庫本作『彼』。
〔一一〕『北』，四庫本作『此』。
〔一二〕『共所信』，同治本校：『一作共可信。』
〔一三〕『友』，四庫本作『深』，蓋涉上『道深』而誤。
〔一四〕『先』，四庫本誤作『光』。
〔一五〕『乾』，四庫本作『死』。
〔一六〕四庫本無此數字。
〔一七〕『古』，四庫本作『去』。
〔一八〕四庫本『繪』作『續』，『去』作『瓜』。
〔一九〕鉛印本云：『抄本、民國本香作草。』
〔二〇〕『飈』，四庫本作『飄』。
〔二一〕『以』，四庫本作『揭』。
〔二二〕『香』，四库本作『秀』。
〔二三〕四庫本無此五字。

〔二四〕四庫本『東』字上有『治』字。按其體例，似無之爲善。下『法祥寺』條亦同。

〔二五〕四庫本無此詩。

〔二六〕『鑄』，四庫本作『注』。

〔二七〕『大』，四庫本作『太』。

〔二八〕『菱』，四庫本誤作『麥』。

〔二九〕『閑』，四庫本作『閣』。

〔三〇〕『奚』，四庫本作『溪』。

〔三一〕『刮』，四庫本作『割』。

〔三二〕『鹿苑』，四庫本作『塵梵』。

〔三三〕四庫本『西』字上有『治』字。

〔三四〕『當日』，道光本、同治本作『嘗曰』，四庫本作『當日』。同治本校：『嘗曰當作當日。』據改。

〔三五〕同治本校：『爲名堂作遂名堂。』

〔三六〕四庫本無此兩詩。

剡録卷九

草木禽魚上

木

松

酈道元《水經注》曰：『嵊山臨江，松嶺森森。』戴逵《松竹贊》：『猗歟〔一〕松竹，獨蔚山皋。肅肅脩竿，森森長條。』戴公文章世少見之，此贊甚簡古森嚴。

柏

謝靈運《山居賦》曰：『木則松柏檀櫟〔二〕。』《會稽郡記》曰：『會稽境多名山水，峯崿隆峻，吐納雲霧，松栝楓柏，枝擢幹聳。』鄭僧保，剡人，孝感甘露降松柏條。』

檀

傳曰：『檀可爲車，故曰疆鞠之木。』陸璣《草木疏》曰：『檀木，皮青滑澤。』宋南渡初，製五輅，須檀爲車軸，取諸剡。至今郊年，文移如舊。

櫟

《水經注》曰：『謝靈運與惠連聯句，刻孤潭櫟側。』《詩》曰：『山有苞櫟。』《爾雅》注曰：『櫟，有梂彙自裹。』

梓

《水經注》曰：『謝車騎居嶀山東北，曲江起樓，樓北桐梓森聳[三]。』

桐

謝車騎嶀江所居，桐梓森撥，人號桐亭。丹池山在剡之東，舊曰桐柏山。道經曰：『上有桐柏合生。』

楝〔四〕

出謝靈運《山居賦》。楝有花，詩人稱之。梅聖俞楝詩：『紫絲暈粉綴鮮花，緑蘿布葉攢飛霞。』陳後山詩：『密葉已成蔭，高花初著枝。』

椿

剡溪谷多此木。孔德紹詩：『歲積松方偃，年深椿欲秋。』用莊子事妙絶。

杞

謝靈運詩：『滮池溉粳稻，輕雲暖松杞。』齊唐詩：『梗枏非給燎，魴鱮必施罛。』〔五〕

楮

出《越經》。《説文》曰：『楮，穀也。』陸璣《草木疏》曰：『江南以楮擣紙。』剡溪作冰紙，亦取此。東坡詩：『膚爲蔡侯紙，子入桐君録。』李易《剡貴門卜築》詩：『趁時務擷茗，餘力工擣楮。』謂作紙也。

樫

出《山居賦》《越經》。《爾雅》曰：『樫，河柳。』張衡《南都賦》注曰：『樫，似柏而香。』江淹《樫頌》曰：『碧葉菴[六]藹，頳柯翕赩。』喻鳧詩：『曉壇樫葉露，春圃朮苗風。』

檜[七]

李德裕《平泉草木記》曰：『木之奇者，會稽志檜。』《爾雅》曰：『檜，柏葉松身。』越僧□忠詩：『山檜影寒猶帶雪，溪流聲澀未銷冰。』剡谷間有絲檜，益奇。

橡

《漢書注》曰：『橡，栩實也。』顧况《書堂銘》曰：『橡栗梟險，猨猿相争。』許渾詩：『霜肥橡栗留山鼠，月冷菰蒲散水禽。』

柞

周處《風土記》曰：『始寧、剡界山多柞木，吴越之間名柞爲櫪。』《爾雅》曰：『栩杼，柞樹也。』漢五柞宫即此木。

石楠

李白詩：『水春雲母碓，風掃石楠花。』祖己詩：『不知疊嶂夜來雨，清曉石楠花亂流。』魏王《花木志》曰：『石楠樹，野生，二月花開。』剡山谷多此，冬葉尤可愛。

朴

《平泉草木記》曰：『厚朴，得之剡溪。』

樟

出《越經》。《酉陽雜俎》曰：『江東人以樟爲船。』張嵲〔八〕詩：『白水汪汪滿稻畦，樟花零落徧前溪。』

檫

《輿地志》曰：『越太平山生檫木。』剡多此木，非止太平山也。

櫧

出《越經》。李嘉祐詩：『子規夜啼櫧葉暗，遠道春來半是愁。』

相思木

《平泉草木記》曰：『相思木，得之剡谿。』《三異記》《述異記》皆曰：『戰國時有民戍秦，妻思之，卒。冢上生木，枝葉皆向夫所，謂之相思木。』《吳都賦》曰：『相思之樹。』注曰：『樹理堅邪，斫之有文，可作器。』陸龜蒙詩：『樹號相思枝滿地，鳥語提壺聲滿溪。』權德輿《相思木》詩：『空見相思樹，不見相思人。』

栟櫚〔九〕

《十道志》曰：『會稽有椶，剡山谷多植。』《山海經注》曰：『椶，一皮一節。』《廣志》曰：『栟櫚，葉如車輪，二月一採，轉復上生。』郭璞《栟櫚頌》曰：『異木之生，疑竹疑草。攢從石徑，森蓰〔一〇〕山道。』此八字奇。東坡《椶子》詩：『贈君木魚三百尾，中有鵝黄子魚子。』仲皎《椶子》詩：『緣木求魚不是難，夜叉頭上捏波瀾。皮剜龍甲淩雲老，子入魚胎帶血寒。』

竹

許敬宗《竹賦》曰：『篔谷著美，稽山見知。衛稱淇澳，梁賦夾池。』吴筠《竹賦》曰：『渭川千畝，山陽數林。會稽潤玉，羅浮色金。』竹在會稽尚矣。剡左右沙村最宜竹。

箭竹

《左傳》曰：『東南之美，有會稽之竹箭。』剡謝巖、五龍山尤多。靈運《山居賦》曰：『二箭殊葉。』注曰：『箬箭〔一〕大葉，笄箭細葉。』戴凱之《竹譜》曰：『會稽箭最精，節間三尺，堅勁中矢。』《字統》曰：『箭竹之别形，小身大葉，曰箭竹。』原父《箭竹》詩：『冉冉東南美，托根那在兹。』黄太史《箭筍》詩：『會稽竹箭天下聞，青嶺霜笴摇紫雲。』巽中詩：『適越長懷冬箭美，游吴未數蓴絲滑。』

毛竹

金庭山毛竹洞天有毛竹。李大□詩：『毛竹巖深藏羽客，柯山日晷更舒長。』〔二〕李清叟詩：『雲藏毛竹深深洞，煙起香爐裊裊風。』

斑竹

《博物志》曰：『洞庭二女，以涕揮竹，盡斑。』唐蔣防《湘妃泣竹賦》曰：『帝舜兮南巡不迴，二妃兮心傷已摧。淚浪浪而墮睫，竹冉冉而凝苔。』李端詩：『雲去低斑竹，風來動白蘋。』李易《剡山》詩：『斑竹筍行三畝地，紅藥花開一尺圍。』〔一三〕

燕竹

燕來時作筍，取其早也。王梅溪在剡有詩：『問訊東墻竹，佳名始得知。龍孫初迸處，燕子正來時。』

苦竹

《山居賦》曰：『竹則四苦齊味。』注謂黄苦、青苦、白苦、紫苦也。越又有烏末苦、頓地苦、掉尾苦、湘簟苦、油苦、石斑苦。苦竹〔一四〕以黄苞推第一，謂之黄鶯苦，剡亦有之。孟浩然詩：『歲月青松老，風霜苦竹餘。』亦有油竹。

水竹

《山居賦》曰：『水石别谷。』注曰：『水竹，依水而生，甚細密。』

石竹

《山居賦》注曰：『石竹本科〔一五〕叢大，以充屋榱。巨者竿挺之屬，細者篺箐之流。』《閩中記》曰：『𥯨竹似石竹。』

慈竹

任昉《述異記》曰：『南中生子母竹，慈竹是也。』《酉陽雜俎》曰：『慈竹，夏雨滴汁入地而生。』王勃《慈竹賦》曰：『如母子之鉤帶，似閨門之悌友。』喬琳《慈竹賦》曰：『類宗族之親比，同朋友之造膝。』宋景文公《慈竹贊》曰：『根不他引，是得慈名。』注曰：『竹性土産，根不外引，密不容笴，生夏秋也。』

桃枝竹

《書》曰：『篾席黼〔一六〕純。』孔安國曰：『篾，桃枝竹也。』《爾雅》曰：『桃枝竹，四寸有節。』又有梁簡文帝《竹賦》曰：『玉潤桃枝之麗，魚腸雲母之名。』梁元帝詩：『柯亭臨絶澗，桃枝夾細流。』皮日休詩：『鼓子花明白石岸，桃枝竹引翠嵐溪。』

笙竹

字書曰：『笙，竹名也。』有早笙〔一七〕、晚笙、棉笙。梅聖俞詩：『侵天笙竹溪西東。』

筋竹

《羅浮山疏》曰：『筋竹堅利，南土以爲矛。筍未竹時，堪爲弩絃。』皮日休詩：『烏紗任岸穿筋竹，白袷從披趁肉芝。』

閃竹

越閃竹，即宋景文、黄太史所謂『對青竹』。宋公贊曰：『翠溝如畫。』太史賦曰：『金碧其相。』

紫竹

剡山谷間往往有之。宋景文《紫竹贊》曰：『竹生三歲，色乃變〔一八〕紫。』

方竹

玉岑山所植。贊寧《筍譜》曰：『辰山有方竹，其方二寸。』《桂苑叢談》曰：『李德裕游甘露寺，贈僧方節竹杖。後數年至，寺僧圓之矣。』陸龜蒙《筍賦》曰：『洪罏靡定，方圓不均。』注曰：『南方有方竹。』宋景文《方竹贊》曰：『竹箇皆圓，此獨方形。』張忠定公《方竹》詩：『筍從初茁已方堅，峻節凌霜更可憐。』王平父《方竹》詩：『方竹同吾操，端然直物間。』

人面竹

剡山有之。竹徑幾寸，近本逮二尺。節極促，四面參差。竹書曰：『如魚身而凸，頗類人面。』

淡竹

《本草》曰：『竹類不一，而《農經》所載惟筀竹、苦竹、淡竹耳。』

蘆栖竹[一九]

嶀山有蘆栖灣。王梅溪《嶀山賦》：『靈禽忽翥於蘆栖。』《竹譜》曰：『竹膚是蘆，浙江以東爲□空於華筆。』

花

牡丹

仲皎《牡丹》詩：『玉稜金線曉妝寒，妙入天工不可干。老去只知空境界，淺紅深紫夢中看。』擇璘《牡丹》詩：『東君著力爲渠裁〔二〇〕，妙絶真姿不受埃。嗟我一觀如夢幻，倚欄非爲愛花來。』

芍藥

李易《剡山》詩：『斑竹筍行三畝地，紅藥花開一尺圍。』王梅溪《剡館芍藥》詩：『已過花王候，纔聞近侍香。來游禁酒地，免作退之狂。』唐人牡丹詩：『芍藥與君爲近侍。』〔二一〕

海棠

《草木記》曰：『木之奇者，會稽之海棠。』沈立《海棠記》曰：『德裕言花中帶海者從海外來，程琳《海棠》詩所謂「海外移根灼灼奇」是也。』海棠以蜀本爲第一，今山間所有多野棠。王梅溪在剡有《海棠》詩：『欲與春争媚，嫣然一笑芳。雨中如有恨，疑是爲無香。』先公在剡，謝人海棠詩：『富貴天姿錦里人，高華全比玉堂臣。緑嬌紅嫩精神足[二二]，肯折園林兩樹春。』注曰：『《花譜》以海棠比翰林學士。』唐吴融《海棠》詩：『太尉園村兩樹春，年年奔走看花人。』此詩全成讖也。

桂

《草木記》以剡中丹桂爲奇。德裕有《訪剡溪樵客得紅桂》詩曰：『昔聞紅藥[二三]枝，獨秀龍門側。越叟遺數株，周人未嘗識。來自天姥峯，長凝翠嵐色。』[二四]記中曰：『又得剡中真紅桂。』李白詩：『何以折相贈，白花青桂枝。雖然剡溪興，不異山陰時。』劉長卿《寄剡中諸官》詩：『桂香留客處，楓暗泊舟[二五]時。』梅溪王公記周氏天香亭曰：『叢桂數百根，皆古木也，蒼然成林，森然成陰，洞然而深闢[二六]，徑通幽而亭乎其中。主人日與客游焉，如入宜人之林，而夏不知暑；如登飛來之峯，而香飄[二七]自天；如騎蟾蜍游兔宫，而下視[二八]人間世：真剡之絶境也。』先公《次韻楊少雲桂花》詩：『溶溶漠漠秋光淡，耿耿寥寥夜色清。不是靈根函爽氣，如何醖得此香成。玉兔搗霜千萬粒，凄風折作四花凝。廣寒慣識朝真趣，一笑秋空意欲凌。』少雲名寅，爲兵部侍郎，時同在剡。

四季桂

予雪館嘗植四季桂。白居易詩：『有木名丹桂，四時常馥馥。』棗據詩：『芳林挺芳榦，一歲三四花。』據，晋人也。

雪桂

雪館雪中桂有花，坐客以爲自古未有。余曰：『李賀詩：「雪下桂花稀。」杜牧詩：「桂花香帶雪。」古人已見之。』

山茶

《平泉草木記》曰：『得會稽之山茗。』越山固多也。陶弼《山茶》詩：『淺爲玉茗深都勝，大曰山茶小海紅。』先公《雪館山茶》詩：『江南嘉木蔚蒼蒼，能與山梅次第芳。葉厚耐擎三寸雪，飛初〔二九〕怯受一番霜。』

石巖

花比杜鵑尤紅，石巖先放葉，後著花。仲皎《石巖花》詩：『朱英歷歷爍晴空，過了花間幾信風。明日畫闌供徙倚，卻須有句到芳叢。』

荼　蘼〔三〇〕

王梅溪《剡館荼蘼〔三一〕》詩：『日烘香倍遠，雨浥韻尤清。』山谷詩：『雨浥何郎試湯餅，日烘荀令炷爐香。』其用日烘，乃山谷詩中來也。先公《剡中賦酴醾花》詩：『羽蓋朱〔三二〕旛上下蒙，倚欄碧動舞蛟龍。誰憐澹素朝天面，自現光明滿月容。楊柳風柔雲絮濕，薔薇露重染衣濃。典型猶帶醺酣力，醞得餘春百倍醲。』

杜　鵑

剡僧擇璘《杜鵑花》詩：『春老麥黄三月天，青山處處有啼鵑。懸崖幾樹深如血，照水晴花暖欲燃。三嘆鶴林成夢寐，前生閬苑覓神仙。小山拄頰愁無奈，又怕聲聲聒夜眠。』剡人謂之映山紅。唐僧修睦有《映山紅》詩：『山前幾見煙邊重，溪畔曾逢雨後斜。』

瑞　香

西太白山有此花。盧天驥《剡山瑞香花》詩：『入夢生香酒力微，不須金鴨裊孤緋。爲嫌淡白非真色，故著仙家紫道衣。』時盧正在西山也。了元《瑞香譜》曰：『廬山瑞香比他郡最香，信乎風物各有相宜。』吴曾《漫録》曰：『剡山瑞香花，天聖中始傳。』東坡諸公悉作『瑞』字，此山記中載瑞香花及訥禪師詩：『山中瑞采〔三三〕一朝出，天下名香獨見知。』張祠部以瑞爲睡，其詩曰：『曾向端州睡裏聞，香風占盡世間春。竊花莫撲枝頭蝶，曾見南窗半夢人。』先公翰林詩：『雲岑深處獨翹翹，香逐吴山一夢銷。味入禪心清透澈，錦熏篝暖不容招。』

紅　梅

盧天驥《迎薰堂紅梅》詩：『河陽滿縣栽桃李，風過落花吹不起。潘郎遠韻故不凡，爲米折腰聊爾爾。剡溪詩尹亦可人，作堂餉客名迎薰。雖無桃李繼潘令，紅梅一窠香入雲。自憐多病繡衣客，百年未半髩先白。長鞭短帽飽霜露，田園將蕪身未索。何日背琴擕瘦笻，鳴絃堂上迎薰風。梅香已斷葉初暗，滿枝著子雙頰紅。寄聲艇子可留意，爲我沿溪撑短篷。』王梅溪《紅梅》詩：『桃李莫相妒，天姿原不同。猶餘雪霜態，未肯十分紅。』

千葉黄梅

王梅溪詩：『菊以黄爲正，梅惟白最嘉。徒勞千葉染，不似雪中花。』先公翰林詩：『一夢梨花失曉雲，晚貪黄裏弄精神。寒枝染透薔薇露，猶向人間犯色塵。』

蠟梅

花有紫心者、青心者，紫者色濃香烈，謂之辰州本。蠟梅聲名自蘇黄始。徐師川詩所謂『江南舊時無蠟梅，只是梅花對月開』也。王梅溪《剡館蠟梅》詩：『非蠟復非梅，誰將蠟染肥。游蜂見還訝，疑〔三四〕自蜜中來。』

菊

朱放《剡溪舟行》詩：『漠漠黄花覆水，時時白鷺驚船。』此溪邊菊有花也。先公於雪館西坡手種一二百本，最奇者紫菊、丹菊。杜荀鶴詩『雨匀紫菊層層色，風弄芭蕉葉葉聲』，庾信詩『層霄映紫芝，潛澗泛丹菊』者是也。先公有《種菊》詩：『菊載神農經，不見詩三百。周官叙鞠衣，一言僅可摘。黄華紀吕令，落英餐楚客。伯始飲得壽，桐君書探賾。移根候萌動，需時當甲坼。我羨柴桑里，敢希履道宅。不種兒女花，朱朱與白白。閲譜品雖多，求栽地恐窄。揠苗助其長，抱甕溉以澤。朗詠黄爲正，流播風傳格。寒香紫茝蘭，晚節銅柯柏。相繼早梅芳，一笑巡簷索。』

丁香

剡山白丁香絶多，殊不惡。李賀詩：『亂繫丁香梢，滿欄花向夕。』錢起《丁香》詩：『露香濃結桂，池影鬭蟠虬。』

薝蔔

此花生山谷榛篁間最多，禪月所謂『白薝蔔花露滴』也。韓渥詩：『整釵梔子重，呵酒菊花香。』杜甫《梔子》詩，其實也。王梅溪詩：『禪友何曾到，遠從毗舍園。妙香通鼻觀，静悟佛根源。』

水仙

水仙自魯直、文潛詩得名，有單葉者，先公詩：『朝朝暮暮泣陽臺，愁絶冰魂水一杯。巫峽雲深迷昨夢，瀟湘雪重寫餘哀。菊如相得〔三五〕無先意，梅亦傾心敢後開。惱徹會心黄太史，他花從此不須栽。』

薔薇

李易《剡山》詩：『剡山無數野薔薇，黄雲爛熳相因依。』李白《題東山》亦曰：『不見東山久，薔薇幾度花。』

凌霄

山谷老松，凌霄直上，與松柏雨花零暑〔三六〕。元稹詩：『寒竹秋雨重，凌霄晚花落。』白居易詩：『有木名凌霄，擢秀非孤標。』陸游詩：『庭中青松四無鄰，凌霄百尺依松身。』〔三七〕

校勘記

〔一〕『猗歟』，四庫本作『猗猗』。

〔二〕『櫟』，四庫本作『欒』。

〔三〕『聳』，四庫本作『摐』。

〔四〕四庫本無此條。

〔五〕四庫本『楩』作『稉』，『魴鱮』作『鱮魴』。

〔六〕『菴』，四庫本作『掩』。

〔七〕四庫本無此條及下條。

〔八〕『嵲』，道光本、同治本作『崍』，四庫本作『嵲』。按《會稽續志》卷四亦作『嵲』，據改。

〔九〕四庫本無此條。

〔一〇〕同治本校：『蓯作聳。』

〔一一〕鉛印本云：『箬箭』原注作『苦箭』。
〔一二〕四庫本無此句。
〔一三〕四庫本無此句。
〔一四〕『竹』，四庫本作『筍』。又本條四庫本無小注。
〔一五〕『本科』，四庫本作『别』。按《宋書·謝靈運傳》作『本科』。
〔一六〕『黼』，四庫本作『紛』。
〔一七〕四庫本三『筀』字下俱有『竹』字。
〔一八〕四庫本無『變』字。按《景文集》卷四十七有。
〔一九〕四庫本無此條。
〔二〇〕『裁』，同治本作『栽』。
〔二一〕小注據同治本補。
〔二二〕『足』，四庫本作『是』。
〔二三〕『藥』，四庫本作『葉』。同治本校：『藥當作桂。』
〔二四〕同治本校：『此詩李誌作程顥詩，有序，亦不止六句。』
〔二五〕『泊舟』，四庫本作『洎村』。
〔二六〕『闢』，四庫本作『窅』。按《梅溪後集》卷二十六作『闢』。
〔二七〕『飄』，《梅溪後集》同，四庫本作『生』。
〔二八〕『視』，《梅溪後集》同，四庫本作『游』。

〔二九〕同治本校：「飛初二字疑有誤。」

〔三〇〕此條四庫本分作兩條，自「先公」以前爲「茶」，以下爲「酴醾」。

〔三一〕「荼蘼」，四庫本作「茶」。按《梅溪集》卷六作「荼蘼」。

〔三二〕「朱」，四庫本作「珠」。

〔三三〕「采」，四庫本作「來」。

〔三四〕以上四字四庫本作「一見過訝」。

〔三五〕鉛印本云：「『得』原缺，據四庫本補。」

〔三六〕四庫本無以上字句。鉛印本云：「此句疑有誤字。」

〔三七〕道光本、同治本無陸游詩，四庫本有。

剡録卷十

草木禽魚下

果

梅

皇甫冉《寄袁郎中經剡》詩：『受律梅初發，班師草未齊。』崔顥《入剡》詩：『山梅猶作雨，溪橘未知霜。』仲皎《次韻王性之梅花》詩：『白玉叢邊碧玉流，見花無復爲花羞。春風細雨溪山路，洗盡去年今日愁。春到寒林雪得知，雪中誰解認芳姿。溪山飛上一輪月，香滿風前獨立時。』擇璘《梅花》詩：『花老香微春始来，禁寒唯有雪相陪。無情誰爲添愁怯，雨後風前亦可哀。』江朝宗《梅花》詩：朝宗，栝蒼人，有詩名。『小小人家短短籬，冷香濕雪兩三枝。寂寥竹外無窮思，正倚江天日暮時。月淡霜清驛路長，一枝春信到江鄉。西山餓死魂猶瘦，洛浦仙游佩亦香。』先公翰林次韻：『新新數點照疎籬，又折今年第一枝。只爲知心無著處，雪中獨立最多時。踏雪歸來水路長，親曾相見白雲鄉。風來風去都無那，分付行人一點香。』

杏

盧天驥《剡中》詩：『山杏枝頭鵓鳩兒，來傳春意語多時。』王銍《杏花》詩：『玉人半醉點豐肌，何待武陵花下迷。記得鞦韆歸後約，黄昏新月粉墻低。醉裏餘香夢裏雲，又隨風雨去紛紜。人間春色都多少，莫掃殘花不盡魂。』

桃

張燕公《題金庭觀》詩：『他日洞天三十六，碧桃花發共師游。』東坡詩云：『劉氏宅邊霜竹老，戴公山下野桃香。』王梅溪《紅桃》詩：『洗盡夭夭色，泠然衆卉中。卻將千葉雪，全勝幾株紅。』

李

林概《剡郊野思》詩：『故園桃李經年别，一望歸心繞翠蹊。』越桃李品最繁，剡亦多佳種。翠李、胭脂〔二〕桃最高。李紳游剡龍宫精舍，晝寢，有老僧見一黑蛇，上刹前李樹食其子，復望東序而去，入紳懷中。僧曰：『公睡中有所睹否？』李曰：『夢中登李樹食李，甚美，似有一僧相逼，乃竄。』僧知非常，延遇甚謹。

櫻　桃

李易《剡山》詩：『豆角嘗新小麥秀，來禽向長櫻桃肥。』盧天驥《鹿苑》詩：『把酒憐櫻筍，臨流憶鱖魚。』沈約詩：『野棠〔二〕開未落，山櫻發欲燃。』剡山固多山櫻。

枇　杷

謝靈運《七濟》曰：『朝〔三〕食既畢，摘果堂陰。春惟枇杷，夏則〔四〕林禽。』春安得有枇杷也？始寧墅〔五〕多植此，剡坑吴莊最多。宋謝瞻《枇杷賦》曰：『肇寒葩於結霜，成炎果乎纎露。』則熟乎夏矣。宋周祇《枇杷賦》曰：『四序一采，素華冬馥。』八字瓌妙。

林　檎

《山居賦》曰：『枇杷林檎，帶谷映渚。』青李來禽，出羲之帖。梅聖俞詩：『右軍好佳果，墨帖求〔六〕林檎。』李易《剡山》詩：『豆角嘗新小麥秀，來禽向長櫻桃肥。』

蓮

剡少陂隰，蓮芰非利。錢昭度《剡溪》詩：『到處楊柳色，幾家荷葉風。』尚言此也。擇璘

《荷花》詩：『雙雙白鷺隨青空，飛入花汀雜翠紅。煙火一篷漁舍晚，歸時蕩漾小船風。』全似惠崇大年小景。

瓜

剡之西太平鄉産奇瓜，紺翠如箭，味絶佳。庾信所謂『美酒含蘭氣，甘瓜開密筒』。齊韓〔七〕靈敏，剡人，種瓜營葬，朝採夕生。

棗

棗在嶀山間，往往青棗耳。韓愈詩：『棗圃落青璣，瓜畦爛文貝。』唐詩：『雨顆青璣密，風香白雪翻。』若蕭山則赤棗，甚奇，庾肩吾詩『踴躍頳魚醉，參差絳棗浮』是也。

石榴

剡近東陽，故多榴房。晉潘尼、張載、張協、應貞、潘岳、夏侯湛若〔八〕、庾儵、范堅、宋顔測皆有《石榴賦》〔九〕，古人愛之若此。

葡萄

《廣志》曰：『葡萄，黄、黑、白三種。』越剡間多碧蒲桃。王梅溪《剡館葡萄》詩：『珠帳纍纍挂，龍鬚蔓蔓抽。從渠能美釀，不要博凉州。』

木瓜

越剡所産多青瓜，不復丹色如宣城梅溪者。何承天《木瓜賦》曰：『維兹木之在林，亦超類而獨劭〔一〇〕。方朝華而繁實，比沙棠而有曜。』佳語也。

胡桃

《尚書故實》曰：『右軍《禽李帖》又曰：「胡桃種已成矣。」』木玄虚《四明山記》曰：『芙蓉峯山足生胡桃。』今新、剡間種此。晋鈕滔母《答吴國書》：『胡桃外剛樸，内柔甘，質似古賢，欲以奉貢。』善形容如此。

柹

剡所多也，種亦不一。謝靈運《山居賦》曰：『椑柹披實於長浦。』簡文《賜柹啓》有云『懸霜照采』，四字甚奇。

椑

潘岳詩：『前庭樹沙棠，後園植烏椑。』

梨

剡梨多種，蓋杜詩所謂『塞柳行疎翠，山梨結小紅』者。然更有大且重者。庾信詩：『寒谷梨應重，秋林栗更肥。』

栗

始寧墅有栗圃。陶隱居曰：『栗，會稽最豐，諸暨形大皮厚，不美。剡及始寧皮薄而甜。』秦系《謝朱放訪山居》詩：『土栗添初味，寒花帶老顔。』又《山中寄錢起苗發》詩：『稚子唯能覓梨栗，逸妻相共老煙霞。』

榧

《平泉草木記》曰：『木之奇者，稽山之榧。』東坡詩：『彼美玉山果，粲爲金槃實。』玉山屬東陽，剡、暨接焉，榧多佳者。僧巽中《棐湯》詩：『久厭玉山果，初嘗新棐湯。』棐肉和以生蜜，冰腦作湯，奇絶。其木宜製書几。王昌齡詩『芸香净棐案，松影閒瑶墀』是也。

柑

剡素無柑，近有種者，擷實類橘〔一二〕，風味不減黄巖。胡公《柑賦》：『處漢之南，背江之陰。水帶清流，山向高岑。』種柑法也。

橙

張籍詩：『山路黄橙熟，沙田紫芋肥。』真剡中風物也。梅聖俞詩：『越山橙熟久，楚飯稻春初。』

橘

崔顥《入剡》詩：『山梅猶作雨，溪橘未知霜。』任昉《述異記》曰：『越多橘柚園，越人歲稅，謂之棖橘户，亦曰橘籍。』

柚

《列子》曰：『吴越人間有木焉，曰櫾。碧實而冬青，實丹而味酸。』《爾雅音義》曰：『柚作櫾。』崔琦《七蠲》曰：『于斯江澤，實産橘柚。紫葉玄實，緑裹朱莖。』謝惠連詩：『含苞者柚，忘憂者萱。實摘柯摧，葉殞條繁。』

鍾乳

《山居賦》曰：『訪鍾乳於洞穴。』靈運自注曰：『近山之所〔一二〕，剡崖谷亦生焉。』梅福《四明山記》：『南一峯石壁數穴生石乳。』沈約《游金庭館》詩：『朋來握石髓，賓至〔一三〕駕輕鴻。』剡固有此也。又詩：『玉竇膏滴瀝，石乳室空籠。』鮑照詩：『銅溪晝森沈，乳竇夜滴瀝。』劉珊〔一四〕詩：『石床新溜乳，金竈欲成丹。』姚郃詩：『玉英含石乳，黄粉落松花。』皮日休詩：『鶴笙入夜歸雲屋，乳管逢春落石床。』張籍詩：『石洞新生乳，寒泉舊養龍。』李適詩：『捫壁窺丹井，梯苔瞰乳穴。』章孝標詩：『露寒鍾乳結，風定玉花香。』古人詩中多喜用此。

朱砂

崖谷間亦有之，人不知采耳。李白《剡中》詩：『無以墨綬苦，來求丹砂要。』《寰宇志》曰：『會稽歲貢丹砂。』

禹餘糧

舊經曰：『嵊北餘糧嶺，産禹餘糧。』《博物志》曰：『禹治水，棄餘食於江，爲禹餘糧。』李羣玉詩：『澗有堯時韭，山餘禹代糧。』逋翁《剡紙歌》：『宛委山裏禹餘糧，石中黄子黄金屑。』

雲母石

剡山接地壁嶺，道間所生，石色晶瑩。葛洪丹經用雲子者，雲母也。白居易詩：『朝餐雲母散，夜吸沆瀣精。』張籍詩：『鍊成雲母休煩爨，占得雷公當吏兵。』皮日休詩：『深夜數甌唯柏葉，清晨一器是雲華。』注曰：『雲華，雲母别名。』

石燕

梅福《四明山記》曰：『南峯之北巖生石燕。』

茯苓

《山居賦》曰：『茯苓千歲而方知。』杜甫《茯苓》詩：『翻動神仙窟，封題鳥獸形。』李益《茯苓》詩：『松膏爲茯苓，妙者是鶴形。』章孝標詩注：『鉼雲母，滑，漱齒茯苓香。』剡山多喬松，松下多苓。《典術》曰：『松脂入地，千歲爲茯苓。』

术

剡山有术。《爾雅》曰：『术，山薊也。』庾肩吾《术煎啓》曰：『緑葉抽條，生於首峯之側；

紫花標色，出自鄭巖之下。』楊侃詩：『結茅野客前溪住，採朮幽人絶頂行。』方干詩：『雲迷收朮路，雪隔出溪時。』秦系詩：『霓裳雲氣潤，石徑朮苗春。』

黄　精

舊經曰：『石鼓山多黄精。』《博物志》曰：『太陽之草名黄精。』謝靈運《游名山志》曰：『天室固多黄精。』秦系《期王錬師》詩：『黄精蒸罷洗瓊杯，林下從留石上苔。昨日圍棋未終局，多乘白鶴下山來。』

藷　蕷

《本草》曰：『齊越名山芋。』《異苑》曰：『野人謂之土藷。』張師正《倦游雜録》曰：『藷蕷，唐代宗名預，改爲藥。英廟諱上一字，卻呼蕷藥。』温公《送藷蕷苗》詩：『客從魏都來，遺我山藷實。』則曰山藷。王荆公、王岐公《和蔡樞密山葯》詩則曰山藥，黄魯直《和七兄山蕷湯》詩則曰山蕷。

地　黄

《山居賦》曰：『采石上之地黄。』剡地種之。白樂天《採地黄》詩：『採之將何用？持以易糇糧。』

仙茅

《齊唐集》曰：『少微山有仙茅。詩曰：「仙方上品誇靈種，忽怪靈芝坼紫苞。玉澤返嬰看驗術，少微山是小三茅。」』李商老詩：『聞説仙茅勝鍾乳，移根遠自西山阿。』剡亦有焉，人少採耳。

草

芝

鄭僧保，剡人，廬墓〔一五〕，芝生於墓。

蘭

《越絶書》曰：『勾踐種蘭於蘭渚山。』舊經曰：『蘭渚山，句踐種蘭之地。』王謝諸人脩禊蘭渚亭。《山居賦》曰：『風生浪於蘭渚，日倒景於椒塗。』豈惟蘭渚多蘭，剡蘭固自漫山競秀，但花不如蘭渚豊挺耳。仲子陵《幽蘭賦》曰：『貞正内積，芬華外揚。和氣所資，精明自得。』此十六字超出筆墨蹊逕，其知蘭者乎。王拱辰《送陸軫守越》詩：『棋墅風煙清早夏，禊亭蘭茝暗殘春。』一時稱傑句，録之。

秋蘭

《山居賦》曰：『水香送秋而擢蒨。』注曰：『水香，蘭草也。』當是秋蘭。秋蘭古人最所鍾愛，一經靈均，風騷之士競知慕焉。《離騷》曰：『秋蘭兮蘼蕪，羅生兮堂下。緑葉兮素華，芳菲菲兮襲予。』又曰：『秋蘭兮青青，緑葉兮紫莖。』張衡《思玄賦》曰：『㩦幽蘭之秋華。』《東京賦》曰：『芙蓉覆水，秋蘭被涯。』魏武帝《陌上桑》曰：『拄杖桂枝佩秋蘭。』曹植《迷迭香賦》曰：『芳暮秋之幽蘭兮，麗崑崙之英芝。』又詩：『繁華将茂，秋霜悴之，君不垂眷，豈云其誠？秋蘭可喻，桂樹冬榮。』又詩：『秋蘭被長坂。』晋傅玄《秋蘭篇》：『秋蘭蔭玉池，池水且芳香。』又詩：『秋蘭豈不芬，鮑肆亂其芳。』玄《鼓吹曲》又曰：『謀言協秋蘭，清風發其芳。』陸機詩：『氣惠秋蘭。』潘尼詩：『流聲馥秋蘭。』一秋蘭之微，而詞人眷眷如此，是亦瓌貞挺秀，可以比德歟。比[一六]從永嘉移本，大略如蕙擢花，八九月之交，香特重於春蘭也。

蕙

《廣雅》曰：『蕙草緑葉紫華。』林概詩：『吴娘晚唱穿菱葉，楚客春心記蕙叢。』

長生草

剡之東四明山生草，曰長生不死草，雖甚枯槁，得水即葱翠，甚爲異也。東方朔《神異經》曰：『會稽横山有草，莖赤葉青，人死，服之活。』《十洲記》曰：『不死草，出祖洲田。人既死者活。』《述異記》曰：『漢武帝時，月支國獻活人草。』《仙傳拾遺》曰：『祖洲不死草，在洲田中，名養神芝。葉似菰，苗〔一七〕叢生，一株活一〔一八〕人。』杜光庭《神仙傳》曰：『秦皇時，苑中多疫死者，有鳥銜草覆其面，即活。』王右丞《長生草》詩：『老根那復占春晴，能住虚空自發生。』

鹿胎草

獵士陳惠度射鹿剡山，鹿孕而傷，舐子死。其處生草，曰鹿胎草。

恒春草

唐方士梁鍠〔一九〕《進恒春草》詩：『東吴有靈草，生彼剡溪傍。既亂莓苔色，仍連菡萏香。金膏徒騁妙〔二〇〕，石髓莫矜良。儻使露涓滴，還游不死方。』

菖　蒲

《左氏傳》曰『昌歜』，《説苑》曰『昌本』，陶隱居曰『昌陽』。東坡《石菖蒲贊序》：『蒲有昌陽之辨。』盧天驥《定林寺沿溪采石菖蒲》詩：『曉行隱隱入花邨，小雨初晴水氣昏。莫厭僧家能冷淡，且穿芒屩〔二二〕采溪蓀。』仲皎詩：『□破雲根濕蒼玉。』〔二三〕擇璘詩：『寒石一拳添瘦削。』皆佳句。

麝香菜

西山有之，即紫苑苗也。

石　耳

生四明山絶壁，絶甘滑。

茶　品

會稽山〔二三〕茶，以日鑄名天下。余行日鑄嶺，入日鑄寺，綆日鑄泉，瀹日鑄茶，茶與水味深入理窟。茶生蒼石之陽，碧澗穿注，兹乃水石之靈，豈茶哉？山中僧言：『吾左右巖隖能幾何？茶入京都奉臺府，供好事者，何可給？蓋取諸近峯，剡居半。』然則世之烹日鑄者，多剡茶也，日鑄以水勝耳。建溪、顧渚溪以茶名者，水也。剡清流碧湍，與山脈絡，茶胡不奇？余留剡幾年，山中巨井，清甘深潔宜茶。方外交以茶至者皆精絶。唐僧清晝詩：『越人遺我剡溪茗，採得金芽爨金鼎。』剡茶聲唐已著。李易《剡山》詩：『雲谷移佳茗，風潭遶古松。』栽種也。『趁時務擷茗，餘力工搗楮。』采擷也。『丹鼎山頭氣，茶床竹外煙。』烹試也。仲皎《贈剡僧秀蘊點茶成梅花》詩：『未飛三白雪，卻報一枝春。』皆風流人也，作茶品。

瀑嶺仙茶　　五龍茶

真如茶　　紫巖茶

鹿苑茶　　大崑茶

小崑茶　　焙坑茶

細坑茶

泉　品

陸羽水品二十，劉伯芻水品七，品藻天下名泉也。余盡取剡中潭谷水入茶，三歎茶非水不可，水得茶方神耳。盧天驥《玉虹亭試茶》詩：『乍見飛泉眼即明，玉虹垂地半天聲。何時閒散無公事，洗鉢重來汲淺清。』又：『航湖未逐鴟夷子，得水今同桑苧翁。試遣茶甌作花乳，從教兩腋起清風。』斯人殊有風度，作泉品。

葛仙翁井泉

瀑布泉縣西太白山絶崖如壁，林木蔭翳，上有葛仙翁祠。

五龍潭縣西北山多竹箭，山有寺，兩山合。

篁山三潭縣東四明山。山危峭，怪石□□□□四立，上深入山根中，在山之半，石□□□□有大士下一在山。

石門潭縣西。

響巖潭縣西。

動石潭縣北。

三懸潭縣西南之北，石壁峭拔，老蝙蝠大如鵰，棲□中。

紫巖潭縣西，其山危拔入雲。

橐潭縣西北，山絶危峻，下一潭曰浮潭，言人之不可□也，然後造上。

亞輔潭縣西。

雪〔二四〕潭泉上乘寺。

偃公泉

龍藏大井

明覺大井

竹山大井

謝巖潭下有穴，水出焉[二五]。

獅子巖大井

禽

鶴

張籍詩：『春雲剡谿口，殘月鏡湖西。水鶴沙邊立，山鼯竹裏啼。』李易《剡山》詩：『魚跳破浪奮赤鬣，鶴唳投松翻縞衣。』盧天驥《剡中》詩：『但數十家看鶴户，與兩三隻釣魚船。』

鵠

出《山居賦》。《廣志》曰：『黄鵠出東海。』徐幹《七喻》曰：『雲鶴水鵠。』張伯玉詩：『冷風徐引江鵠飛，白雲迴首清猿啼。』李易《剡山有浴鵠沼[二六]》詩：『沼從鵠舉添蕭索，峯以鸞翔解嘆嗟。』又：『浴鵠開新鑑，纖塵莫遺遮。』

鴇不老切，性不上樹。

出《山居賦》。朱超詩：『緑草間游蜂，青葭集輕鴇。』謝朓詩：『田鶴遠相叫，沙鴇忽争飛。』郭璞《上林賦》注曰：『鴇似雁，無後指。』

鷸居苗反。

出《山居賦》。陸璣《疏》曰：『兩足之英有鷸。』《爾雅》曰：『鷸，雉長尾，走且鳴。』《抱朴子》曰：『雉有擅澤之鷸。』

雉

《爾雅》：『雉，鸐也。』元稹詩：『馴鷗眠淺瀨，驚雉入平蕪。』齊唐詩：『纖綸魚罥尾，鳴鏃雉摧班。』晋王淑之《翟雉賦》曰：『雉見質而不陋，翟表文而不華。』晋孫楚《翟賦》曰：『班五色之奇章，揚噭噭之清音。』《爾雅》曰：『鸐，山雉，尾長。』温庭筠詩：『冉冉山雞紅尾長，一聲樵斧驚飛起。』江濤《剡中》詩：『麥隴將雛馴乳雉，柳塘遺子漾游魚。』

鷳

項斯詩：『更望會稽何處是，沙連竹箭白鷳羣。』《西京雜記》曰：『鷳有白鷳，有黑鷳。』李白詩：『請以雙白璧，賣君雙白鷳。』人所樂尚者。

子規

李易《剡山》詩：『叮嚀杜宇往江北，爲唤故人令早歸。』仲皎《懷剡川故居》詩：『蝴蝶夢中新歲病，杜鵑聲裏故鄉心〔二七〕。』《成都記》曰：『蜀王杜宇，稱望帝，死化爲鳥，名杜鵑，一名子規。』《爾雅》曰：『巂周即此鳥也。』越人謂之謝豹。

鶯

出舊經。《詩義疏》曰：『黄鳥，鸝〔二八〕鶹也。或曰黄栗留，或曰黄鳥，一名倉庚。』謝靈運《酬惠連》詩：『嚶鳴已悦豫，幽居猶鬱陶。』

畫眉

梅聖俞詩：『山鳥本無名，兩眉如粉畫。』文與可《畫眉》詩：『百囀千聲隨意移，山花紅紫樹高低。始知鏁向金籠聽，不及林間自在啼。』剡林谷雅多此也。

拖白練

張九齡詩：『山禽毛如白練帶，棲我庭前栗樹枝。』張祜詩：『紅蕉心半卷，白練尾長垂。』文與可詩：『磐石坐深林，不欲人求見。隔岸誰品絃，數聲拖白練。』玉岑山最多，尤可玩愛。

黄　雀

剡人候雀，曰『白露來，霜降去』。張芸叟詩所謂『黄雀知時節，清江足稻粱』是也。蘇子由亦曰：『秋風下，黄雀飛；禾日熟，黄雀肥。』其曰『百箇同缶仍相依』者，可醢也。

婆餅焦

梅聖俞詩：『婆餅焦，兒不食。爾又向何之？爾母山頭化爲石。山頭化石可奈何？遂作微禽啼不息。』先公翰林《集高亭》詩：『山亭十月晏温朝，倚檻一聲婆餅焦。舌澀力微寒氣早，不成清亮卻成嬌。』

啄木

《爾雅》曰：『啄木，鴷也。』白居易詩：『豈無啄木鳥，嘴長將何爲？』賈島詩：『經年抱疾誰來問，野鳥相過啄木頻。』

布穀

出舊經。温庭筠詩：『蓮塘艇子歸不歸，柳暗桑濃聞布穀。』

戴勝

出舊經。《爾雅》曰：『戴勝，鵀也。』《春秋考異郵》曰：『孟夏，戴紝降。』《春秋説題辭》曰：『戴紝出，蠶期起。』傅玄《陽春賦》曰：『睹戴勝之止桑，聆布穀之晨鳴。』梅聖俞詩：『雉暈依麥雊，戴勝繞枝翔。』文與可詩：『戴勝入園春已老，栗留過壟麥將熟。』程致道《戴勝賦》曰：『惟戴鵀氏，知與時通。降於柔桑，以趣女工。』

鳩

盧天驥《剡中》詩：『强呼膏雨鳩鬧管，乍有香泥燕猛忙。』

巧婦鳥

出舊經。鷦性巧，巢至精，若刺韈，又名韈雀。張祜詩：『舊巢飛巧婦，新葉長宜男。』梅聖俞《巧婦鳥》詩：『巧婦口流血，辛勤非一朝。莠荼時補綻，風雨畏漂摇。』

伯勞

出舊經。《周書時訓》曰：『五月鶪始鳴。』蔡邕章句曰：『鶪，伯勞也。』李嘉祐〔二九〕詩：『映花雙節駐，臨水伯勞飛。』

鵯鶋

盧天驥《剡中》詩：『山杏枝頭鵯鶋兒，來傳春意語多時。』歐陽詹詩：『郵店月西入，山枝鵯鶋聲。』鵯鶋，鵶舅也。張祜詩：『落日啼烏舅，空林長寄生。』胡文恭詩：『二月辛夷猶未落，五更烏舅最先啼。』此詩説盡鵯鶋啼最早也。

山鷓鴣

白居易《山鷓鴣》詩：『山鷓鴣，朝朝暮暮啼復啼。啼時露白風凄凄，黄茅岡頭秋日晚，苦竹〔三〇〕嶺下秋日低。』山中最多。

竹雞

梅堯臣詩：『恐傷爾心不敢泣，春岡細雨聞竹雞。』林和靖詩：『晝巖松鼠静，春塹竹雞深。』王性之詩：『慘慘風林叫竹雞，冥冥山路曉光微。』壁〔三一〕德操詩：『山盡路迴人跡絶，竹雞時作兩三聲。』陶岳《零陵記》曰：『竹雞狀如鶉，尾少長。』《北夢瑣言》曰：『竹雞食半夏。』

吐綬雞

剡太白山有雞五色，吐緑綬，號吐綬鳥。《埤雅》曰：『綬雞似雉，吐物數寸。食必蓄嗉，慮觸其嗉，行每遠草木。』《古今注》曰：『吐綬鳥曰錦囊〔三二〕。』劉禹錫《吐綬鳥》詩：『越山有鳥翔寥廓，嗉中吐綬光若若。』李昜《太白山吐綬雞》詩：『昔人仙去斷丹梯，憔悴深山吐綬雞。百囀和鳴非我事，漫將文采慰幽棲。』

鶉

《博雅》曰：『鶉善鬭。』梅聖俞鶉詩：『脱命秋隼下，鳴鬭自相俘〔三三〕。』夏爲黄鶉，秋冬爲白鶉。夏鶉入饌絶勝，人多籠致。李白詩：『君看海上鶴，何似籠中鶉。』

鸕鷀

剡溪上漁舟所載者也。裴冕詩：『淺沙游蚌蛤，危石起鸕鷀。』《蒼頡篇》曰：『鸕鷀似鶂而黑。』楊孚《異物志》曰：『鸕鷀不生卵而孕雛於池澤間。又吐生，以環掛其項入水捕魚，日得數百。』

翡翠

李紳詩：『魚驚翠羽金鱗躍，蓮脱紅衣紫菂摧。』于仲文詩：『花驚飛翠羽，萍散躍頳鱗。』柳宗元詩：『古苔凝青枝，陰草濕翠羽。』《倉頡解詁》曰：『鷸翠，别名也。』韓渥〔三四〕詩：『天長水遠網羅稀，保得重重翠碧衣。』則謂之翠碧鳥。蔡邕《翠鳥》詩：『回顧生碧色，動摇揚縹青。』錢起《翠鳥》詩：『擘波得泉魚，一點翠光去。』形容盡矣。李易《剡山浴鵠池》詩：『翠光争水鳥，紅影湛山花。』謂此也。

鷗〔三五〕

秦系《剡中》詩：『家中匹婦空相笑，池上群鷗盡欲飛。』《倉頡篇》曰：『鷗大如鳩。』《山海經注》曰：『鷗，水鴞也。』《南越志》曰：『鷗在水中，隨潮上下，常以三月風至乃還洲嶼。頗知風雲，渡海以此爲候也。』

白鷺

朱放《剡溪》詩：『漠漠黄花覆水，時時白鷺驚船。』趙湘《剡溪唐郎中所居》詩：『開池延白鳥，掃樹帶清秋。』《詩義疏》曰：『鷺好絜白。』齊魯謂之舂鋤，吴越謂之白鷺〔三六〕鳥。

鳧

梁簡文詩：『戲鳧乘洑下，漁舟冒浪前。』又詩：『旅雁同洲宿，寒鳧夾浦飛。』許敬宗詩：『波擁羣鳧至，秋飄朔雁歸。』皆剡中風景。毛萇《詩傳》曰：『鳧，水鳥。』鄭玄《詩箋》曰：『鷖，鳧屬也。』〔三七〕《方言》曰：『野鳧，甚小，好没〔三八〕水，謂之鷿鵜。』《倉頡解詁》曰：『鳧名水鴨。』〔三九〕晋張望《鷿鵜賦》曰：『惟鷿鵜之小鳥，託川湖以繁育。能率性以閑放，匪窘惕於籠畜。』謝朓《野鳧賦》曰：『碎文錦之丹臆，納綺緑之翠衿。』

鸂鶒

温庭筠詩：『剡溪魚客賀知章，任達憐才愛酒狂。鸂鶒葦花隨釣艇，蜻蜓菰菜夢横塘。』謝惠連《鸂鶒賦》曰：『覽水禽之萬類，信莫麗乎鸂鶒。服昭晰之鮮姿，憇川湄而偃息。』《臨海異物志》曰：『鸂鶒食短狐，在溪中無毒氣。』古人《淮賦》曰『鶒尋邪而逐害』是也。陳昭裕《圖經》曰：『鸂鶒宿渚，若有敕令。其浮游也，雄左雌右，皆有式度。』

鵁鶄

《周禮》曰：『會稽宜鳥獸〔四〇〕。』注曰：『孔雀、鸞、鵁鶄之屬。』歐陽詢曰：『鵁鶄似鳬，高脚毛冠。』晋摯虞賦曰：『鵁鶄呈儀，若刻若畫。巧態多姿，乍浮乍没。』

脊令

出《越經》，杜公所謂『沙晚脊令寒』者。越人曰『雪姑』，贊寧《物類志》亦曰『雪姑』。《爾雅》曰：『雝渠，脊令也。飛則鳴，行則摇。』又有坑鵲，殊小。

魚鷹

舟過嵊江，一禽如雪，擒魚健於隼。問之漁人，曰：『魚鷹也。』温公《魚鷹》詩：『翩然下林表，不憚風湍惡。人歸晚渚静，獨傍漁舟落。』〔四一〕

獸

麖

靈運自注《山居賦》曰：『麖音京，能踔擲[四二]。』字書曰：『麖，大鹿也，一角而牛尾。』王梅溪《崿山賦》曰：『皇書亭畔，又看麖滯之蹤。』

麠[四三]

出《山居賦》。《詩傳》曰：『麠，獐也。』伏侯《古今注》曰：『齊人謂麠爲獐。』《吴越春秋》曰：『獐者傽偟也。麠性膽怯，見水輒奔。』魏文帝詩：『彎弓忽高馳，一發連兩麠。』張九齡詩：『雲雁號相呼，林麠走自索。』黄太史詩：『何處驚麠出禍機，煩公走騎割輕肥。』

麂或作麐，音幾[四四]。

《爾雅》曰：『麂，大鹿，旄毛，狗足。』元稹詩：『庭狎仙翁麂，池游縣令梟。』葉清臣詩：『山迴人逢麂，江清客厭魚。』杜甫麂詩：『永與清溪別，蒙將玉饌俱。』剡其庶乎。

羱

出《山居賦》。《爾雅注》曰：『羱羊，似吴羊而大，其角橢，出西方。』《義訓》曰：『羱羊養草以盤旋。』注曰：『暑天塵露在其角上，取[四五]生草戴之而行，愛之獨寢。』又《廣志》曰：『羱羊角重於肉。』《代都賦》曰：『大角謂之羱。』

豜

舊經。劉禹錫《進野猪狀》曰：『收刈之餘，田獵有獲。異於芻豢，著在方書。』

熊

李白詩：『湖月照我影，送我至剡溪。』又云：『熊咆龍吟。』豜[四六]冬蟄。《説文》曰：『當心有脂曰熊白，味美。好舉木引氣。』[四七]《莊子》所謂『熊經鳥伸，冬蟄不食，饑則舐其掌，其美在掌』。盧象詩：『明月聞山鳥，寒崖見蟄熊。』李端詩：『熊寒方入樹，魚樂稍窺泉。』陳陶詩：『鶴鳴高崖裂，熊鬪老樹倒。』梅聖俞詩：『霜落熊升木，林空鹿飲溪。』

羆

出《山居賦》。《詩傳》曰：『黄羆、赤羆，大如熊，脂白而麤。』柳宗元《羆説》曰：『羆之狀，被髮人立，絶有力。』

狸

《説文》曰：『狸，伏獸。』《淮南子》曰：『狸頭似鼠。』剡山谷産玉面狸，東坡所謂『牛尾狸』也。劉原父詩：『狸品牛尾貢，茶芽鷹爪長。』洪駒父詩：『官酷初□鴨頭緑，滿眼俱來牛尾狸。』

猿

虞騫《嵊亭》詩：『澄潭寫度鳥，空嶺應鳴猿。』李白《剡中》詩：『猿近天上啼，人移月中棹。』又曰：『謝公宿處今尚在，緑水蕩漾青猿啼。』劉長卿詩：『鳥道通閩嶺，山光落剡溪。暮帆千里思，秋夜一猿啼。』仲皎《東太白山溪猿亭》詩：『挂煙羣木冷，啼月一山秋。』

狐

《詩傳》曰：『狐色赤。』《述〔四八〕征記》曰：『白狐聽冰無聲乃渡。』張説詩：『啼猿抱山月，饑狐獵野霜。』

豺

出《山居賦》。《爾雅》曰：『豺，狗足。』《説文》曰：『體細瘦謂之豺。』〔四九〕季秋取獸，四面陳之，謂之祭獸。嘗行黄沙道中，見一豺與一野豕絶大，爲野丁所得〔五〇〕。

獺〔五一〕

出《山居賦》。《埤雅》曰：『獺似狐而青小，膚似伏翼，水居食魚。』《廣雅》曰：『獺一歲二祭。豺祭方，獺祭圜。』《續方言》：『水居知水，常於江見獺祭，以□〔五二〕大魚陳之石上，甚整。』宋之問詩：『飲水畏驚猿，祭魚常見獺。』

玃

剡太白山，趙廣信鍊丹登仙之處有赤玃。《爾雅》曰：『玃父善顧。』郭璞注曰：『似猴而大，能攫持人，好顧盼。』《吕氏春秋》曰：『猴五百年化爲玃。』盧天驥《鹿苑寺》詩：『饑鼯愁玃號窮冬，層巒秀壁撑晴空。』

兔

越山谷間産兔，剡尤多。王充《論衡》曰：『兔舐雄毫而孕，口中生子。』《博物志》曰：『兔望月而孕子。」沈約《宿東園》詩：『茅棟嘯愁鴟，平岡走寒兔。』王維詩：『設罝守毚兔，垂釣伺游鱗。』皆剡中景物也。

鼯

李嶠詩：『棲鼯抱寒木，流螢飛暗篠。』張籍詩：『水鶴沙邊立，山鼯竹裏啼。』《爾雅》曰：『鼯狀如小狐〔五三〕。』盧天驥《鹿苑寺》詩：『饑鼯愁獲號窮冬。』

鱗介〔五四〕

鱸

李白詩：『此行不爲鱸魚鱠，自愛名山入剡中。』項斯《寄剡中友》詩：『山晚迴尋蕭寺宿，雪寒誰與戴家期。夜來忽覺秋風急，應有鱸魚觸釣絲。』羊士諤詩：『山陰道上桂花初，王謝風流滿《晉書》。會作江南步從事，秋來還復憶鱸魚。』

白魚

嵑山下巨潭，白魚所聚。大者二三尺，頭昂者第一。尾頳者，謂之『追紅白』。杜甫詩：

『白魚困密網，黄鳥喧佳音。』方干詩：『山鳥踏枝紅果落，家僮引釣白魚驚。』韋應物詩：『沃野收紅稻，長江釣白魚。』白居易詩：『青青芹蕨下，疊卧雙白魚。』

青魚

青魚，頭色微青。劉邵《七華》曰：『洞庭之鮒，青顱朱尾〔五五〕。』蓋此類。池中所蓄，不及溪中者。向過娥江，漁人數連網得此魚，可三四尺。剡中所有，乃江中物也。

鱧

出《山居賦》。《爾雅》曰：『鱧，鮦也。』陸璣《疏》曰：『魴，鱧也。』《本草經》曰：『蠡，今作鱧字。』

鮒

出《山居賦》。王肅《易注》曰：『鮒，小魚。』《廣雅》曰：『鰿〔五六〕，鮒也。』劉邵《七華》曰：『洞庭之鮒，出于江岷。素腴〔五七〕青顱，朱尾碧鱗。』

鰱

鰱即鱮也。《詩箋》〔五八〕曰：『鱮似魴而大頭，魚之不美者。』士語曰：『買魚得鱮，不如啖茹。』《埤雅》曰：『吴越呼鱅鰱魚。』齊唐《越吟行》：『梗柟非給燎，魴鰱必施罛。』

鱒

出《山居賦》。陸璣《疏》曰：『鱒似鯶魚，而鱗〔五九〕細於鯶。赤眼多細文。』孫炎《爾雅正義》曰：『鱒好獨行。』

鯇

《爾雅》曰：『鱧，鯇也。』陸璣《疏》曰：『鯇似鱧，狹而厚，江東呼爲鱧魚。』今剡漁謂之逆者，鱒、鱧之類也。

鯉

李易《剡山》詩：『魚跳破浪奮赤鬣，鶴唳投松翻縞衣。』赤鬣，鯉也。范蠡《魚經》有養鯉法。剡人有治陂池蓄之者〔六〇〕。

校勘記

〔一〕『胭脂』，四庫本作『臙脂』。

〔二〕同治本校：『野棠一本作海棠。』

〔三〕四庫本『朝』下有『夕』字。按《太平御覽》卷九百七十一引無。

〔四〕『夏則』，四庫本誤作『密』。

〔五〕『墅』，四庫本作『塹』。

〔六〕同治本校：『求一作來。』

〔七〕『韓』字原無，據同治本補。

〔八〕按西晉夏侯湛字孝若，有《石榴賦》，此作『湛若』疑誤。

〔九〕原作『安石榴賦』，同治本校：『安字衍。』據改。

〔一〇〕『劭』，四庫本作『召』。按《藝文類聚》卷八十七引作『劭』。

〔一一〕『類橘』，四庫本作『來』。

〔一二〕『之所』，四庫本作『竹青』。

〔一三〕『賓至』同治本校：『一作賓去。』四庫本正作『賓去』。

〔一四〕『珊』，四庫本作『删』。

〔一五〕四庫本無此二字。

〔一六〕『比』，道光本、同治本作『此』，據四庫本改。鉛印本亦云：『此疑作比。』

〔一七〕『苗』，四庫本作『不』。按《太平廣記》卷四亦引作『不』。

〔一八〕四庫本「一」下有「千」字。按《太平廣記》亦有。

〔一九〕「鍠」，四庫本作「鍾」。

〔二〇〕「妙」，四庫本作「壽」。

〔二一〕「芒屩」，四庫本作「芸屩」。

〔二二〕四庫本無仲皎詩。

〔二三〕四庫本無「山」字。

〔二四〕「雪」，四庫本作「泄」。

〔二五〕四庫本無以上小注。

〔二六〕「沼」，四庫本作「池」。

〔二七〕「心」，四庫本作「愁」。

〔二八〕「鸝」，四庫本作「鵂」。

〔二九〕同治本無「祐」字。

〔三〇〕「竹」，同治本作「祐」。

〔三一〕「壁」，四庫本作「又」。按宋詩人饒節字德操，後出家，更名如璧。

〔三二〕「囊」，四庫本作「雞」。

〔三三〕「俘」，四庫本作「捋」。按《宛陵集》卷二十九作「鳴鬭自爲勇」。

〔三四〕鉛印本云：「渥似宜作偓。」

〔三五〕四庫本無此條。

〔三六〕四庫本無『鷺』字。

〔三七〕四庫本無『鄭玄』句。

〔三八〕『没』，道光本、同治本作『投』，據四庫本及《方言》卷八改。

〔三九〕四庫本『詁』作『語』，『鴉』作『鶻』。

〔四〇〕四庫本無『獸』字，下句『注』上有『其』字，『鵁鶄』之上有『係』字。

〔四一〕四庫本無後兩句。

〔四二〕『踔擲』，四庫本作『跳躍』。

〔四三〕四庫本無此條。

〔四四〕四庫本即作『麐』而無小注。

〔四五〕四庫本無『取』字。

〔四六〕四庫本『豖』字上有『似』字，又下句『心』上無『當』字。

〔四七〕鉛印本云：今本《説文》無此句。

〔四八〕『述』，四庫本誤作『白』，又漏『白狐』之『白』。

〔四九〕鉛印本云：今本《説文》無此句。

〔五〇〕『得』，四庫本作『奪』。

〔五一〕四庫本無此條及下『兔』『鼯』條。

〔五二〕同治本以缺字在『江』字上。

〔五三〕『狐』，鉛印本誤作『孤』。

〔五四〕四庫本作『魚』。

〔五五〕『朱尾』，四庫本作『碧鱗』。

〔五六〕『鰿』，四庫本誤作『鯖』。

〔五七〕同治本校：『素腴一作紅腴。』

〔五八〕四庫本『詩箋』上衍『魚』字。

〔五九〕同治本校：『鱗一作鮮。』此句四庫本作『鱒倪似鯢，鱗』。

〔六〇〕四庫本無『范蠡』句。

四庫提要

《剡録》十卷，宋高似孫撰。似孫字續古，號疎寮，餘姚人。淳熙十一年進士，歷官校書郎、守處州。陳振孫《書録解題》稱似孫爲館職時，上韓侂胄生日詩九首，每首皆暗用錫字，寓九錫之意，爲清議所不齒；知處州尤貪酷。其讀書以奥僻爲博，以怪澀爲奇，至有甚可笑者。就中詩猶可觀。周密《癸辛雜識》亦記其守處州日，私挾官妓洪渠事。其人品蓋無足道。其詩則《疎寮小集》尚有傳本，而文章不少概見。此書乃其所作嵊縣志也。嵊爲漢剡縣地，故名曰《剡録》。前有嘉定甲戌似孫自序，及嘉定乙亥嵊縣令史安之序，蓋成於甲戌而刊於乙亥，故所題先後差一年。其書首篇爲縣紀年；次爲城境圖；次爲官治志，附以令丞簿尉題名；次爲社志學志，附以進士題名；次爲寮驛亭、放生池、版圖、兵籍；次爲山水志；次爲先賢傳；次爲古奇跡、古阡；次爲書；次爲文；次爲詩；次爲畫；次爲紙；次爲古物；次爲物外記；次爲草木禽魚。徵引極爲該洽，唐以前佚事遺文，頗賴以存。其先賢傳每事必注其所據之書，可爲地志紀人物之法。其山水記仿酈道元《水經注》例，脉絡井然，而風景如覿，亦可爲地志紀山水之法。統核全書，皆序述有法，簡潔古雅，迥在後來武功諸志之上，殊不見怪澀可笑。即所作《子略》，亦不甚遠於人情。而陳振孫云云，殆不可解。蓋南宋末年道學一派惟以語録相傳習，江湖一派惟以近體相倡和，而似孫所述多魏晋以來詩文事迹，與當時風尚相左，故駭而走歟。

道光本跋

宋高似孫字續古，鄮人。父文虎，慶元中官翰林學士，淹貫多聞，嘗修宋朝四史，研覈詳審，爲世所推。似孫禀承家學，以賅洽見稱，所著有《子略》《硯箋》《蟹略》《緯略》《騷略》《疎寮小集》諸書。《剡録》成於嘉定時，爲邑令史安之作。自唐鄭言《平剡録》、宋俞瑞《剡東録》湮佚事傳，而嵊之有志自《剡録》始。内自縣治、官師、山川、人物以及草木蟲魚，釐爲十卷，凡唐以前遺文軼事，多所考證。其敘先賢則注所據之書，敘山水則仿《水經》之例，實爲後來康對山《武功志》、韓五泉《朝易志》藍本。國朝采入四庫，民間並無録版，即四明范氏天一閣蒐羅完博，亦無其書。今所存惟山陰杜氏鈔本，傳寫既多魚豕之訛，藏弆又有蟲蟫之患。余既纂輯縣志，恐此書歲久失傳，因於簿書之暇，釐其卷帙，校其譌舛，捐俸付梓，庶幾公諸同好，而剡中文獻可永垂勿替云。道光八年，知嵊縣事合肥李式圃跋。

丁亥夏，嵊邑李果亭明府，屬余修輯縣志。考嵊分野揚州之域，有舜禹故跡，至漢景帝時分爲剡縣，東晋以後王謝寄跡風流彌繁。其間山川人物，歷代因革，紀載闕如。即唐之《平剡録》、宋之《剡東録》，本非方志，亦堙没不傳。余所裒輯，一以宋高通議《剡録》爲據。其書敘例詳明，高簡有法。顧宋錂不可得，邇日流傳，僅禾中沈氏、剡中喻氏鈔本。果亭明府慮其久而失傳，於《嵊志》竣後，釐訂一編，屬余校其訛舛，並付剞劂，計是本留貽可支百餘年。王阮亭稱《武功志》文簡事覈，訓詞爾雅；王惺齋核正《朝邑志》垂信後人，過於原書。果亭明府是舉即此意也夫。道光戊子嘉平望日，山陰朱淥跋於鹿胎山之聽雪山房。

同治本跋

宋嘉定間，史安之尹剡，高似孫爲作《剡録》，舉其版圖、官治、山川、人物，别類分門，釐爲十卷。蓋自鄭言《平剡録》、俞瑞《剡東録》散佚後，賴兹録之出，而剡中文獻以詳。國朝採入四庫，坊間無鋟版。道光戊子，李君果亭令斯邑，得山陰杜氏鈔本。辨訛訂正，參校而付諸梓，使宋以前軼事遺文，歷異世而勿替，且令作斯録者之苦心，亦積久而不没，甚盛舉也！咸豐辛酉，粤寇犯潮，兵燹後，舊板歷灰劫。嗚呼，是録之不幸歟！良可慨也。迨余涖嵊之明年，修志書，邑人士並將《剡録》成書，重付剞劂，是不大有功於果亭哉？余嘉其事，而樂爲之跋云。時同治八年，知嵊縣事丹徒白嚴思忠跋。

嵊縣高氏木活字本跋

家乘始於續古公，邑乘亦始續古公，公誠足爲邦國光。雖然，《剡録》采入國朝四庫，民間無鋟版，將奈何？顧芳思古昔有道德而能文章者，其精神嘗流貫書千百年而不可抹滅，矧此十卷關剡中文獻哉？乾隆甲辰重修譜牒，芳曾祖考允材公以《剡録》遺有鈔本，恐湮佚失傳，如唐《平剡録》、宋《剡東録》，因偕族中賢達者釐訂一編，附載家乘，閲今已五十五寒暑。及道光八年邑侯果亭李公纂輯邑乘，亦恐此書失傳，於《嵊志》峻後，釐訂一編。其鈔本云得之禾中沈氏、山陰杜氏、剡中喻氏，曾不訪及余族，蓋高氏之無聞孫也久矣。今年冬，修家乘，鎸及《剡録》，其殘缺失次，悉遵山陰朱意園先生校正；間有義同而字異，仍依舊本。芳先人之輯爲成書，與邑侯之公諸同好其足爲邑乘光者，不愈足爲家乘光耶？時道光十九年季冬上浣，裔孫振芳謹跋。（據鉛印本）

黄丕烈跋

余始從少詹借此書時，云别有一本，前有序文者。頃從少詹壻瞿安槎處寄到，復影寫高史二序以弁諸首云。乙未中秋後四日，蕘圃丕烈。

余於地志之書，素所寶愛，不獨吾郡之舊志爲留心蒐訪也。此《剡録》一書，始從周香嚴借抄殘本，又從錢少詹借抄完本，似可爲愜心矣。然此書舊時書目及各家藏書著録多不載其名，即有名存而卷數未詳，無從考核。伏讀國朝《欽定四庫全書總目》，定爲十卷，云是江蘇巡撫採進本，前有嘉定甲戌似孫自序及嘉定乙亥嵊縣令史之安序，而兩本皆無序，是年遠失之耳。所敘原書序次，自縣紀年以迄草木禽魚詁，一一與今本都合，而所載之十卷與所抄之十二卷，中脱七卷之故仍不解其故。古書難信有如此者。黄丕烈又記。

史略

史略整理説明

《史略》吾國不傳，南宋以來官私目録亦無著録，賴清末黎庶昌出訪日本，隨員楊守敬在日本東京帝室博物館覓得此書宋刻本（收入日本『内閣文庫』），刻入《古逸叢書》，方纔回傳中國。後《知不足齋叢書》《四明叢書》《叢書集成初編》均以此本爲底本。

《史略》整理本，有書目文獻出版社一九八七年出版的周天游教授《史略校箋》，一一注明引文出處，并將王重民先生所輯楊守敬《史略校勘札記》分列校語中，可謂集大成之作。遼寧教育出版社一九八八年亦出版有楊朝霞整理本（收入《新世紀萬有文庫·傳統文化書系》）。今據《古逸叢書》標點排印，參考宋刻本，其明顯錯誤吸收以上兩家校勘成果予以出校，而凡各書卷數及其他需經考證方能明其正訛者則從略（參校箋本），力求成一簡潔整理本。

史略目録

史略卷三……（二九六）

序

太史公以來，載籍之作，大義粲然著矣。至於老蝕半瓦，着力汗青，何止間見層出。而善序事，善裁論，比良班、馬者，固有犖犖可稱。然書多失傳，世固少接，被諸簽目，往往莫詳，況有窺津涯，涉閫奥者乎？乃爲網羅散軼，稽輯見聞，采菁獵奇，或標一二，仍依劉向《七録》法，各彙其書，而品其指意。後有才者，思欲商榷千古，鈐括百家，大筆修辭，緝熙盛典，殫極功緒，與史並驅，其必有準於斯。寶慶元年十月十日修，十一月七日畢。似孫序。

史略卷一

史　記[一]一百三十卷

漢太史令司馬遷字子長撰。按：《漢書·藝文志》云十篇缺，有録無書，衛宏《舊儀》云《武、景紀》爲武帝削去，遷殁之後遂亡《景紀》《禮書》《樂書》《律書》《漢興以來將相年表》《三王世家》《日者》《龜策》《傅靳列傳》。元、成間褚少孫補缺。

太史公自叙

太史公既掌天官，不治民。有子曰遷。遷生龍門，耕牧河山之陽。年十歲則誦古文，二十而南游江淮，上會稽，探禹穴，窺九疑，浮沅湘，北涉汶泗，講業齊魯之都，觀夫子遺風，鄉射鄒嶧，阨困蕃薛、彭城，過梁、楚以歸。於是遷仕爲郎中，奉使西征巴、蜀以南，略邛、筰、昆明，還報命。是歲天子始建漢家之封，而太史公留滯周南，不得與從事，發憤且卒。而子遷適反見父於河雒之間，太史公執遷手而泣曰：『予先，周室之太史[二]也。自上世嘗顯功名於虞夏，典天官事，後世中衰，絶於予乎？女復爲太史，則續吾祖矣。今天子接千歲之統，封泰山，而予不得從行，是命也夫，命也夫！予死，爾必爲太史，毋忘吾所欲論著矣。且夫孝，始於事親，中於事君，終於立身。揚名於後世以顯父母，此孝之大也。夫天下稱周公，言其能論歌文武之德，宣周召之風，達大王、王季思慮，爰及公劉，以尊后稷也。幽厲之後，王道缺，禮樂衰，孔子修舊起廢，論《詩》《書》，作《春秋》則學者至今則之。自獲麟以來四百有餘歲，而諸侯相兼，史記放絶。今漢興，海内一統，明主賢君，忠臣義士，予爲太史而不論載，廢天下之文，予甚懼焉。爾其念哉！』遷俯首流涕曰：『小子不敏，請悉論先人所次舊聞，不敢闕。』卒三歲，而遷爲太史令，紬史記石室金鐀之書。

二

余聞之先人曰：『虙戲至純厚，作《易》八卦。堯舜之盛，《尚書》載之，禮樂作焉。湯武之隆，詩人歌之。《春秋》采善貶惡，推三代之德，褒周室，非獨刺譏而已也。』漢興已來，至明天子，獲符瑞，封禪，改正朔，易服色，受命於穆清，澤流罔極。海外殊俗，重譯款塞請來獻見者，不可勝道。臣下百官，力誦聖德，猶不能宣盡其意。且士賢能矣而不用，有國者恥也；主上明聖德不布聞，有司之過也。且余掌其官，廢明聖盛德不載，滅功臣賢大夫之業不述，隳先人所言，罪莫大焉。余所謂述故事，整齊其世傳，非所謂作也，而君比之《春秋》，謬矣。於是論次其文。七[三]年而遭李陵之禍，幽於縲紲，迺喟然而歎曰：『是余之罪夫！身虧不用矣。』退而深惟曰：『夫《詩》《書》隱約者，欲遂其志之思也。』卒述陶唐以來，至於麟止，自黄帝始。《五帝本紀》第一，《夏本紀》第二，《殷本紀》第三，《周本紀》第四，《秦本紀》第五，《始皇本紀》第六，《項羽本紀》第七，《高祖本紀》第八，《吕后本紀》第九，《孝文本紀》第十，《孝景本紀》第十一，《今上本紀》第十二；《三代世表》第一，《十二諸侯年表》第二，《六國年表》第三，《秦楚之際月表》第四，《漢諸侯年表》第五，《高祖功臣年表》第六，《惠景間功臣年表》第七，《建元以來侯者年表》第八，《王子侯者年表》第九，《漢興以來將相名臣年表》第十；《禮書》第一，《樂書》第二，《律書》第三，《曆書》第四，《天官書》第五，《封禪書》第六，《河渠書》第七，《平準書》第八；《吴太伯世家》第一，《齊太公世家》第二，《魯周公世家》第三，《燕召公世家》第四，《管蔡世家》第五，《陳杞世家》第六，《衛康叔世家》第七，《宋微子世家》第八，《晋世家》第九，《楚世家》第十，《越世家》第十一，《鄭世家》第十二，《趙世家》第十三，《魏世家》第十四，《韓世家》第十五，《田完世家》第十六，《孔子世家》第十七，《陳涉世家》第十八，《外戚世家》第十九，《楚元王世家》第二十，《荆燕王世家》第二十一，《齊悼惠王世家》第二十二，《蕭相國世家》第二十三，《曹相國世家》第二十四，《留侯世家》第二十五，《陳丞相世家》第二十六，《絳侯世家》第二十七，《梁孝王世家》第二十八，《五宗世家》第二十九，《三王世家》第三十；《伯夷列傳》第一，《管晏列傳》第二，《老子韓非列傳》第三，《司馬穰苴列傳》第四，《孫子吴起列傳》第五，《伍子胥列傳》第六，《仲尼弟子列傳》第七，《商君列傳》第八，《蘇秦列傳》第九，《張儀列傳》

第十,《樗里甘茂列傳》第十一,《穰侯列傳》第十二,《白起王翦列傳》第十三,《孟子荀卿列傳》第十四,《平原虞卿列傳》第十五,《孟嘗君列傳》第十六,《魏公子列傳》第十七,《春申君列傳》第十八,《范雎蔡澤列傳》第十九,《樂毅列傳》第二十,《廉頗藺相如列傳》第二十一,《田單列傳》第二十二,《魯仲連列傳》第二十三,《屈原賈生列傳》第二十四,《呂不韋列傳》第二十五,《刺客列傳》第二十六,《李斯列傳》第二十七,《蒙恬列傳》第二十八,《張耳陳餘列傳》第二十九,《魏豹彭越列傳》第三十,《黥布列傳》第三十一,《淮陰侯韓信列傳》第三十二,《韓信盧綰列傳》第三十三,《田儋列傳》第三十四,《樊酈滕灌列傳》第三十五,《張丞相倉列傳》第三十六,《酈生陸賈列傳》第三十七,《傅靳蒯成侯列傳》第三十八,《劉敬叔孫通列傳》第三十九,《季布欒布列傳》第四十,《爰盎朝錯列傳》第四十一,《張釋之馮唐列傳》第四十二,《萬石張叔列傳》第四十三,《田叔列傳》第四十四,《扁鵲倉公列傳》第四十五,《吴王濞列傳》第四十六,《魏其武安列傳》第四十七,《韓長孺列傳》第四十八,《李將軍列傳》第四十九,《衛將軍驃騎列傳》第五十,《平津主父列傳》第五十一,《匈奴列傳》第五十二,《南越列傳》第五十三,《閩越列傳》第五十四,《朝鮮列傳》第五十五,《西南夷列傳》第五十六,《司馬相如列傳》第五十七,《淮南衡山列傳》第五十八,《循吏列傳》第五十九,《汲鄭列傳》第六十,《儒林列傳》第六十一,《酷吏列傳》第六十二,《大宛列傳》第六十三,《游俠列傳》第六十四,《佞幸列傳》第六十五,《滑稽列傳》第六十六,《日者列傳》第六十七,《龜策列傳》第六十八,《貨殖列傳》第六十九,《太史公自序》第七十。

三

古者富貴而名摩滅，不可勝記，唯倜儻非常之人稱焉。蓋西伯拘而演《周易》；仲尼厄而作《春秋》；屈原放逐乃賦《離騷》；左丘失明，厥有《國語》；孫子臏脚，《兵法》修列；不韋遷蜀，世傳《吕覽》；韓非囚秦，《説難》《孤憤》；《詩》三百篇，大抵賢聖發憤之所爲作也。此人皆意有所鬱結，不得通其道，故述往事，思來者，及如左丘明無目，孫子斷足，終不可用，退論書策，以舒其憤思，垂空文以自見。僕竊不遜，近自託於無能之辭，網羅天下放失舊聞，考之行事，稽其成敗興壞之理，凡百三十篇，亦欲以究天人之際，通古今之變，成一家之言。草創未就，適會此禍，惜其不成，是以就極刑而無愠色。僕誠已著此書，藏之名山，傳之其人，通邑大都，則僕償前辱之責，雖萬被戮，豈有悔哉！　然此可爲智者道，難爲俗人言也。

諸儒史議

楊　雄

問太史遷，曰：『實録。』又曰：『子長多愛，愛奇也。』又曰：『《淮南》説之用，不如太史公之用。《太史公》，聖人有取焉。』

班　彪

太史令司馬遷採《左氏》《國語》，删《世本》《戰國策》，據楚漢列國時事，上自黄帝，下訖獲麟，作本紀、世家、列傳、書、表凡百三十篇，而十篇缺焉。遷之所紀，從漢元至武，則絶其功也。至於採經摭傳，分散百家之事，甚多疏略，不如其本。務欲以多聞廣載爲功，論議淺而不篤，其論術學則崇黄老而薄五經，序貨殖則輕仁義而羞貧窮，道游俠則賤守節而貴俗功，此其大敝傷道，所以遇極刑之咎也。然善述序事理，辯而不華，質而不俚，文質相稱，蓋良史之才也。誠令遷依五經之法言，同聖人之是非，意亦庶幾矣。夫百家之書猶可好也，《左氏》《國語》《世本》《戰國策》《楚漢春秋》《太史公書》，今之所以知古，後之所由觀前，聖人之耳目也。司馬遷序帝王則曰本紀，公侯傳國則曰世家，卿士特起則曰列傳，又进項羽、陳涉而黜淮南、衡山，細意委曲，條例不經。若遷之著作，採獲古今，貫穿經傳，至廣博也。一人之精，文重思煩，故其書刊落不盡，尚有盈辭，多不齊一。若序司馬相如，舉郡縣，著其字；至蕭、曹、陳平之屬及董仲舒並時之人，不記其字，或縣而不郡者，蓋不暇也。今此後篇，慎覈其事，整齊其文，不爲世家，唯紀傳而已。傳曰：『殺史見極，平易正直，《春秋》之義也。』

太史公父子相繼纂其職，上記軒轅，下至於兹，著十二本紀，作十表、八書、三十世家、七十列傳，凡百三十篇，五十二萬六千五百字，成一家言。

班　固

二

贊曰：自古書契之作，而有史官，其載籍博矣。至孔氏纂之，上繼唐堯，下訖秦繆。唐虞以前，雖有遺文，其語不經，故言黄帝、顓頊之事，未可明也。及孔子因魯史記而作《春秋》，而左丘明論輯其本事，以爲之傳，又纂異同爲《國語》。又有《世本》，録黄帝以來至《春秋》時帝王公侯卿大夫祖世所出。《春秋》之後七國並争，秦兼諸侯，有《戰國策》。漢興，伐秦定天下，有《楚漢春秋》。故司馬遷據左氏《國語》，采《世本》《戰國策》，述《楚漢春秋》，接其後事，訖於大漢，其言秦漢詳矣。至於采經摭傳，分散數家之事，甚多疏略，或有抵牾。亦其涉獵者廣博，貫穿經傳，馳騁古今上下數千載間，斯已勤矣。又其是非頗繆於聖人，論大道則先黄老而後六經，序遊俠則退處士而進姦雄，述貨殖則崇埶利而羞賤貧，此其所蔽也。然自劉向、楊雄，博極群書，皆稱遷有良史之材，服其善序事理，辯而不華，質而不俚，其文直，其事核，不虚美，不隱惡，故謂之實録。嗚呼！以遷之博物洽聞，而不能以知自全，既陷極刑，幽而發憤，書亦信矣。迹其所以自傷悼，《小雅》巷伯之倫。夫唯《大雅》，『既明且哲，能保其身』，難矣哉！

三

文章則司馬遷、相如。《公孫弘傳》贊。又曰：遷著書成一家言，揚名後世。至以身陷刑之故，反微文譏刺，貶損當世。《典引》序。

范　曄

司馬遷著《史記》，自太初以後，闕而不録。後好事者頗或綴集時事，然多鄙俗，不足以踵繼其書。《班彪傳》。

劉　昭

司馬遷作《史記》，爰建八書。班固因廣是曰十志。天人經緯，帝政紘維，區分原奥，開廣著述，創藏山之祕書，肇刊日之遐貫，誠有繁於《春秋》，亦自敏於改作。又曰：遷有承考之言，固深資父之力。又曰：昔褚先生補子長之削少，馬氏接孟堅之不畢，相成之義，古有之矣。《補〈後漢書〉志》序。

張輔 晋

司馬遷之著述，辭約而事舉，敘三千年事，唯五十萬言，班固敘二百年事，乃八十萬言，煩省不同，不如遷一也。良史述事，善足以獎勸，惡足以鑒戒，人道之常，中流小事，亦無取焉，而班皆書之不如遷二也。毁貶朝錯，傷忠臣之道，不如遷三也。遷既造創，固又因循，難易益不同矣。又遷爲蘇秦、張儀、范睢、蔡澤作傳，逞辭流離，亦足以明其大才，故述辯士則藻辭華靡，敘實録則隱核名檢，此所以遷稱良史也。

葛洪

遷發憤作《史記》，其以伯夷居列傳之首，以其善而無報也。爲《項羽本紀》以據高位者，非關有德也。及其敘屈原、賈誼，辭旨抑揚，惡事不避，亦一代之偉才。作《景帝本紀》，極言其短及武帝之過，帝怒而削去。坐舉李陵降匈奴，下遷蠶室，有怨言，下獄死。宣帝以其官爲太史令，行太史公而已。《魏志》載明帝問王肅：『司馬遷以受刑之故，内懷隱切，著《史記》，非貶孝武，令人切齒。』故永平十七年詔曰：『司馬遷著書，成一家言，揚名後世。至以身陷刑之故，微文諷刺，貶損當代。』蓋爲此也。

裴　駰

班固有言曰：司馬遷據《左氏》《國語》，采《世本》《戰國策》，述《楚漢春秋》，接其後事，訖於大漢，其言秦漢詳矣。至於采經摭傳，分散數家之事，甚多疏略，或有抵牾。亦其所涉獵者廣博，貫穿經傳，馳騁古今上下數千載間，斯已勤矣。又其是非頗謬於聖人，論大道則先黄老而後六經，序游俠則退處士而進姦雄，述貨殖則崇埶利而羞貧賤，此其所蔽也。然自劉向、楊雄，博極群書，皆稱遷有良史之才，服其善序事理，辯而不華，質而不俚，其文直，其事核，不虚美，不隱惡，故謂之實録。駰以爲固之所言，世稱其當，雖時有紕繆，實勒成一家，總其大較，信命世之宏才也。考校此書，文句不同，有多有少，莫辯其實。而世之惑者，定彼從此，是非相貿，真僞舛雜。故中散大夫東莞徐廣研核衆本，爲作《音義》，具列異同，兼述訓解，粗有所發明，而殊恨省略。聊以愚管，增演徐氏，采經傳并百家先儒之説，豫是有益，悉皆抄内。删其游辭，取其要實，或義在可疑，則數家兼列。《漢書音義》稱『臣瓚』者，莫知氏姓，今直云『瓚曰』。又都無姓名者，但云《漢書音義》。時見微意，有所裨補，譬嘒星之繼朝陽，飛塵之集華嶽。以徐爲本，號曰《集解》，未詳則闕，弗敢臆説。人心不同，聞見異辭，班氏所謂疏略抵牾者，依違不悉辨也。愧非胥臣之多聞，子産之博物，妄言末學，蕪穢舊史，豈足以關諸畜德，庶賢無所用心而已。

王　通

使陳壽不美於史，遷、固之罪也，裴晞曰：『何謂也？』子曰：『史之失，自遷、固始也，記繁而志寡。又曰：遷、固而下，述作何其紛紛也。』王氏《中説》謂陳壽有志於史，依大議而削異端。使壽不美於史，遷、固之罪也。小蘇公作《古史》，謂其淺近而不學，疏略而輕信，恐皆非知太史公者，後學未以爲然也。

司馬貞

《史記》者，漢太史司馬遷父子之所述也。遷自以承五百之運，繼《春秋》而纂是史，其褒貶覈實，頗亞於丘明之書。於是上始軒轅，下訖大漢，作十二本紀、十表、八書、三十系家、七十列傳，凡一百三十篇，始變《左氏》之體，而年載悠邈，簡册闕遺，勒成一家，其勤至矣。又其屬藁先據《左氏》《國語》《系本》《戰國策》《楚漢春秋》及諸子百家之書，而後貫穿經傳，馳騁古今，錯綜隱括，各使成一國一家之事，故其意難究詳矣。比於班書，微爲古質，故漢晉名賢，未知見重，所以魏文侯聽古樂則唯恐臥，良有以也。逮至晉末，有中散大夫東莞徐廣始考異同，作《音義》十三卷，宋外兵參軍裴駰又取經傳訓釋作《集解》，合爲八十卷，雖粗見微意，而未窮討論〔四〕。南齊輕車録事鄒誕生亦作《音義》三卷，音則微殊，義乃更略。爾後其學中廢。貞觀中，諫議大夫崇賢館學士劉伯莊達學宏才，鈎深探賾，又作《音義》二十卷，比於徐、鄒，音則具矣，殘文錯節，異旨[五]微義，雖知獨善，不見傍通，欲使後人從何準的？ 貞謏聞陋識，頗事鑽研，而家傳是書，不敢失墜。 初欲改更舛錯，裨補疏遺，義有未通，兼重注述；然以此書殘缺雖多，實爲古史，忽加穿鑿，難允物情。 今止探求異聞，採摭典故，解其所未解、申其所未申者，釋文演注，又重爲述贊，凡三十卷，號曰《史記索隱》。

劉伯莊

班固云：『司馬遷據《左氏》《國語》，采《系本》《戰國策》，述《楚漢春秋》，接其後事，訖於天漢。』《左氏》者，謂左丘明爲《春秋》經作傳三十篇，其中記三皇、五帝、三王、五伯、卿大夫士等居處族系之事也。《國語》者，亦左丘明所撰，起周穆王，訖敬王之末，又記諸侯等事，起魯莊公，訖《春秋》末。《系本》者，劉向云古史官明於古事者之所記，録黄帝、顓頊、帝俈、堯、舜、夏、殷、周，至時王，依及諸國系卿大夫名號，即太史公所取爲本紀、系家。《戰國策》者，記春秋之後七國戰爭之事，以東、西周爲首而及中山之國，其間戰鬭征伐、謀臣説士，從横之策也。《楚漢春秋》者，陸賈所記，起項氏、漢高，訖漢文帝，中間諸吕用事，故名《楚漢春秋》。訖於天漢者，自漢家太史所記高、惠、吕后、文、景及武帝天漢諸年之事也。

韓　愈

司馬遷、相如、董生、楊雄、劉向之徒，尤所謂傑然者也。

柳宗元

參之太史，以著其潔。《答韋中立書》。又曰：峻如馬遷。

劉知幾

古者刊定一史，纂成一家，體統各殊，指歸咸別。《史記》則退處士而進姦雄，《漢書》則飭忠臣而言主闕，斯並曩賢得失之例，良史是非之準，作者言之詳矣。

白居易

談之書，遷能修之；彪之書，固能終之。

皇甫湜

古史編年，至漢史司馬遷始更其制而爲紀傳，相承至今無以移。出太古之軌，鑿無窮之門，作爲紀傳、世家、表、志，首尾具敘録，表裏相發明，庶爲得中，以是無愧。太初已來，千有餘歲，史臣接躅，文人比踵，卒不能有所改張，奉而遵行，傳以相授，斯亦奇矣。

鄭　覃

唐太宗言：司馬遷《與任安書》，辭多怨懟，故《武帝本紀》多失實。鄭覃曰：武帝中年，大發兵事邊，生人耗瘁，府庫殫竭。遷所述，非過言。《鄭覃傳》

殷　侑

《三史》爲書，勸善懲惡，亞於六經。

高　佑 元魏人

司馬遷、班固，皆博識大才，論敘古今，曲有條章。

崔　鴻 北史

談、遷感漢德之盛，痛諸史放絶，乃鈐括舊書，著成《太史》。

續史記

按：《漢藝文志》有馮商所續《太史公》七篇，韋昭曰：『馮商受詔續《太史公》十餘篇，在班彪《别録》。商字子高。』師古曰：『《七略》云商陽陵人，治《易》，事五鹿充宗，後事劉向，能屬文，與孟柳俱待詔，頗序列傳，未卒，病死。』

史記注

裴駰《史記注》八十卷。宋南中郎外兵參軍，字龍駒，河東人。先是，徐廣作《音義》，辨諸家異同，駰乃集之。

許子儒《史記注》一百三十卷。字文舉，叔牙子也。證聖天官侍郎。

王元感《史記注》一百三十卷。鄄城人，爲時儒宗，徐堅、劉知幾薦之爲崇賢館學士。

陳伯宣《史記注》一百三十卷，今存八十七卷。貞元中上。

徐堅《史記注》一百三十卷。字元固，唐集賢院學士，齊聃之子。議者以堅父子如漢班氏。

李鎮《史記注》一百三十卷。開元十七年上，授門下曲儀〔六〕。

右《史記注》六家，今學者所見者裴氏注而已。兹用著見於此。

先公《史記注》一百三十卷。

似孫敘曰：經始乎仲尼，終乎仲尼；傳疏始乎王弼、孔安國、鄭玄，終乎顏師古、孔穎達；史始乎太史公，終乎太史公；史注始乎崔駰〔七〕、司馬貞、張守節，終乎先公太史。然則孰爲始，孰爲終哉？言其始，則前乎此孰可作也？言其終，則後乎此孰可繼也？嗚呼！此其所以爲事之極、功之至者乎？太史公述陶唐以來，至於麟止，自黄帝始，作本紀十二、表十、書八、世家三十、列傳七十，爲篇百三十，爲字五十二萬六千五百，爲《太史公書》。先公太史推本經傳，旁羅百氏，錯綜群言，凡五百萬言，爲《太史公書注》。嗚呼！繇典、謨而知堯、舜、禹，因誓、誥而推夏、商、周，無非辛甲典商史也，無非史佚典周史也。史無完史，孰考孰稽？太史公鑿天之初，完古之闕，成仲尼之所俟，涉獵貫穿，馳騁古今數千載間，前乎所未有，後乎所不得及，此其所以成始成終乎？先公太史深憫夫自劉向、楊雄，僅稱遷有太史才，班固之論，昧乎求備，是豈知太史公萬分一者？又悼夫司馬貞、張守節之傳此書者，往往背本而從末，疏古而略今，亦未足以表章太史公之志。極意覃思，盡力此書，積功二十年，史注始成，足以答太史公之所望。似孫不肖，獲承先人緒業，唯念太史公執遷手泣曰：『予死，毋忘吾所論著，爾其念哉！』遷俯首流涕曰：『小子不敏，請悉論先人所次舊聞，不敢闕。』先公既絶筆，乃悉整以論正，與《太史公書》並傳藏之名山，副在京師，以俟後聖君子。

史記雜傳

司馬貞《史記索隱》三十卷。貞以徐廣、裴駰、鄒誕生、劉伯莊音釋疏舛，别加考摭，作此書，繫以述贊。

張守節《正義》三十卷。唐開元中諸王侍讀，采諸家訓釋爲此書。

劉伯莊《史地名》二十卷。

竇群《史記名臣疏》三十四卷。

裴安時《史記纂訓》二十卷。字適之，大中江陵少尹。

李鎮《史記義林》二十卷，曾注《史記》。

右《史記》雜傳六家。又有葛洪《史記鈔》十四卷，擷其精語者。衛颯《史要》十卷，約其要言以類相從者。張瑩《史記正傳》九卷，蓋瑩所自作。惟唐韓琬《續史記》一百三十卷，乃接《史記》以來事，止於唐，功亦偉矣。

史記考

譙周《古史考》二十五卷。

史考蜀譙周所作。周以司馬遷《史記》書周秦以上，或採俗語百家之言，不專據正經，於是作《古史考》十五篇，皆憑舊典，以糾遷之謬誤。晉司馬彪復以周爲未盡善也，條《古史考》中凡百二十二事爲不當，多據《汲冢紀年》之義，亦行於世。見司馬彪傳。古書有《周考》七十六篇，顔師古曰：『考周事也。』譙之名書蓋取此。周又著《法訓》八卷，《五教志》五卷，後爲晋義陽亭侯。考《考》中載〔八〕：『吕不韋爲秦子楚行千金貨於華陽夫人，請立子楚爲嗣。及子楚立，封不韋洛陽十萬户，號文信侯，以詐獲爵，故曰竊也。』其所紀往往如此。

江南古本《史記》傳考

江南《史記》，爲唐舊本，但存列傳而已。其間有字誤者，有字多者，有字少者，有脱百餘字者，有一字之間義致大不同者，是爲天下奇書。初上蔡謝氏有録本，今略掇數字，於以見古本之精妙也。

《伯夷傳》今本『得孔子而益章』，江南本曰『得孔子而名益章』。

《管晏傳》『管仲得用任於齊』，江南本曰『管仲得用任政於齊』。

《老韓傳》『君子得其人則駕，不得其人則蓬』，江南本『人』字並作『時』。

《莊子傳》『申不害，京人也』，江南本曰『荆人也』。

《司馬穰苴傳》『軍法期而後者云何』，江南本曰『期而後至』。

右江南本同異，凡四千三百五十條，今略舉四五端。一字之間，意味固自不同。最如《刺客傳》云『劍堅故不可拔』，而江南本作『劍豎』，尤爲有旨，劍堅安得不可拔耶？

史記音

徐廣《音義》十二卷。宋中散大夫，字野氏[九]，東莞人。劉伯莊曰：徐中散《音訓》亦有泛説餘本異同，故稱一本，自是别記異文，了非解釋史義，而裴氏並引爲注，稍似繁雜。

許子儒《音》三卷，曾注《史記》。

鄒誕生《音》三卷。梁人。

劉伯莊《音》二十卷。

校勘記

〔一〕原書目録作『太史公史記』。

〔二〕『太』字原無，校箋本據《史記·太史公自序》補，從之。

〔三〕『七』原作『十』，校箋本據《史記·太史公自序》及《正義》『從太初元年至天漢三年乃七年』之説改，從之。校箋本又云：『高氏此引全抄《漢書·司馬遷傳》，而未曾參照《史記》原文，以糾其謬，甚疏略。』校箋本已據《史記》原文校核，可參。本書爲求簡略，無明顯錯誤處不再出校。

〔四〕『討』，原作『計』，校箋本云：『今本《史記索引》序作討。』據改。

〔五〕『旨』，校箋本云：『今本《史記索引》序作音。』

〔六〕曲，校箋本據《新唐書·藝文志》校作『典』。

〔七〕校箋本謂崔駰無史注，改作『裴駰』。

〔八〕校箋本、新世紀本删一『考』字。

〔九〕『氏』，校箋本據《隋書·經籍志》改作『民』。

史略卷二

漢　書

漢尚書郎班固撰。固字孟堅，扶風人。初，固作帝紀十二、表八、志十、傳七十。固卒，書頗散亡，章帝詔其妹昭與諸儒校輯於東觀。八表、天文志是其補成者也。

班彪傳論

論曰：班彪以通儒上才，傾側危亂之間，行不踰方，言不失正，仕不急進，貞不違人，敷文華以緯國典，守賤薄而無悶容，彼將以世運未弘，非所謂賤焉恥乎？何其守道恬淡之篤也。

二

班固爲蘭臺令史，與前睢陽令陳宗、長陵令尹敏、司隸從事孟異共成《世祖本紀》，遷爲郎，典校祕書。固又撰功臣、平林、新市、公孫述事，作列傳、載記二十八篇奏之，帝乃復使終成前所著書。固以爲漢紹堯運，以建帝業，至於六世，史臣乃追述功德，私作本紀，編於百王之末，厠於秦、項之列，太初以後，闕而不録，故探撰前紀，綴集所聞，以爲《漢書》。起於高祖，終於孝平、王莽之誅，十有二世，二百三十年，綜其行事，旁貫五經，上下洽通，爲春秋考紀、表、志、傳凡百篇。固自永平中始受詔，潛精積思二十餘年，至建初中乃成，當世甚重其書。

東觀漢記

時人有上言班固私改作史記，詔下京兆收繫。固弟超詣闕上書，具陳固不敢妄作，但續父所記，述漢事。

司馬彪《後漢書》

班固，字孟堅，右扶風人。幼有儁才，學無常師，善屬文，經傳無不究覽。彪撰《後漢書》，世不復見，今録其傳孟堅者於此。

張　輔

司馬遷之著述，辭約而事舉，敘三千年事，唯五十萬言；班固敘二百年事，乃八十萬言，煩省不同，不如遷一也。良史述事，善足以獎勸，惡足以鑒誡，人道之常，中流小事，亦無取焉，而班皆書之，不如遷二也。毁貶朝錯，傷忠臣之道，不如遷三也。遷既造創，固又因循，難易益不同矣。又遷爲蘇秦、張儀、范雎、蔡澤作傳，逞辭流離，亦足以明其大才，故述辯士則藻辭華靡，敘實録則隱核名檢，此所以遷稱良史也。

范　曄

贊曰：司馬遷、班固父子，其言史官載籍之作，大義粲然著矣。議者咸稱二子有良史之才。遷文直而事覈，固文贍而事詳。若固之叙事，不激詭，不抑抗，贍而不穢，詳而有體，使讀之者亹亹而不厭，信哉其能成名也。彪、固譏遷，以爲是非頗謬於聖人，然其論議，常排死節、否正直，而不叙殺身成仁之爲美，則輕仁義、賤守節，愈矣。固傷遷〔一〕博物洽聞，不能以智免極刑，然亦身陷大戮，智及之而不能守之。嗚呼！人所以致論於目睫也。

顔師古漢書注例

《漢書》舊無注解，唯服虔、應劭等各爲音義，自别施行。至典午中朝，爰有晋灼，集爲一部，凡十四卷，又頗以意增益，時辯前人當否，號曰《漢書集注》。屬永嘉喪亂，金行播遷，此書雖存，不至江左，是以爰自東晋，迄於梁陳，南方學者皆弗之見。有臣瓚者，莫知氏族，考其時代，亦在晋初，又揔集諸家音義，稍以己之所見續厠其末，舉駮前説，喜引《竹書》，自謂甄明，非無差爽，凡二十四卷，分爲兩帙。今之《集解音義》，則是其書，而後人見者不知臣瓚所作，乃謂之應劭等集解。王氏《七志》、阮氏《七録》並題云然，斯不審耳。學者又斟酌瓚姓，附著安施，或云傅族，既無明文，未足取信。蔡謨全取臣瓚一部，散入《漢書》，自此以來，始有注本。但意浮功淺，不加隱括，屬輯乖舛，錯亂實多，或乃離析本文，隔其辭句，穿鑿妄起。職此之由，與未注之前，大不同矣。謨亦有兩三處錯意，然於學者竟無弘益。《漢書》舊文，多有古字，解説之後，屢經遷易，後人習讀，以意刊改，傳寫既多，彌更淺俗。今則曲覈古本，歸其真正，一往難識者，皆從而釋之。

古今異言，方俗殊語，末學膚受，或未能通，意有所疑，輒就增損，流遯忘返，穢濫實多。今皆删削，克復其舊。諸列表位，雖有科條，文字繁多，遂致舛雜，前後失次，上下乖方，昭穆參差，名實虧廢。今則尋文究例，普更刊正，澄蕩愆違，審定阡陌，就其區域，更爲局界，非止尋讀易曉，庶令轉寫無疑。

禮樂歌詩，各依當時律吕，修短有節，不可格以恒例。讀者茫昧，無復識其斷章，解者支離，又乃錯其句韻，遂使一代文采，空韞精奇，累葉鑽求，罕能通習。今並隨其曲折，剖判義理，歷然易曉，更無疑滯，可得諷誦，開心順耳。凡舊注是者，則無間然，具而存之，以示不隱。其有指趣略舉，結約未伸，衍而通之，使皆備悉。至於詭文僻見，越理亂真，匡而矯之，以祛惑蔽。若泛説非當，蕪辭競逐，苟出異端，徒爲煩冗，穢秕篇籍，蓋無取焉。舊所闕漏，未嘗解説，普更詳釋，無不洽通。上考典、謨，旁究《蒼》《雅》，非苟臆説，皆有援據。六藝殘缺，莫覩全文，各自名家，揚鑣分路，是以向、歆、班、馬、仲舒、子雲所引諸經，或有殊異，與近代儒者訓義弗同，不可追駁前賢，妄指瑕類，曲從後説，苟會局塗。今則各依本文，敷暢厥指，非不考練，理固宜然，亦猶康成注《禮》，與其《書》《易》相偝〔二〕；元凱解《傳》，無係毛、鄭《詩》文。以類而言，其意可了。爰自陳、項，以訖哀、平，年載既多，綜緝斯廣，所以紀、傳、表、志時有不同，當由筆削未休，尚遺秕稗，亦爲後人傳授先後錯雜，隨手率意，遂有乖張。今皆窮波討源，搆會甄釋。

字或難識，兼有借音，義指所由，不可暫闕。若更求諸別卷，終恐廢於披覽。今則各於其下，隨即翻音。至如常用可知，不涉疑昧者，衆所共曉，無煩翰墨。

近代注史，競爲該博，多引雜説，攻擊本文，至有詆訶言辭，掎摭利病，顯前修之紕僻，騁己識之優長，乃效矛盾之仇讎，殊乖粉澤之光潤。今之注解，翼贊舊書，一遵軌轍，閉絶歧路。諸家注釋，雖見名氏，至於爵里，頗或難知，傳無所存，具列如左。

二

初，漢服虔等爲《音義》，又有晋灼、臣瓚等説，應劭亦爲《集解》，而蔡謨復捬註之。正觀中，太子承乾命師古裒集衆説。師古叔游，嘗撰《漢書决疑》，乃因其舊而作今注，時號師古爲班固忠臣。師古名籀，京兆人。

荀悦字仲預，潁川人，後漢祕書監。

服虔字子慎，滎陽人，後漢尚書侍郎、高平令、九江太守，初名重，改名祇，後定名虔。

應劭字仲瑗，一字仲遠，汝南南頓人，後漢泰山太守。

伏儼字景宏，琅琊人。

劉德北海人。

鄭氏晉灼《音義》序曰：不知其名。而臣瓚《集解》輒云：鄭德。既無所據。今依晉灼但曰鄭氏。景祐余靖校本云鄭氏舊傳。晉灼《集注》云：北海人，不知其名。而臣瓚以爲鄭德。今書但稱鄭氏。

李斐不詳所出郡縣。

李奇南陽人。

鄧展南陽人，魏建安中爲奮威將軍，封高樂鄉侯。

文穎字叔良，南陽人，後漢末荆州從事，魏建安中爲甘陵府丞。

張揖字稚讓，清河人，一云河間人，魏太和中爲博士，止解司馬相如一傳。似孫曰：司馬相如一傳最難注，予嘗注此傳，大費工力，張揖曾作《博雅》，通於名物，所以止注此傳。

蘇林字孝友，陳留外黄人，魏給事中，領祕書監、散騎常侍，黄初中遷博士，封安成亭侯。

張晏字子博，中山人。

如淳馮翊人，魏陳郡丞。

孟康字公休，安平廣宗人，魏散騎侍郎、弘農太守、散騎常侍、中書令，封廣陵亭侯。

項昭不詳何郡縣人。

韋昭字弘嗣，吴郡雲陽人，吴尚書郎、太史令、中書僕射，封高陵亭侯。

晉灼河南人，晉尚書郎。

劉寶字道真，高平人，晉中書郎、御史中丞、安北將軍，侍皇太子講《漢書》，別有《駁義》。

臣瓚師古曰：不詳。景祐余靖校本云：臣瓚不知何姓。案裴駰《史記》序云：莫知氏姓。韋稜《續訓》亦言未詳。劉孝標《類苑》以爲于瓚，酈元注《水經》以爲薛瓚，姚察《訓纂》云：案《庾翼集》，于瓚爲翼主簿、兵曹參軍，後爲建威將軍。《晉中興書》云：翼病卒，而大將于瓚等作亂，翼長史江彪誅之。于瓚乃是翼將，不載有注解《漢書》。然瓚所采衆家音義，自服虔、孟康以外，並因晉亂湮滅，不傳江左。而《高紀》中瓚案《茂陵書》，文紀中案《漢禄秩令》，此二書亦復亡失，不得過江，明此瓚是晉中朝人，未喪亂之前，故得具見先輩音義及《茂陵書》《漢令》等耳。蔡謨之江左，以瓚二十四卷散入《漢書》，今之注也。若謂爲于瓚，乃是東晉人，年代前後了不相會，此瓚非于，足可知矣。又案《穆天子傳》目録云：祕書校書郎中傅瓚校。今《漢書音義》臣瓚所案，多引汲書以駁衆家訓義，此瓚疑是傅瓚。瓚時職典校書，故稱臣也。師古又曰：後人斟酌瓚姓，附之傅族耳，既無明文，未足取信。

郭璞字景純，河東人，晉弘農太守，止注《相如傳》序及遊獵詩序〔三〕。

蔡謨字道明，陳留考城人，東晉侍中五兵尚書，贈司空，謚文穆公。

崔浩字伯深，清河人，後魏侍中、撫軍大將軍，封東郡公，撰《漢紀音義》。景祐校本作「伯淵」。

顔氏所注重複

顔氏所注，評覈諸家，最爲詳的。然有無俟音詁，失之冗贅者。字之初見，既已加釋，自此而下，不必再舉矣。試掇其重複太甚者：如鄉讀曰嚮，解讀曰懈，與讀曰豫，雍讀曰壅，道讀曰導，繇讀曰傜，畜讀曰蓄，視讀曰示，艾讀曰乂，説讀曰悦，竟讀曰境，飭與勑同，繇與由同，敺與驅同，晻與暗同，婁古屢字，墜古地字，饟古餉字，犇古奔字之類，何啻百數，皆過於複且重者。又如休者美也，蕃者多也，烈者業也，稱者副也，靡者無也，滋者益也，圖者謀也，耗者減也，貸者假也，卒者終也，悉者盡也，給者足也，寖者漸也，以上字義，初非深隱，何必重出，往往再見於一板之内，如此繁雜，不可勝載。又如谿、仇、恢、坐、邾、陜、治、脱、攘、蓺、亶、縮、顓、擅、酣、侔、重、禺、俞、選等字，亦用切脚，可以省矣。又如項羽一傳，伯讀曰霸，凡四言之。若相國何、相國參、太尉勃、太尉亞夫、丞相平、丞相吉，亦注爲蕭何、曹參，三代必曰夏商周，威文顔閔必曰齊威、晋文、顔淵、閔子騫，讀是書者要非童蒙，豈不曉是哉？顔氏《敘例》云：『至如常用可知，不涉疑昧者，衆所共曉，無煩翰墨。』殆反是矣。志中尤爲叢脞。以此知《漢書》注亦用修整一番乃佳。

御詮定漢書八十七卷

唐高宗與郝處俊等撰。

漢書注

晋灼《漢書集注》十三卷。

敬播《漢書注》四十卷。

陸澄《漢書注》一卷，齊光禄大夫。

右《漢書》注凡三家，師古所引者晋灼而已。

漢書考

劉寶《漢書駁義》二卷，晋安北將軍。

姚察《漢書定疑》二卷，陳吏部尚書。

顔游秦《漢書决疑》十二卷。

李喜《漢書辨惑》三十卷。

《前漢考異》一卷，失姓氏。

漢書雜傳

姚察《漢書訓纂》三十卷。

姚察《漢書集解》一卷。

元懷景《漢書議苑》開元右庶子，謚曰文。

姚珽〔四〕《漢書紹訓》四十卷。

諸葛亮《論前漢事》一卷。

陸澄《漢書新注》一卷。

韋稜《漢書續訓》一卷。梁北平諮議參軍。

項岱《漢書敘傳》五卷。

務静《漢書正義》三十卷，唐僧。

顧[五]胤《漢書集義》二十卷。

沈遵《漢書問答》五卷。

《漢疏》四卷梁有《漢書音》九卷。梁劉孝標注《漢書》一百四十卷[六]，陸澄注《漢書》一百二卷，梁元帝注《漢書》一百十五卷，今亡。

右漢考五家，雜傳十二家，深稽而詳訂，互有可考。古之史出於一人之手，尚有差謬，以俟刊辨，況後之爲史者耶？

漢書音義

應劭《音義》二十四卷。

服虔《音訓》一卷。

韋昭《音義》七卷。

劉顯《音》二卷。宋潯陽太守。

夏侯泳《音》二卷。

蕭該《音義》十二卷。國子博士。

包愷《音》十二卷。廢太子勇命包愷等。

孟康《音義》九卷。

諸葛亮《音》一卷。

晋灼《音》七卷。

崔浩《音》一卷。

劉嗣《音義》二十六卷。

敬播《音義》十二卷。

孔文祥《音義鈔》一卷。

陰景倫《律曆志音〔七〕》一卷。

劉伯莊《音義》二十卷。

右音義十六家，師古所援引者五家。如蕭該《音義》最爲精詳，而師古遺之。先儒頗謂師古於該議論矛盾，故所不録。以是知書之遺落者，蓋不止此而已。其後於師古者，固不論也。

漢書諸家本

宋景文公祁參校凡用諸本

古本顏師古未注以前本。

唐本張唐公家所得唐本。

江南本《金坡遺事》[八]云：「太祖平江南，賜本院書二千卷，皆紙札精妙。東原榮氏私記云：『江南本，宣和間出在御府，故流傳人間。』初，外氏先君丁常韓通籍睿思殿，因見江南本，愛賞之，無緣借出參校，遂以薄紙分手抄録，及歸，各寫於家，幾年而後畢。

舍人院本江南本在舍人院，亦曰舍人院本。

淳化本《國朝會要》曰：淳化五年七月，詔選官分校《史記》《前、後漢》，命陳充、阮思道、尹少連、趙安仁、孫何校《前、後漢》，校畢遣内侍裴愈賫本就杭州鏤板。

景德監本《國朝會要》曰：咸平中，真宗命刁衎、晁迥、丁遜覆校兩《漢書》板本。迥知制誥，以陳彭年同其事。景德二年七月，衎等上言《漢書》歷代名賢注釋，至有章句不聞，名氏交錯，除無考據外，博訪群書，偏觀諸本校定，凡三百四十九卷，簽正三千餘字，録爲六卷以進。

景祐刊誤本景祐元年，祕書丞余靖言：國子監所印兩《漢書》，文字舛僞，恐誤後學，臣參括衆本，旁据他書，列而辨之，望行刊正。詔送翰林學士張觀等詳定。聞奏，又命國子監直講王洙與靖偕赴崇文院讎對。二年九月，校書畢，凡增七百四十一字，損二百一十二字，改正一千三百三十九字。

又有我公本今不詳何人、燕國本、曹大家本、陽夏公本、晏本、郭本、姚本、浙本、閩本。其外又有熙寧本熙寧二年，參知政事趙抃進新校《漢書》五十册，及陳繹所著《是正文字》七卷、宣和本宣和六年國子監本、張集賢本張瓌得唐《世本》校。

後漢書

宋太子詹事范曄撰。曄字蔚宗，順陽人。元嘉中，左遷宣城太守，不得志，乃删衆家《後漢書》爲一家史，紀十、志十、傳八十，凡百篇。

二

范曄既造《後漢》，轉得統緒。詳觀古今著述及評論，殆少可意者。班氏最有高名，既任情無例，不可甲乙辨。後贊於理近無所得，唯志可推耳。博贍可不及之，整理未必愧也。吾雜傳論，皆有精意深旨，既有裁味，故約其辭句。至於《循吏》以下，及《六夷》諸序論，筆勢縱放，實天下之奇作。其中合者，往往不減《過秦篇》。當其比方班氏所作，非但不愧之而已。欲遍作諸志，《前漢》所有者悉令備，雖事不必多，且使見文得盡。又欲因事就卷内發論，以正一代得失，意復未果。贊自是吾文之傑思，殆無一字空設，奇變不窮，同合異體，乃自不知所以稱之。此書行，故應有賞音者。紀、傳例爲舉其大略耳，諸意甚多，自古體大而思精，未有此也。《宋書》傳。

三

曄元嘉元年左遷宣城太守，不得志，乃删衆家《後漢書》爲一家之作，至於屈伸榮辱之際，未嘗不刻意焉。自序略曰：吾少懶學問，年三十許，始有尚爾。既造《後漢》，轉得統緒。詳觀古今著述及評論，殆少可意者。班氏最有高名，既任情無例，唯志可推爾。博贍可不及之，整理未必愧也。吾雜傳論，皆有精意深旨，至於《循吏》以下，及《六夷》諸序，筆勢縱放，實天下之奇作。其中合者，往往不減《過秦篇》。嘗共比方班氏所作，非但不愧之而已。贊自是吾文傑思，殆無一字空設，奇變不窮，同合異體，乃自不知所以稱之。此書行，故應有賞音者。紀、傳例爲舉其大略耳，諸細意甚多，自古體大而思精，未有此也。恐世人不能盡知，貴古賤今，所以稱情狂言爾。范曄之傳，其失尤多，若薛宣之忠毅，而槩之以酷吏；鄭衆之嚴明直諒，而槩之以宦者；蔡琰忍耻妻胡，槩之烈女；王忳深仁厚義，槩之獨行。若此之類衆矣。《南史》。

四

范曄在獄中與諸甥姪書曰：『吾既造《後漢》，詳觀古今著述及評論，殆少可意者。班氏最有高名，既任情無例，不可甲乙，唯志可推耳。博贍可不及之，整理未必愧也。吾雜傳論，皆有精意深旨，至於《循吏》以下，及《六夷》諸序論，筆勢縱放，實天下之奇作。其中合者，往往不減《過秦篇》。嘗共比方班氏所作，非但不愧之而已。贊自是吾文之傑思，殆無一字空設，奇變不窮，同合異體，乃自不知所以稱之。此書行，故應有賞音者。自古體大而思精，未有此也。』曄之言張詡如此，自謂可過班固。觀其所著序論，如鄧禹、竇融、馬援、班超、郭泰諸篇，略具氣象，然亦何能企固萬一耶？

後漢書

謝承《後漢書》一百三十卷，又録一卷，無帝紀。吴武陵太守。

司馬彪《續漢書》八十三卷。晋祕書監，字紹統，高陽王睦之長子，專精學習，博覽群籍，以漢氏中興，訖於建安，忠臣義士，亦以昭著，而時無良史，記述煩雜，譙周雖已删除，然猶未盡，安順以下，亡缺者多。彪乃討論衆書，綴其所聞，起於世祖，終於孝獻，編年二百，録世十二，通綜上下，旁貫庶事，凡八十篇，號曰《續漢書》。

劉義慶《後漢書》五十八卷。

華嶠《後漢書》九十七篇，唐得三十一卷。晋少府[九]卿，字叔駿，才學深博，博聞多識，屬書典實，有良史之志。

謝沈《後漢書》一百二十二卷，又外傳十卷。字行思，晋祠部郎。《晋史》曰：沉著《後漢書》，才學在虞預之右，何充、庾冰稱其有史才。

薛瑩《後漢書》一百卷。晋散騎常侍。

袁山松《後漢書》一百一卷，又録一卷。晉祕書監袁喬之子，博學有文章，著《後漢書》百篇。

蕭子顯《後漢書》一百卷。梁本。隋亡。梁吏部尚書爲吴興太守，字景陽。

按：後漢明帝詔班固、陳宗、尹敏、孟冀撰《世祖本紀》及《建武功臣傳》，又詔劉珍、李尤等撰建武以來至永初紀傳，又詔伏無忌、黄景作《諸王》《恩澤侯》及《單于》《西羌》《地里志》，邊韶、崔寔、朱穆、曹壽作《皇后外戚傳》《百官表》《順帝功臣傳》凡百十四篇，曰《漢記》。嘉平中，馬日磾、蔡邕、楊彪、盧植又續《漢記》。至吴謝承作《漢書》，司馬彪作《續漢書》，華嶠、謝沉、袁山松又作《後漢書》，往往皆因《漢記》之舊爲之，是固爲有所據依。而曄史又出於諸史之後，尤爲有據依者乎。

本朝劉攽，嘉祐八年奉詔與錢藻、楊褒、姜潛、麻延年、李寔、劉仲章刊正定《漢書》。後二年，皆遷他官，唯攽卒業，乃悉增損刊改及正定字畫，集爲一書。

二

謝承、司馬彪、薛瑩、謝沉《後漢書》，先儒最稱其精。今是書不復可見，乃略采其精語一二。謝承史云：『徐孺子清妙高峙，超世越俗。』司馬彪史云：『蔡伯喈通達有儁才，博學善屬文，伎藝術數，無不精練。郭林宗處約味道，不改其樂。李元禮曰：「吾見士多矣，無如林宗者也。」及卒，蔡伯喈爲作碑曰：「吾爲人作銘，未嘗不有慚容。唯郭有道碑頌無愧耳。」』薛瑩史云：『李元禮抗志清妙，有文武儁才。』又曰：『李膺、王暢、荀緄、朱寓、魏朗、劉祐、杜楷、趙典爲八俊。』謝沉史曰：『俊者，卓出之名也。』諸人史句如此，可曰精矣。

後漢書注

劉昭補注《後漢書》三十卷。

初范曄令謝儼撰《後漢書志》，搜次垂畢，會曄伏誅，儼悉蠟以覆車，一代爲恨。梁世劉昭得舊志，乃補注爲三十卷。昭字宣卿，平原人，爲臨川王記室。

唐章懷太子注

唐章懷太子賢，招集一時學士右庶子張太安、洗馬劉訥言、洛州司户革希玄、學士許叔牙、成玄一、史藏諸、周贊寧輩同爲注。儀鳳中奏上。

後漢書雜傳

王韶《後漢林》二百卷。

謝沈《後漢書外傳》十卷。

後漢書〔一〇〕考

劉攽《東漢刊誤》

嘉祐七年，上讀《後漢書》，見『墾田』字皆作『懇』字，敕侍臣傳詔中書使正之。時劉攽爲國子監直講，奉詔與錢藻、楊褒、姜濳、麻延年、李寔、劉仲章分校。後二年，皆遷他官，攽獨卒業。攽云此書自三館及民家無他好本，率以已意定之。學者且疑其不然，雖攽亦未敢必。

後漢書音

韋闡《音》二卷。

劉芳《音》一卷。後魏太常。

韋機《音》二十七卷。

臧競《音》三卷。陳宗道先生。

蕭該《音》三卷。

三國志

魏國志三十卷。

蜀國志十五卷。

吴國志二十卷。

晋太子庶子陳壽撰。壽字承祚，巴西人。凡魏紀四，傳四十，吴傳二十，蜀傳十五。時人稱其善敘事。宋文帝嫌其略，命國子博士裴松之補注，鳩集傳記，增廣異聞，輯爲一書。既成，奏之，上覽之，曰：『裴世期爲不朽矣！』松之字世期，河東人。陳壽撰魏吴蜀《三國志》凡六十五篇，時人稱其善敘事，有良史之才。夏侯湛時著《魏書》，見壽所作，便壞己書而罷。張華深善之，謂壽曰：『當以《晋書》相付耳。』或云丁儀、丁廙有盛名於魏，壽謂其子曰：『可覓千斛米見與，當爲尊公作佳傳。』丁不與之，竟不爲立傳。壽父爲馬謖參軍，謖爲諸葛亮所誅，壽父亦坐被髡；諸葛瞻又輕壽。爲亮立傳，謂亮『將略非長，無應敵之才』，言『瞻惟工書，名過其實』，議者以此少之。

二

尚書郎范頵表曰：『治書侍御史陳壽作《三國志》，辭多勸誡，明乎得失，有益風化，雖文豔不及相如，而質過之。願垂採録。』詔河南尹、洛陽令就家寫其書。壽又撰《古國志》五十篇，《益都耆舊傳》十篇，餘文章傳於世。

三

崔浩之毛循之[一二]中國舊人，雖學不博洽，而猶涉獵書傳，每與論説，遂及陳壽《三國志》，有古良史之風，其所著述，文義典正，皆揚於王庭之言，微而顯，婉而成章，班史以來無及壽者。循之曰：『昔在蜀中，聞長老言，壽曾爲諸葛門下書佐，得撻百下，故其論武侯云「應變將略非其所長」。』浩乃與論曰：『夫亮之相劉備，當九州鼎沸之會，英雄奮發之時，君臣相得，魚水爲喻，而不能與曹氏爭天下，委弃荆州，退入巴蜀，誘奪劉璋，僞連孫氏，守窮崎嶇之地，僭號邊夷之間，此策之下者，可與趙它爲偶，而以爲蕭曹亞匹，不亦過乎？ 謂壽貶亮，非爲失實。』《後魏書》。

四

自司馬氏史至五代史，數千百年，正統偏霸與夫僭竊亂賊、甚衰至微之國，雖如夷狄，而史未有不書其國號者。陳壽志三國，乃獨不然。劉備父子在蜀四十餘年，始終號漢，是豈可以蜀名哉？ 其曰蜀者，一時流俗之言耳。壽乃黜正號而從流俗，史之公法，國之正統，輒皆失之，則其所書尚可信乎？ 且是時世稱備爲蜀者，猶五代稱李璟爲吴，稱劉崇爲晉者耳，今《五代史》作『南唐』『東漢世家』，未嘗以吴、晉稱史。荆公曰：『五代之事不足書，何足煩公？ 三國可喜事甚多，率壞於陳壽，公其成之。』公〔一二〕雖深然，未暇作也。予遂作《蜀漢書》，系蜀以漢，尚庶幾乎？

三國志

《漢魏吴蜀舊事》八卷。

魏氏别史

《魏武本紀年歷》五卷。

王沈《魏書》四十八卷。晋司空，字彦伯，高平人，有俊才。沈仕魏，正光〔一三〕中，遷散騎常侍，與荀顗、阮籍共撰《魏書》，多爲時諱，未若陳壽之實。

《魏紀》十二卷。左將軍陰澹撰。

魚豢《魏略》五十卷。

梁祚《魏國統》二十卷。

何氏《論三國志》九卷。常侍。

《魏末傳》二卷。梁有《魏大事》，隋亡。

右魏氏别史五家，蓋可與陳壽志參考而互見者，亦一時記載之雋也。而魚豢《魏略》特爲有筆力。

魏志音

盧宗道《音》一卷。

蜀别史

元魏李彪嘗言：孔明在蜀，不以史官留意。令蜀史比魏吴獨疏略，其在此乎？

王隱《删補蜀記》七卷。

吴别史

韋昭《吴書》五十五卷。殘缺。

《吴書實録》三卷。

環濟《吴紀》十卷。晋太學博士。

胡冲《吴曆》六卷。

張勃《吴録》三十卷。

魏、吴雜史，大段瓌緻，掇其數辭，足以知諸公辭藻之競秀者。魚豢《魏略》云：『李安國豐識别人物，海内注意，明帝得吴[一四]降人，問江東聞中國名士爲誰，以安國對之。』又云：『許士宗允少與清河崔贊俱發名於冀州。』又云：『阮德如侃有俊才，而飾以名理，風儀雅潤，與嵇康爲友。』又云：『荀文若彧爲人英偉，折節待士，坐不累席，其在臺閣間，不以私欲撓意。』韋昭《吴書》云：『諸葛瑾避亂渡江，大皇帝取爲長史，遣使蜀，但與弟亮公會相見，退無私面。而又有容貌思度，時人服其弘量。』環濟《吴記》云：『全子黄琮有德行義槩。』又曰：『張子布昭忠正有才義。』張勃《吴録》云：『陸凱忠鯁有大節，篤志好學。』又曰：『孫策少有雄姿風氣。』然方是時，士爽乎用，史隳乎守，幾於國異政，家殊俗矣。若豢而下，各書一時之事，豈無俟於後人者？嗟夫！

晋書

王隱《晋書》九十三卷。隱及郭璞俱爲著作郎，撰《晋史》。時著作郎虞預私撰《晋書》，而生長東南，不知中朝事，數訪於隱，并借隱所著書竊寫之，所聞漸廣。家貧無資用，乃依征西將軍庾亮於武昌，供其紙筆，書乃得成，詣闕上之。隱雖好著述，而文辭鄙拙，蕪舛不倫。其書次第可觀者，皆其父所撰也。

謝沈《晋書》三十卷。

虞預《晋書》五十八卷。晋散騎常侍，字叔寧。史云：著《晋書》四十餘卷行於世。

朱鳳《晋書》十四卷。未成，訖元帝。晋中書郎。

謝靈運〔一五〕《晋書》三十六卷，又録一卷。宋臨川内史。

臧榮緒《晋書》一百十卷。齊信州主簿。

蕭子雲《晋書》一百二卷，殘缺。

干寶《晋書》一十二卷，殘缺。

沈約《晋書》一百十卷，梁尚書僕射，字休文，吴興人。

鄭忠《晋書》七卷。

右晋人及宋齊人所撰《晋書》，共十家，晋之事詳且精矣。又有何法盛宋河東太守撰《晋中興書》七十八卷，起東晋。事有可稽，辭有可述。則知唐太宗詔群臣所撰，如之何其不該且覈而妙於辭製哉？徐堅亦曾撰《晋書》一百十卷。

王隱晋書語

元凱智謀淵博，明於治亂，常稱立德者非所企及，立功、立言，所庶幾也。每有大事，輒在將帥之限。

王戎少清明曉悟。

祖士言最治行操能清言。祖納。

嵇延祖有奇才儁辯。嵇紹。

謝沈晉書語

竇武、劉淑、陳蕃少有高操，海内尊而稱之〔一六〕。

虞預晉書語

荀公曾十餘歲能屬文，外祖鍾繇曰：『此兒當及其曾祖荀勗。』

山季倫平雅有父風。

和嶠厚自封植，嶷然不群。

刁協多所博涉，中興制度皆稟於協。

温嶠少標俊，清徹英穎。

沈約晉書語

周顗，王敦素憚之，見輒面熱，雖復臘月，亦扇面不休。其憚如此。

朱鳳晉書語

元帝叡，字景文，少而明惠，因亂過江起義，遂即位。謚法曰：『始建國都曰元。』敘事甚

簡净。〔一七〕

臧榮緒晉書語

謝叔源善屬文。

張孟陽有才華。

王正長博學有雋才。

石季倫早有智慧。

左太冲博覽文史。

阮嗣宗容貌瓌傑，志氣閎放。

晉安帝紀語

江仲凱以義正器素，知名當世。江敳

戴安道少有清操，惟〔一八〕甚快暢，泰於娱生，多與風流者游。屢辭徵命，遂著高尚之稱。

羲之風骨清舉。

右王隱、謝沈、虞預、沈約、朱鳳《晉書》，世不可見，各録其瓌精一二於前，斯足以表諸公才之雋、筆之英矣。《晉安帝紀》中句亦甚美，并録之。

唐御撰晋書一百三十卷。

初晋史十八家，太宗以爲未善，詔令再撰。房玄齡與褚遂良、許敬宗奉詔增損，以臧榮緒舊書爲本，又摭採諸家傳記而益附之，爰及晋代文集，罔不畢舉。命來濟、陸元仕、劉子翼、李淳風、李義府、薛元超、上官儀、崔行功、辛丘馭、劉引之、陽仁卿、李延壽、張文恭分撰，令狐德棻、敬播、李安期、李懷儼、趙汝智考正類例。作紀十、志二十、列傳七十、載記三十，合百三十卷。史之凡例，多出於令狐德棻、敬播。《天文》《律曆》則李淳風專之。太宗所著宣武二帝、陸機、王羲之四論，皆稱制焉。

晋書注

高希嶠《注》一百三十卷。開元二十年上。清池主簿。

晋書音

何超《音》三卷。唐處士。

宋　書

徐爰《宋書》六十五卷。宋中散大夫。

孫巖《宋書》六十五卷。齊冠軍録事參軍。

沈約《宋書》一百卷。

右宋代史所傳者，沈約爲最。姚察陳吏部尚書稱其『高才博洽，名亞遷、董』，蓋一代之英偉焉。按：齊永明中，沈約奉詔，撰爲記十、志九、傳六十，合百卷，本何承天舊書，採山謙之、徐爰、蘇寶生諸説，號爲博洽，而志乃兼述魏晉，論者以爲失於限斷。《崇文總目》闕《趙倫之傳》一卷，今本有之。而《到彦之傳》卷末殘缺。又有王智深，梁人，著《宋書》六十一卷，亦殘缺。

齊　書

蕭子顯《齊書》六十卷。梁人，詳見《後漢書》。

劉陟《齊書》十三卷。

齊别史

沈約《齊紀》二十卷。

劉陟《齊紀》十三卷。

江淹《齊史》十三卷。

王劭《齊志》後齊事。

吴兢《齊史》十卷。

初，江淹已筆《齊史》，爲十志，沈約又著《齊紀》，而子顯自表武帝，别爲此書。沈約嘗稱其得明道之高致，蓋《幽通》之流也。子顯更採《後漢》，考正同異，爲一家書。又吴均欲撰《齊書》，求借《齊起居注》及《群臣行狀》，武帝不許，遂私撰，奏之，稱帝爲齊明帝佐命。帝惡其書不實，使中書舍人劉之遴詰問數十條，竟支離無對，勑付省焚之，坐免職。

本朝曾鞏、趙若、孫覺、尹洙、蘇洵諸公校正館書，嘗論齊史，謂子顯之於斯文，喜自馳騁，其更改破析，刻琱藻繢之變尤多，而其文益下，豈夫材固不可强而有耶？然其表曰：『素不知户口，故《州郡志》輒不載。天文復祕，故不私載，而此志但紀灾祥而已。』按本傳爲《齊書》六十卷，今但五十九卷。

梁　書

謝炅《梁書》四十九卷。梁中書郎。

姚思廉《梁書》五十六卷。唐弘文館學士。思廉名簡，以字行，萬年人。

梁别史

陰僧仁《梁撮要》二十卷。陳征南諮議。

許亨《梁史》五十三卷。陳領軍、大著作郎。

《梁太清録》八卷。

《梁末代紀》一卷。

《梁二典》附《史典彙》。

《梁後略》附《史典彙》。

《梁紀》附《紀彙》。

吴兢《梁史》十卷。

初，太宗詔祕書監竇璡、歐陽詢、姚思廉共撰《梁史》。思廉父察，仕陳，大建中嘗修梁、陳史，未就。思廉因父書，又採謝炅舊史裁成之，其總論出於魏徵。

陳　書

陸瓊《陳書》四十二卷。陳吏部尚書。

傅縡《陳書》三卷。

顧野王《陳書》三卷。

吴兢《陳史》五卷。

思廉采謝炅、顧野王等諸家言，推究總括，爲梁、陳二家史，同上。

後魏書

魏收《後魏書》一百三十卷。後齊僕射，字伯起，鉅鹿人。《三國典略》曰：『齊主以魏收之卒，命中書監陽休之裁正其所撰《魏書》。休之以收敘其家事稍美，且寡才學，淹延歲時，竟不措手，唯削去嫡庶一百餘字。』

魏澹《後魏書》一百七卷。隋著作郎。

張太素《後魏書》一百卷。今惟有《天文志》二卷。

裴安時《元魏書》三十卷。

初，令狐德棻建言：『近代無正史。梁、陳、齊文籍猶可據，至周、隋事多脱損。今耳目尚相及，史有所憑，一易世，事皆汩暗，無所綴緝。陛下受禪於隋，隋承周，二祖功業多在周。今不論次，各爲一王史，則先烈世庸不光明，後無傳焉。』帝謂然，詔中書令蕭瑀、給事中王敬業、著作郎殷聞禮主魏。議者以魏有魏收、魏澹二家爲已詳，乃輟。按：天保中，收奉詔采拾遺軼，綴續舊事，作紀十、志十、傳九十二，表上，悉焚崔浩、李彪等舊書。收黨齊毁魏，褒貶肆情，時以爲穢史。獨楊愔等助之，故其書漸行。隋文帝以其不實，詔魏澹更作。收史闕紀二卷，傳二十二卷，《太宗紀》則補以魏澹所作，《静帝紀》則補以高峻《小史》。

北齊書

李德林《北齊書》二十四卷，修未成。百藥之父也。

張太素《北齊書》三十卷。

李百藥《北齊書》五十卷。唐中書舍人，字重規，定州人。

太宗詔李百藥次齊史，唐史臣稱百藥『翰藻沉鬱，所撰齊史行於時』。按：百藥父德林先在齊已作紀、傳，百藥乃因其舊，又避唐諱，易其文，議者非之。

後周書

牛弘《周史》十八卷，未成。陳吏部尚書。

令狐德棻《後周書》五十卷。唐祕書丞，宜州人。

吴兢《周史》十卷。

德棻言周、隋事多脱損〔一九〕，乃命德棻與祕書郎岑文本、殿中侍御史崔仁師次周史。是時預柬者十有八人，德棻爲先進，故類例多所諏定。初，周柳虬、隋牛弘各嘗論次，率多抵牾。德棻奉詔與陳叔達、庾儉同加修纂歷年，至是，復詔與文本、仁師撰成。玄齡等既上《五代史》，太宗勞之曰：『朕覩前代史書，彰善癉惡，足爲將來之誡。秦始皇奢淫無度，焚書坑儒，用緘談者之口；隋煬帝雖好文儒，尤疾學者。前世史籍，竟無所成，數代之事，殆將泯絶。朕意則不然，將欲覽前王之得失，爲在身之龜鏡。公輩以數年之間，勒成五代之史，副朕深懷，極可嘉尚。』

隋　書

張太素《隋書》三十卷。

王劭《隋書》六十卷，未成。祕書監。劭所著《隋書》，多採迂怪不經之語，辭義繁雜，遂使隋善惡之迹，堙滅無聞〔二〇〕。

《隋志》二十卷。

吴兢《隋史》二十卷。

唐修隋書一百十五卷。

唐正觀中，詔諸臣分修五代史。顔師古、孔穎達撰次隋事，起文帝，作三紀、五十列傳，惟十志未奏。又詔于志寧、李淳風、韋安化、李延壽、令狐德棻共加裒綴，高宗時上之。志乃上包梁、陳、齊、周，參以隋事，析爲三十篇，號《五代志》，與書合八十五篇。按：《隋志》極有倫類，而本末兼明，凖《晋志》，可以無憾，遷、固以來皆不及也。正以班、馬只尚虚言，多遺故實，所以三代紀綱，至八書、十志，幾於絶緒。《隋志》獨該五代，南北兩朝紛然殽亂未易貫穿之事，讀其書則了然如在目，良由當時區處各當其才。顔、孔通古今而不明天文地里之學，故但修紀傳，而以十志專之志寧、淳風，顧不當哉！

唐　書

吴兢《唐書》一百卷。浚儀人。兢私撰《唐書》《唐春秋》，未就，丐官筆札，詔兢赴館撰録，坐書事〔二二〕貶荆州司馬，以史草自隨，蕭嵩領國史，遣使就取書，得六十餘篇，敘事簡核，號良史。肅宗詔柳芳與韋述綴輯吴兢所次國史，會述死，芳續成之。興高祖，訖乾元，凡百三十篇。敘天寶事不倫，史官病之。

韋述《唐書》一百三十卷。初令狐德棻、吴兢等撰武德以來國史，皆不能成，述因二家，參以後事，遂分紀、傳，又爲例一篇。述掌國史餘四十年，任史官二十年，韋弘機之孫也。史稱其史才博識，蕭穎士稱其文約事詳，譙周、陳壽之流。

李翺《答皇甫湜書》曰：『近寫得《唐書》，史官才薄，言詞鄙淺，不足以發揚高祖、太宗列聖明德，使後之觀者，文彩不及周、漢之書。僕以爲西漢十一帝，高祖布衣定天下，豁達大度，東漢所不及。其餘唯文、宣二帝爲優，自惠、景以下亦不皆明於東漢明、章兩帝。而前漢事跡灼然傳在人口者，以司馬遷、班固敘述高簡之工，故學者悦而習焉，其讀之詳也。足下讀范曄《漢書》、陳壽《三國志》、王隱《晉書》，生熟何如左丘明、司馬遷、班固書之温習哉？故温習者事跡彰，而罕讀者事跡晦，讀之疏數，在詞之高下，理必然也。唐有天下，聖明繼於周、漢，而史官敘事，曾不如范曄、陳壽所爲，況足擬望左丘明、司馬遷、班固之文哉？』

韓愈《答劉秀才書》曰：『唐有天下二百年矣，聖君賢相相踵，其餘文武之士，立功名跨越前後者不可勝數，豈一人卒能紀而傳之哉？僕年志已衰退，不可自爲。』嗚呼！以愈而有是言，況他人乎？

劉昫《唐書》二百卷。昫，涿郡人。

按：後唐起居郎賈緯言：『唐高宗至代宗已有紀傳；德宗至濟陰廢帝凡六代〔二二〕，唯有《武宗實録》，餘皆闕略。今採訪遺文及耆舊傳説，編成六十五卷，目曰《唐朝補遺録》，以備將來史官修述。』至開運二年，史館上新修前朝李氏紀、志、列傳共五百二十卷，賜監修宰臣劉昫、史官張昭遠、直館王伸等繒綵銀器有差。又按：歐陽修《五代史·劉昫傳》只載明宗時爲監修國史，殊不及唐史之績，蓋昭遠輩所成也。

歐陽修等《唐書》〔二三〕二百二十五卷。

慶曆五年，詔王堯臣、張方平等翰林學士刊修《唐書》。皇祐元年，以宋祁翰林侍讀爲刊修官。至和元年，又命歐陽修、宋祁刊修龍圖閣學士，乃撰紀十、志五十、表十五、傳百五十。嘉祐五年，提舉宰臣曾公亮上之。公亮曰：『唐有天下幾三百年，其君臣行事之始終，所以治亂興衰之跡，與其典章制度之美，宜其粲然著在方册。而紀次無法，乃詔修等討論刪定。事則增於前，文則省於舊。』其屬則范鎮知制誥、王疇知制誥、宋敏求集賢校理、呂夏卿祕書丞、劉羲叟，此蓋預進書者。又有楊察、趙槩、余靖亦與焉。修嘗言：『唐自武宗以下，並無《實録》。西京内中省寺諸司、御史臺及鑾和諸庫，有唐至五代以來奏牘案簿尚存，欲差呂夏卿就彼檢尋。』從之，足以見討論之至矣。祁雖作百五十傳，亦曾自作紀、志，今宋氏後居華亭者有其書。

《唐書》考音附。

呂夏卿《直筆新例》一卷。夏卿預修新書，摘其繁宂闕誤，仍敘新例。温陵人。

吴鎮《糾繆》二十卷。摘舉新書舛繆。元祐間知萬州。

《唐書》注

李繪《唐書補注》二百二十五卷。繪宣和中進士，以舊書參新書爲之注。

《唐書》音

董氏《唐書》音二十五卷。

五代史

薛居正等《五代史》一百五十卷。

開寶四年，詔薛居正、盧多遜等修《五代史》。七年閏月甲子，書成，凡一百五十卷。而扈蒙、張澹、李昉、劉兼、李穆、李九齡皆與修其書，以《建康實録》爲準。景祐三年七月，集賢院學士知同州胡沖上所撰《五代史》，七十七卷，又一書也。

歐陽修《五代史》七十四卷。

《五代新史》紀十二，傳四十五，考三，世家年譜十有一，四夷附録三，凡七十四卷。歐公曰：『本紀因舊以爲名，即位以前其事詳，原其所自來，故曲而避之，見其起之有漸有暴也；即位以後其事略，居尊任重，所責者大，故所書簡，惟簡乃可立法。』陳師錫序曰：『五代距今百有餘年，故老遺俗，往往垂絶，無能道説者。秉筆之士，文采不足以耀無窮。歐陽公以此自任，其事迹實詳於舊記，而褒貶義例仰師《春秋》。至於論朋黨、宦、女，忠孝兩全，義士降服，豈小補哉！』歐公既没，始詔其家上之。

神宗常問歐陽修所爲《五代史》如何，王安石曰：『臣方讀數册，其文辭多不合義理。』上曰：『責以義理，則修止於此，每卷後論説皆稱。』

二

徐無黨注歐公《五代史》，其言曰：『凡諸國名號，《梁本紀》自封梁王以後始稱梁，《唐本紀》自封晋王以後始稱晋，唐自建國號唐以後始稱唐，各從其實也。自傳而下，於未封王建國之前，或稱梁、稱晋、稱唐者，史官從後而追書也。唐嘗稱晋，而石敬塘又稱晋，李昪又稱唐；劉龑已稱漢，而劉旻又稱漢，劉涉據廣州亦稱漢，劉崇據太原又稱後漢；王建已稱蜀，而孟知祥又稱蜀。石晋自爲一代，不待别而可知；唐、漢、蜀則加東、南、前、後以别其世家。梁初嘗封沛、東平，南唐初嘗稱齊，三號當時已不顯著，故皆略而不道。五代亂世，名號交雜而不常，史家撰述，隨事爲文，要於理通事見而已，覽者得以詳焉。』

五代史别史

《五代史樞要》十卷。歐陽顗撰。

《五代史補》五卷。陶丘撰。

《五代史闕文》一卷。王禹偁撰。

《梁列傳》十五卷。

《後唐列傳》三十卷。並張昭遠撰。

五代史考

《五代史纂誤》吴縝録歐陽公新史抵牾闕語，凡二百餘字。

校勘記

〔一〕校箋本據《後漢書·班固傳》於「傷」字下補「遷」字，從之。

〔二〕「偕」，原作「偕」，校箋本據顔師古《漢書注例》改，從之。

〔三〕「序」，校箋本據《漢書敘例》改作「賦」。

〔四〕「珽」，原作「班」，校箋本據《新唐書》改，從之。

〔五〕「顧」，原作「顔」，校箋本據兩唐志改，從之。

〔六〕「劉」字原無。校箋本徑改「梁」爲「劉」，無校記。

〔七〕校箋本云兩唐志均作「律曆志音義」。

〔八〕「事」，原作「字」，校箋本據《説郛》《漢書補注》以爲當作「金坡遺事」，從之。

〔九〕「府」字原無，校箋本據《隋書·經籍志》《晋書》本傳補，從之。

〔一〇〕「書」字原無，目録有，據改。

〔一一〕「之毛循之」，校箋本以爲當據《魏書·毛修之傳》改作「以毛脩之」。

〔一二〕「公」，校箋本以爲指高文虎，誤，當指歐陽修。

〔一三〕『正光』，宋刻本作『正元』，楊守敬改作『正光』。校箋本謂《晋書》《魏志三少帝紀》均作『正元』，楊氏誤改。

〔一四〕『吴』，原作『吾』，校箋本謂當據《世説新語·容止》《三國志·魏書·夏侯玄傳》改作『吴』，從之。

〔一五〕『謝靈運』，原作『謝承』，校箋本謂《隋志》及兩《唐志》均作『謝靈運』，從改。

〔一六〕校箋本謂此乃《世説新語·品藻》引謝沈《後漢書》語。

〔一七〕原作正文大字，然詳其義應是高氏評語。

〔一八〕校箋本謂此條出《世説新語·雅量》，『惟』乃『性』之誤。

〔一九〕『損』，原作『捐』，據上文及《舊唐書》改。

〔二〇〕『善』字原無，又『聞』字原作『間』，據《隋書》本傳改。

〔二一〕『事』，原作『自』，新世紀本參考《新唐書》改，從之。

〔二二〕校箋本謂《五代會要》及《册府元龜》卷五百五十七『高宗』作『高祖』，『德宗』下有『亦存實録』，下接『武宗至濟陰』。

〔二三〕原書目録作『皇宋修《唐書》』。

史略卷三

東觀漢記

《東觀漢記》百四十三卷，起光武記注至靈帝，長水校尉劉珍等撰。按：《後漢書·文苑傳》：劉珍字秋卿，永初中鄧太后詔使與[一]校書劉騊駼、馬融及五經博士校定東觀五經、諸子傳記、百家藝術，整齊脱誤，是正文字。永寧元年，太后又詔珍與劉騊駼作建武以來名臣傳。李尤字伯仁，安帝時受詔與謁者僕射劉珍等俱撰《漢記》。又按：《顯宗起居注》，明德皇后自撰。漢之后宫好文通史，有如此者。其後有《後漢記》一百卷，晋散騎常侍薛瑩所撰，當本諸此。永元十三年正月丁丑，和帝幸東觀，覽書林，閲篇籍，博選藝術之士充其官。《洛陽宫殿名》曰：南宫有東觀。永初中學者稱東觀爲老氏藏室、道家蓬萊山。太僕鄧康薦竇章入東觀。靈帝詔圖高彪[二]象於東觀。

入東觀人

劉　珍　　劉騊駼　　馬　融　　蔡　邕

張衡　曹褒　黄香　李尤

楊彪　馬日磾　盧植

劉知幾曰：『後漢東觀，大集群儒，而著述無主，條章靡立。伯度譏其不實，公理以爲可焚，張、蔡二子糾之於當代，傅、范二家嗤之於後葉。』

漢記中鄧禹傳

序曰：賢駿思聖主，風雲從龍武，自然之應也。鄧禹以弱冠睹廢興之兆，贏粮策馬以追世祖，遂信竹帛之願，建社稷之謀，襲蕭何之爵位，可謂材難矣。受命之初，躬率六師；中興治定，勒號泰山；聖上繼體，立師傅，位三公，功德之極，而禹兼之。《易》稱『利見大人』，《詩》有『自求多福』，其禹之謂與？

漢記中吴漢傳

序曰：自古異代之臣，其詳不可得聞也已。近觀大漢高祖、世祖受命之會，建功垂名之忠，察其屈伸，固非鄉舉里選所能拔也。吴漢起鄉亭、由逆旅，假階韓鴻，發策彭寵，然後遇乎聖王，把旄杖鉞，佐平諸夏，東征海嵎，北臨塞漠，西踰隴山，南平巴蜀，遂斬公孫述、延岑、劉永、董憲之首，斯其跨制州域，竊號帝王，章章可數者，熛起麋沸之徒，其所洒掃衆矣。天下既建武之行師，及漢持盈守位，勞謙小心，懼以終始，勒功帝佐，同名上古，盛矣哉。計出於主心，勝決廟堂，將帥咸承璽書、倚威靈以治剋亂，以智取愚，其勢然也。定，將帥論功，吳公爲大。覽其戰剋行事，無知名，無勇功，令合於孫、吳，何者？

右劉知幾大譏《漢記》，述前人之言以爲可焚可嗤。其對蕭至忠有曰：『古之國史，皆出一家，未曾藉功於衆。惟漢東觀，集群儒纂述，人人自爲政、駿。』其言盡之矣，今姑録二序于前。夫張衡、蔡邕豈不以辭筆自騁，而所序者如此，是可與班馬抗歟？

歷代春秋

《戰國春秋》二十卷。

趙曄《吳越春秋》十二卷。又有楊方《吳越春秋削繁》五卷，皇甫遵《吳越春秋傳》十卷。

陸賈《楚漢春秋》九卷。

司馬彪《九州春秋》十卷。記漢末事。又有《九州春秋抄》一卷，劉孝標注。

袁曄《漢獻帝春秋》十卷。

孔衍《漢春秋》十卷。

孔衍《後漢春秋》六卷。

孔舒元《漢魏春秋》九卷。

孫盛《魏氏春秋》二十卷。又有《魏陽秋異同》八卷，孫壽〔三〕撰。

員半千《三國春秋》三十卷。

崔良輔《三國春秋》卷亡。深州安平人。日用從子，居白鹿山，門人謚曰貞文〔四〕。

習鑿齒《漢晋陽秋》晋滎陽太守，字彦威，襄陽人。博學洽聞，以文筆著。

孫盛《晋陽秋》三十二卷，訖哀帝。盛著《魏氏春秋》。《晋陽秋》詞直而理正，咸稱良史焉。字安國，太原人。

檀道鸞《續晋陽秋》二十卷。宋永嘉太守。

王韶之《晋陽秋》韶之，琅耶臨沂人也。私撰《晋陽秋》，成時，人謂之宜居史職，即除著作郎，使續後事，訖義熙九年。善敘事，辭論可觀，爲後世佳史。

杜延篤〔五〕《晋春秋略》二十卷。唐人。

王琰《宋春秋》二十卷。梁吴興令。

鮑衡卿《宋春秋》二十卷。

吴均《齊春秋》三十卷。

臧嚴《栖鳳春秋》五卷。

吴兢《唐春秋》三十卷。

韋述《唐春秋》三十卷。

陸長源《唐春秋》六十卷。

尹洙《五代春秋》二卷。

崔鴻《十六國春秋〔六〕》百二十卷。魏人。

《十六國春秋略》二卷。

蕭方《三十國春秋》三十卷。漢中元建安，訖晋元熙，凡一百五十六年，以晋爲主，包吴孫、劉元海等三十國事〔七〕。又有《三十國春秋鈔》二卷。

包胥《河洛春秋》。

武敏之《三十國春秋》一百卷。

太史公作《史記》，最采《楚漢春秋》，意其論著瓌傑弘演，必有以合乎軌轍者。今得《楚漢春秋》讀之，不見其奇，試以一二言之。其一曰：『沛公閉函谷關，無内項王。項王大將亞父至關，不得入，怒曰：「沛公欲反！」即令家發薪一束〔八〕，欲燒關，關門乃開。』其一曰：『項王在鴻門，亞父諫曰：「吾使人望沛公，其氣衝天，五色相糾，或似雲，或似龍，或似人，此非人臣之象也。不若殺之。』其一曰：『上南攻宛，匿旌旗，人銜枚，馬束舌，雞未鳴，已圍宛城三匝。』其一曰：『上過陳留，酈生求見。使者入通，方洗足，問如何人，曰：「狀類大儒。」上曰：「吾方以天下爲事，未暇見大儒也。」使者出告酈生，瞋目按劍，入言「高陽酒徒，非大儒也」。』《楚漢春秋》所載僅如此，太史公所采，亦以漢初之事未有記載，故有取於此乎？至習鑿齒、孫盛、檀道鑿作《魏晋春秋》，意義閎達，辭采清雋，斯亦一代之奇者。桓温見盛《春秋》，怒謂盛子曰：『枋頭誠爲失利，何至乃如尊君所説？』其子遽拜，請删定，諸子號泣請爲百口計。盛怒，不許。諸子自改定之。盛乃書兩本，寄於慕容雋。泰元中，孝武帝博求異聞，殆於遼東得之，以相參校，多有不同。時温既覬覦非望，鑿齒著《漢晋春秋》以裁正之，起光武，終於晋愍帝。三國之時，蜀以宗室爲正，魏武雖受漢禪，尚爲簒逆，文帝平蜀，乃漢亡而晋始興焉。二子之作，嚴且正矣。善乎唐史臣之言曰：『丘明既殁，班馬迭興。自斯以降，分明競爽。』此之謂乎！陽秋者，避晋太后家諱，故曰陽秋。

歷代紀

荀悦《漢紀》三十卷。後漢獻帝好典籍，常以班固《漢書》文繁難省，乃令悦依《左氏傳》體爲《漢紀》三十篇，辭約事詳，論辨多美。其序云：『立典有五志焉：一曰達道義，二曰章法[九]式，三曰通古今，四曰著功勳，五曰表賢能。於是天人之際，事物之宜，粲然顯著，罔不備矣。漢四百有六載，撥亂反正，統武興文，永惟祖宗之洪業，思光啓乎萬嗣。聖上穆然，惟文之恤，瞻前顧後，是紹是繼，闡崇大猷，命立國典。於是綴敘舊書，以述《漢紀》。中興以前，明主賢臣，得失之勢，亦足以觀矣。』《荀悦傳》。應劭注荀悦《漢紀》三十卷。唐李大亮爲凉州都督，表諫求薦，太宗報書，賜荀悦《漢紀》曰：『悦論議深博，極爲政之體，公其繹味之。』

袁宏《後漢紀》三十卷。字彦伯，自吏部郎爲東陽太守，有逸才，文章絶美。

張璠《後漢紀》三十卷。

劉攽《漢靈獻二帝紀》六卷。

環濟《吴紀》十卷。晋太學博士。

陸機《晋紀》四卷。字士衡，晋平原内史。天才秀逸，辭藻宏麗。葛洪稱其文宏麗妍贍，英鋭漂逸，亦一代之絶乎。

鄧粲《晋紀》十一卷。訖明帝。晋荆州别駕。其傳云：著《元明紀》十篇。晋史曰：鄧粲、謝沉，祖述前史，奇辭異義，罕見稱焉。

干寶《晋紀》二十卷。自宣帝，訖愍帝五十三年。其書簡略，直而能婉，咸稱良史。干寶著《晋論》二千七百一十有七言，載於《晋史》者一千八百八十有五言，載於《通鑑》者七百二十有四言，可以爲攽夷煩亂，翦載浮辭之法。

曹嘉之《晋紀》十卷。晋前軍諮議。

劉璨《晋紀》《世説》注。

劉謙之《晋紀》二十五卷。宋中散大夫。

王韶之《晋紀》十卷。宋吴興太守，字休泰，琅琊人。善敘事，辭論可觀，爲後代佳史。

徐廣《晋紀》四十五卷。宋中散大夫，侍中邈之弟。世好學，至廣尤精純，百家數術，無不研究。尚書奏有造《中興記》者，焕乎史策，宜敕著作郎徐廣撰成國史。於是廣勒成《晋紀》凡四十六卷，表上之。

郭季産《續晋紀》五卷。宋新興太守。

王智深《宋紀》三十卷。

沈約《齊紀》十卷。

蕭韶《梁太清紀》十卷。梁長沙王。

《梁末代紀》一卷。

《梁帝紀》七卷。

《梁皇帝紀》七卷。

盧彦卿《後魏紀》三十卷。

崔子〔一〇〕發《北齊紀》三十卷。

陳彭年《唐紀》四十卷。本朝人。

皇甫湜謂：『荀氏《漢紀》强欲復古，以爲編年，然其善語嘉話，細事詳政，多所遺矣。』予以爲不然。此書專爲正史繁博而作，辭約則事必省，事省則史必精，編年之體，難乎其詳且細矣。王通氏曰：『荀悦史乎！』是蓋知悦者矣。而杜預尤爲善言史者，有謂『史之舊章，從而修之』，故曰約史記而修《春秋》，殆此意歟？自悦而後紀，凡二十有一家，往往取則於荀氏，如陸機、鄧粲、徐廣、沈約數家，殊爲精覈。而家家有史，人人載筆，難乎其考矣。隋史氏以爲『史官廢絶久矣，魏晉以來，其道愈替。南、董之位，以禄貴遊〔一一〕；正、駿之司，罕因才授。故梁世諺曰：「上車不落則著作，體中何如則祕書。」尸素之儔，盱衡延閣之上，立言之士，揮翰蓬茨之下，一代之記，至數十家，傳説不同，聞見舛駁。』此之謂歟？

二

張璠《漢紀》曰：范孟博滂爲功曹，辟公府掾，升車攬轡，有澄清天下之志。百城聞滂高名，皆解印綬去。又曰：不畏强禦陳仲舉，天下模楷李元禮。鄧粲《晋紀》曰：劉子驥驎之少尚質素，虚退寡欲，好遊山澤，志尚遁逸。又曰：王平子澄放曠不拘，時謂之達。又曰：王處仲性簡脱，口不言財，其操尚如此。又曰：王導協贊中興，敦有方面之功。又曰：裴遐以辯論爲業，善敘名理，辭氣清暢，泠然若琴瑟。按：《晋諸公贊》，遐字叔道，河東人，少有理稱，辟散騎郎。又按：《永嘉流人名》：王夷甫以第四女適之。曹嘉之《晋紀》曰：荀勗爲中書監，令尚同車。至和嶠爲令，而勗爲監，嶠意强抗，專車而坐，乃使監、令異車，自此始。劉謙之《晋紀》曰：王獻之性甚整峻，不交非類。又曰：桓玄欲復武賁中郎將，疑應直與不，訪之僚佐，咸莫能定。參軍劉簡之對曰：潘岳《秋興賦》序云：余兼武賁中郎將，寓直於散騎之省。以此言之，是應直也。玄歡然從之。徐廣《晋紀》曰：劉遵祖爰之少有才學，能言理。又曰：殷浩清言，妙辯玄致，當時名流皆爲其美譽。又曰：凡稱風流者，皆舉王、劉爲宗焉。劉真長、王仲祖。庾道季龢，太尉亮子也，風情率悟，以文談致稱於時。又曰：王導阿衡之世，經綸夷儉，政務寬恕，事從簡易，故垂遺愛之譽。以上諸史，學者所未見，故爲概舉一二，庶知其筆墨焉。

實　録

六朝實録

梁實録

《梁皇帝實録》周興嗣撰。

《梁皇帝實録》謝昊撰。

《梁太清實録》

唐實録《唐六典》曰：『史官掌修國史，凡天地日月之祥，山川封域之分，昭穆繼代之序，禮樂師旅之事，誅賞興廢之政，皆本於起居注，以爲實録。

《高祖實録》許敬宗、敬播撰。褚遂良讀之於前，太宗感動流涕。

《太宗實録》元曰《今上實録》，敬播、顧徹撰〔一二〕。

《貞觀實録》長孫無忌撰。

《高宗實録》許敬宗撰。

《高宗後實録》初令狐德棻撰，乾封中劉知幾、吴兢續成。此再修者也。又有韋述所撰三十卷，武后所撰一百卷。

《則天實録》魏元忠、武三思、祝欽明、徐彦伯、柳冲、韋承慶、崔融、岑羲、徐堅撰。劉知幾、吴兢删正。

又有宗秦客《聖母神皇實録》。

《中宗實録》吴兢撰。

《太上皇實録》劉知幾撰。

《睿宗實録》吴兢撰。

《今上實録》張説、唐穎撰，次開元初事。

《開元實録》失撰人名。

《玄宗實録》令狐峘撰。

《肅宗實録》元載監修。

《代宗實録》令狐峘撰。

《建中實録》沈既濟撰。

《德宗實録》蔣乂、樊紳、林寶、辛處厚、獨孤郁撰。

《順宗實録》韓愈、沈傳師、宇文籍撰。

《憲宗實録》沈傳師、鄭澣、宇文籍、蔣係、李漢、陳夷行、蘇景胤撰。

《穆宗實録》蘇景胤、王彦威、楊漢公、蘇滌、裴休撰。

《敬宗實録》陳商、鄭亞撰。

《文宗實録》盧耽、蔣偕、王渢、盧告、牛叢撰。偕三世修史，世稱良筆。其父乂有史才。

《武宗實録》辛保衡撰。

五代實録

《梁太祖實録》三十卷梁郗象等撰。

《後唐獻祖紀年録》二卷

《後唐懿祖紀年録》一卷

《後唐太祖紀年録》十七卷

《後唐莊宗實録》三十卷後唐趙鳳、張昭遠等撰。獻祖、懿祖、太祖爲《紀年》，莊宗爲《實録》。

《後唐明宗實録》三十卷姚顗等撰。

《後唐廢帝實録》十七卷皇朝張昭、劉温叟撰。

《後唐愍帝實録》三卷張昭等撰。

《晋高祖實録》三十卷漢竇正固、賈緯等撰。

《晋少帝實録》二十卷竇正固等撰。

《漢高祖實録》二十卷漢蘇逢吉等撰。

賈緯乾祐中受詔與王伸、竇儼修晋高祖、少帝、漢高祖三朝《實録》。緯以筆削爲己任，然而褒貶任情，記注不實。晋宰相桑維翰執政，嘗薄緯之爲人，不甚見禮，緯深銜之。及敘維翰傳，稱維翰身没之後有白金八千鋌，他物稱是。翰林學士徐台符，緯邑人也，與緯相善，謂緯曰：『聞吾友書桑魏公白金之數，不亦多乎？』乃改爲白金數千鋌。書法如此，他可知矣。

《漢隱帝實録》十五卷張昭等撰。

《周太祖實録》三十卷張昭、劉温叟撰。

《周世宗實録》四十卷皇朝王溥等撰。

實録之作，史之基也。史之所録，非藉此無所措其筆削矣。令狐峘修《玄宗實録》，號爲著述甚精。喪亂之餘，實録散失，纂開元、天寶間事，唯得諸家文集，編其詔册名臣傳記，十無三四，後人以漏略稱之。初，至德二年，史官于休烈等奏，自經賊火，《國史》《實録》並無其本，合詔府縣搜訪，重加購賞。數月，唯得書一二百卷。前史官韋述家藏《國史》一百十三卷，乃以送官，又僅若此。歐陽公、宋景文公受詔分撰唐史，一時有請，以爲唐自武宗後並無實録，何所考訂，則實録有補於史可知矣。又如柳玭以下十五人，分修宣宗、懿宗、僖宗《實録》，踰年不能編録一字，是非難乎？歐公作《五代新史》，往往多據《建康實録》耳。先公預修神宗、哲宗、徽宗、欽宗四朝史，《高宗實録》。其史册散逸，記載疏略，尤有甚於令狐峘之時。分修志四，傳五十，《實録》十年，而訪搜訂載，略不少恨。其有分《秦檜傳》者，筆不得下，今《檜傳》僅數葉而已。似孫乃爲篡修《檜傳》，極爲精覈。史館移牒取索，不欲録報也。

二

顯慶中高宗以許敬宗撰《太宗實録》所紀多非實，謂劉仁軌曰：『朕觀國史所書，多不周悉，卿等必須窮微索隱，原始要終，盛業鴻勳，咸使詳備。』憲宗徧讀列聖《實録》，見貞觀、開元故事，竦慕不能釋卷，謂宰臣曰：『太宗之創業如此，玄宗之致理如此，我讀國史，始知萬倍不如焉！』文宗嘗曰：『《順宗實録》似未詳實，史官韓愈不是當時屈人否？』李石曰：『韓愈貞元末爲四門博士。』上曰：『司馬遷與任安書，全是怨望，所以《漢武本紀》事多不實。』鄭覃曰：『漢武中年後，大發戎馬，拓土開邊，生人耗竭。本記所述，亦非過言。』初，愈撰《順宗實録》，説禁中事頗切直，内官惡之，往往於上前言其不實，累朝有詔改修。及修《憲宗實録》，文宗復令改正永貞間事跡。隨奏：『乞條示舊記最錯誤者，委史官條定。』乃詔刊去《實録》中所書德宗、順宗朝禁中事，其他不要更修。按：愈進《順宗實録》表曰：『監修李吉甫授臣以前史官韋處厚所撰先帝《實録》三卷，云未周悉，令臣重修。臣與修撰左拾遺沈傳師、直館咸陽尉宇文籍等共加採訪，修成，削去常事，著其繫於政者，比之舊録，十益六七，忠良姦佞，莫不備書。』觀此，則内官所惡者在是矣。又云：『沈傳師等採事得於傳聞，致有差誤。聖明無遺，恕臣不逮，重令刊正，今並添改訖。其奉天功烈，更加尋訪，已据所聞，載於首卷。』愈秉史筆，而所言云爾，嗚呼難哉！唐史筆所修，往往視其人之才否。至於高宗、文宗，尚能知所刊整，其視委成史氏、無所考擇者，固有間矣。

起居注

漢一

《獻帝起居注》

晋十六

《泰始起居注》

《咸寧起居注》

《建武大興永昌起居注》

《咸和起居注》

《泰康起居注》

《元康起居注》

《咸康起居注》

《建元起居注》

《永和起居注》

《升平起居注》
《太元起居注》
《崇寧起居注》
《晋起居注》
《流别起居注》
《晋宗起居注》
《晋起居注鈔》

宋 七

《永初起居注》
《景平起居注》
《元嘉起居注》
《孝建起居注》
《大明起居注》
《泰始起居注》
《泰豫起居注》

齊　一

《永明起居注》

梁　一

《大同起居注》

陳　四

《永定起居注》

《天嘉起居注》

《天康光大起居注》

《至德起居注》

後魏一

《起居注》

隋　一

《開皇起居注》

唐　二

《大唐創業起居注》

《開元起居注》

漢武帝有《禁中起居注》，明德馬后自撰《顯宗起居注》，后削去兄防參醫藥事，章帝請曰：『黄門舅日夕供養，且一年，既無襃異，又不録勳勞，無乃過乎？』太后曰：『吾不欲後代聞先帝數親後宫之家，故不録也。』漢有起居注久矣，不止獻帝也。漢時起居注似在宫中，爲女史之職，蓋周内史所記王命之副也。梁吴均欲撰《齊書》，求借齊起居注及群臣行狀，武帝弗許，遂私撰奏之。是知記注之作，有補於史。太宗謂褚遂良曰：『卿知起居注，可得見否？』遂良以爲不聞帝王躬自觀史。正元中，上問趙憬起居注所記何事，憬言：『國朝自永徽以後，起居唯得對仗承旨，仗下後謀議，皆不得聞。其曰注記，但出於已行制敕内採録，更無他事。長壽中，姚璹知政事，以爲親承謨訓，若不宣自宰相，史官無由得知，遂請仗下後所言軍國政要，宰相專知撰録，號《時政記》，李弘憲曰：『《時政記》者，姚璹修之於長壽，璹罷而寢。賈耽、齊抗修之於貞元，耽、抗罷而廢。』李德裕曰：『璹所撰《時政記》，厥後因循多闕，乞依故事，知印宰相撰録，歲末送史館。』杜牧曰：『舊例，宰臣於閤内及延英奏事，知印宰臣盡書送史館，名《時政記》。但記出己之辭，或忘同列之對、獻替之説，史册不詳，欲乞人自爲記，共成一編，必無遺漏。』觀唐諸公之言如此，則記亦非詳且核矣。月送史館，無何此事又廢。』上曰：『君舉必書，義存勸戒，宜依故事爲之。』李德裕言：『延英奏事，後向外傳説，三事猶兩事虚謬。豈有起居注皆三二年後，採於傳聞？耳目已隔，固非實事。宜如故事，每季送史館。如軍國大政，傳聞疑誤，許於政事堂見宰相，臨時酌量。如事已施行，非關機密者，並一一言説所異。書事信實，免有傳疑。按：興慶宫有起居注并餘書三千六百卷，則起居注不爲不詳矣。

唐左右史螭坳書事

唐制，朝日左右史分立赤墀之下，丹淹泥，以塗殿墀。郎左，舍人右。李肇《國史補》曰：『兩省謔起居爲螭頭，以其立近石螭也。』《鄭覃傳》曰：『記注操筆在赤墀下。』《張次宗傳》：『文宗始詔左右史立螭頭下。』韋絢初除右史，中謝〔一三〕，置筆札於玉階欄楯之石，趨而書辭拜舞。絢《嘉話》。《唐志》曰：『宣政殿朝日，殿上設黼扆、躡席、薰爐、香案，而宰相兩省對班于香案前。』則是香案自在殿上，向之，兩省對班而直。『案前』者，乃從殿下準望而言，非夾立香案左右也。又按：王仁裕入洛，過長安，見含元殿前玉階三級：第一級可高丈許，每間引出一石螭頭，東西鱗次；第二、第三級各高五尺，蓮花石頂，階兩面龍尾道，各六七十步，方達第一級。

而宣政殿紫宸螭頭，雖不明載，然據《唐志》：『御正殿則起居郎、舍人分左右立。有命，則俯陛以聽，退而書之。正殿者，宣政也。』《志》又曰：『若仗在内閤，則夾香案，分立殿下第二螭首，和墨濡筆，皆即螭處。内閤者，紫宸也。』三殿皆有螭，於此可見。姚璹所謂延英奏事者，小殿也。

延英殿時政

《六典》言：『宣政殿西上閤門之左，即延英殿。上元二年，殿中當御座生玉芝。』延英召對宰臣，始於代宗。時以苗晋卿年老，特御是殿，優禮也。陽城欲救陸贄，約拾遺王仲舒守延英殿閤上疏。其言守閤者，開延英以受其對也。錢希白《南部新書》記唐制，内有公事，即開延英。《長安志》以延英在紫宸殿東。吕大臨《圖引李庚賦》曰：『東則延英耽耽。』又按：《會要》：『元和十五年，詔於西上閤門西廊内開便門以通宰臣，自閤中至延英。』則延英不在紫宸之東矣。《會要》之説，蓋與《六典》合。僖宗時，易延英爲靈芝，表芝瑞也。還自蜀，仍曰延英。正元七年，詔諸司官長，許對延英。德宗又詔：『今後有陳，宜於延英請對。』憲宗時，元稹爲拾遺，亦乞於延英訪問。自後諸州刺史又於延英陛辭。韓皐爲中丞，奏事紫宸殿，上曰：『我與卿言不盡，可來延英，與卿從容。』又天祐後，一旬三開延英。元和中，義武節度張茂昭舉族歸朝，故事，雙日不坐，是日特開延英，亦禮之特。璹修《時政記》，請延英奏事，宰臣書逸史館，其謂是歟？

時政記

永徽後，左右史唯對仗承旨，仗下謀議不得聞。武后以姚璹表尚符瑞，擢平章事，璹奏：「帝王謨訓不可闕記，請仗下所言軍國政要，責宰相自撰，號《時政記》，以授史官。」從之。時政有記，自璹始。大中六年，平章事裴休言：「宰相論政上前，知印者爲《時政記》。他議事有所闕，史氏莫得詳。請宰相人自爲記，付史官。」詔可。元和八年，上以《時政記》問於宰相，監修國史李吉甫對曰：「是宰相記天子事，以授史官之實録也。」上曰：「其間或修或不修，何也？」吉甫曰：「凡面奉德音，未及施行，樞機周密，固不可書以送史官。其間謀議有發自臣下者，又不可自書以付史官。及事已行者，制旨昭然天下，皆得聞知，即史官記之，不待書以授也。姚璹修於長壽，璹罷而事廢；賈耽修於正元，耽罷而事廢。」

唐曆

肅宗詔柳芳與韋述綴輯吴兢所撰國史，會述死，芳續成之，敘天寶後事，棄取不倫，史官病之。後坐事貶黔中，從高力士質開元、天寶及禁中事，倣編年法爲《唐曆》四十篇，頗有異聞。然不立褒貶義例，爲諸儒譏訕。按：《唐曆》起隋義寧元年，訖建中三年。又《續唐曆》二十二卷；又有《唐曆目録》一卷，唐崔令欽撰；其後又有《唐曆目録》一卷；《唐年歷》一卷，唐劉軻撰；《唐曆帝紀》一卷。又按：前史有《吴曆》六卷，胡冲撰；《晋曆》二卷；《陳曆》二卷。《唐曆》蓋因乎此。芳字仲敷，河東人。

唐會要

《五代會要》。《西漢會要》不知誰作，甚簡約。

唐蘇冕撰《唐會要》四十卷，起高祖，迄代宗。

崔鉉撰《唐會要》四十卷，次德宗以來至大中間事。

本朝王溥撰《唐會要》一百卷，起宣宗至唐末。合蘇、崔二書，合爲百卷。

溥又撰《五代會要》三十卷，起梁開平，迄周末。

玉牒

玉牒見於唐，所以奠世系、分宗譜也。開成中，李衢上《皇唐玉牒》一百一十卷。李乂有《玉牒行樓》二卷。其在本朝志世繫之外，更爲一史，以紀大事。大事者，降誕、符瑞、即位、大臣除拜、大政事、大詔令也。是所謂大事必書者。其書一年一進。按：建武三十二年，梁松[一四]等奏，求元封封禪故事，當用方石再累置壇中，用玉牒書藏方石。牒厚五寸，長尺三寸，廣五寸。有玉檢。又用石檢十枚，列於石傍，以告曰：『刻玉牒，書函藏金櫃，璽印封之。』又按：唐麟德元年，有事岱宗，造三玉册，皆以金繩編玉牒爲之，刻玉填黄金爲字。又爲玉匱以藏。蓋太史公所曰『紬金匱石室之書』者也。韓昌黎有曰『功德鏤乎白玉之牒』，抑謂是歟？今玉牒殿制度，玉牒以銷金羅爲紙書之，夾以銀梵葉。先太史在牒寺最久，乃得專修神宗一朝玉牒。事既專，則筆削不亂。唯神宗國史，有所謂朱墨本者，史之所載，殊多私意。先公是正，特爲精覈，可以言史矣。

校勘記

〔一〕『與』，原作『典』，校箋本據《後漢書》改，從之。

〔二〕『彪』，原作『虎』，校箋本據《後漢書》改，從之。

〔三〕『孫壽』，原作『陳壽』，校箋本據《後漢書》改，從之。

〔四〕校箋本謂此條出《新唐志》，然誤『良佐』爲『良輔』，『從弟』爲『從子』，『居』下脱『共』字，『貞文』下脱『孝父』二字。

〔五〕校箋本謂兩《唐志》『篤』作『業』。下文之『杜延篤』同。

〔六〕原作『三十國春秋』，校箋本謂《隋志》及兩《唐志》均作『十六國春秋』，據改。

〔七〕校箋本謂此條因襲鄭樵之訛而復增舛訛。『蕭方』當作『蕭方等』，人名；『漢中元建安』當作『起漢建安』；又《三十國春秋》實起於魏齊王嘉平元年。

〔八〕『一束』，原作『策』，校箋本謂《藝文類聚》卷六作『一束』，據改。

〔九〕『章法』，原作『法章』，校箋本據《漢紀》及范書本傳改，從之。

〔一〇〕『子』，原作『彦』，校箋本據《隋志》《通志略》改，從之。

〔一一〕『遊』，原作『遜』，校箋本謂《隋志》作『遊』，據改。

〔一二〕『顧徹』，原作『顔胤』，校箋本以爲當據《舊唐書·經籍志》《新唐書·藝文志》改，從之。

〔一三〕校箋本『中』上讀，似誤。

〔一四〕『梁松』，原作『梁從』，校箋本據《後漢書》《續漢志》改，從之。

史略卷四

史典

王逸《齊典》五卷。

劉璠《梁典》三十卷。

何之元[一]《梁典》三十卷。陳始興王諮議。

謝昊《梁典》三十卷。

元行沖《魏典》三十卷。記後魏事。唐人。

唐穎《稽典》一百三十卷。開元中，穎罷臨汾[二]尉，上之。張説奏留史館修撰。

李延壽《太宗政典》三十卷。

王彦威《唐典》七十卷。

按：何元之《梁典·高帝革命論》曰：『官自有梁，備觀成敗。昔因出軸，流寓齊都，窮愁著書，竊慕虞子。簡牘多闕，略不盡舉。』觀此，則典之爲書，亦幾於紀事，省而辭約者也。

史表

《古今年表》一卷。

袁希之《漢表》十卷。

韓祐《續古今人物表》十一卷。開元十七年上，授[三]太常寺太祝。

柳芳《唐宰相表》三卷。

陳繹《輔相表》十卷。皇宋。

《宰輔年表》載熙豐間事。

《國朝年表》八卷。

太史公曰：『五帝、三代之記，尚矣。自殷以前諸侯不可得而譜，周以來乃頗可著。讀《春秋曆譜諜》，至周厲王，廢書而嘆。』則知載筆之嚴，莫嚴於譜諜。《世本》十五篇，古史官記黄帝以來，訖春秋，帝王、公、侯、卿大夫祖世之所出。表之作，其有據於此乎？善乎班固之言曰：『綴續前記，究其本末，表舉大分，别而敘之。』表之爲義如此。

史略

張温《三史略》三十卷。

張緬《後漢略》二十五卷。

魚豢《魏略》五十卷。

杜延篤《晋春秋略》二十卷。

荀綽《晋後略》十一卷。

吉文甫《十五代略》十卷，起庖犧至晋。

裴子野《宋略》二十卷。

姚最《梁後略》十卷。

梁承聖《中興略》十卷。

丘悦《三國典略》二十卷。以關中、鄴都、江南爲三國，記南北朝事。

環濟《帝王要略》十二卷。紀帝王及天宜、地理、喪服。

張太素《隋後略》十卷。

郭修《唐年統略》十二卷。

李吉甫《六代略》三十卷。

杜信《史略》三十。

杜毅《大業記略》〔四〕三卷。唐人。

裴子野撰史略〔五〕，其序事評論多善。沈約嘆其評論可與《過秦》《王命》分路揚鑣，是爲翦繁撮要之法。然諸子所録，並出意度，自成機杼，是難以槩論。然有至略之法存焉，人特不着眼耳。《堯典》載曆象、治水、禪舜之事大矣，凡四百六十字；《舜典》載受禪、命官之事亦大矣，凡八百三十六字；《禹貢》載山川、貢賦、名物、水功之事尤大矣，凡一千二百八字，非略之至乎？

史鈔

葛洪《史記鈔》十五卷。

葛洪《漢書鈔》三十卷。

葛洪《後漢書鈔》三十卷。

《吴志鈔》一卷。

張緬《晉書鈔》三十卷。

《三十國春秋鈔》二卷。

《九州春秋鈔》一卷。劉孝標注。

又唐仲彦有《子鈔》〔六〕，虞世南有《北堂書鈔》，皮日休有《鹿門書鈔》，唐人有《碎金鈔》，張九齡有《珠玉鈔》，蘇易簡有《文選鈔》。凡言鈔者，皆擷其英，獵其奇也，可爲觀書之法也。

史評

王濤《三國志序評》三卷。晋人。

徐爰[七]《三國志評》

二評蓋專爲三國所書。設是，固有可評者。司馬公作《通鑑》，遺書劉道原曰：『魏、吴、蜀、宋、齊、梁、陳、後魏、秦、夏、凉、燕、北齊、後周、五代諸國，地醜德齊，不能相一，名號鈞敵，本非君臣者，皆用列國之法。彼此抗衡，無所抑揚，没皆稱殂，王公稱卒，庶幾不誣事實，稍近至公。至於劉備，雖承漢，族屬疏遠，不能紀其世數名字。亦猶宋高祖自稱楚元王後，李昪自稱吴王恪後，是非難明，今並同之列國，不得與漢光武、晋元帝爲例。』以温公之殊見絶識，而於此難決，是果難乎？習鑿齒作《漢晋春秋》，其言有曰：『桓温覬覦非望，乃著《漢晋[八]春秋》以裁正之。起光武，終於晋愍帝。於三國之時，蜀以宗室爲正，魏武雖受漢禪，尚爲篡逆。至文帝平蜀，乃爲漢亡，而晋始興焉。』其説如此，豈不快哉！

史贊

范曄《後漢書贊》十八卷。

范曄《後漢書論贊》五卷。

傅暢《晉諸公贊》二十二卷。

雜贊十六附

《上古以來聖賢高士贊》二卷。周續之〔九〕。

《徐州先賢傳贊》九卷。劉義慶。

《會稽先賢傳》二卷。鍾離岫。

《陳留先賢傳贊》一卷。陳英宗。

《長沙舊傳贊》三卷。晉臨川王郎中劉彧〔一〇〕。

《吴先賢贊》三卷。

《會稽太守像贊》二卷。賀氏。

《東陽朝堂像贊》一卷。晉太山太守留叔先。

《桂陽先賢畫贊》五卷。吴左中郎張勝。

《聖賢高士傳贊》三卷。嵇康。

《至人高士傳贊》二卷。孫綽。

《列仙傳贊》三卷。孫綽。

《六賢圖贊》二卷。唐李渤撰。前代夫婦，俱隱者六人。

《孝子傳贊》三卷。王韶之。

《忠孝圖贊》二十卷。李襲譽。

《凌煙功臣贊》并傳，四十卷。蔣乂。

《唐十八學士贊》一卷。吕温。

《列女傳贊》一卷。繆襲。以上諸贊，辭多壞〔一二〕傑，故録焉。

先太史嘗言：『歐陽公撰《新唐史》，紀、志皆脱藁，獨《太宗紀》贊難乎其爲工。既成，一夕夢神人，金甲持兵，琅乎問罪，以紀贊過乎措辭。蓋太宗也。公乃爲改作。』又治平中，妙柬一時名人修《仁宗史》，以帝紀屬之李邦直。其所作贊，久不能成。一日，出示諸公曰：『竭平生之力，是傚馬、班《漢文帝贊》。由今觀之，固有間矣。只如兩《漢書》中大贊，寧有幾？非不欲追抗太史公筆力，然其辭可琢，其氣格不可敵，況其下者乎？』

史　草

蕭子顯《晉史草》三十卷

予嘗觀楊文公史草，用竹紙細字，字清美，塗擸甚少，蓋造思之素者也。又觀歐陽公史草，闊行真字，殊有更易處，又一二紙，更易幾盡。又觀宋景文公史草，則佳紙闊行，筆史所書，其草乃兩傳，凡劉史之舊，所易幾盡。今以新傳比舊傳，則一時群臣奏疏，往往擸改，所存不一二。又觀司馬公《通鑑》草紙，闊狹不侔，有翦爲數寸，闊者兩面密書，時有塗改處，字尤端楷觀。此則想象蕭公史草，令人精神飛越，恨不一披元筆。

二

古人制作，不只遺辭合理，而一字之施，有不可易者。景文公修《唐書》，《韓文公傳》全載《進學解》《諫佛骨表》《潮州謝上表》《祝鱷魚文》，殊不甚竄改。於《進學解》，頗易數字，以『招諸生』爲『召』字，『障百川而東之』爲『停』字，『跋前疐後』爲『躓』字。韓公本用《狼跋詩》語，非躓也。其他以『爬羅剔抉』爲『把羅』，『焚膏油』爲『燒』，以『取敗幾時』爲『其敗』。《吳元濟傳》書平淮西碑文千六百六十字，固有他本不同，然才減節，輒不穩當。『明年平夏』一句，悉芟之。『平蜀西川』減『西川』字，『非郊廟祠祀，其無用樂』減『祠』『其』兩字，『皇帝以命臣愈，臣愈再拜稽首』減下『臣』字，『汝其以節都統討軍』以『討』爲『諸』，討者如《左傳》『討軍實』之義，若云『諸軍』，恐非奇。《柳子厚傳》載與蕭俛、許孟容書，《正符》《懲咎賦》四篇，《孟容書》氣義步武，全與漢楊惲《答孫會宗書》相似。《正符》倣班孟堅《典引》。而其四者次序或失之，至云『宗元不得召，内閔悼，作賦自儆』。然其語曰：『逾再歲之寒暑。』則責居日月未爲久，難以言不得召也。《資治通鑑》但載《梓人》及《郭橐駞傳》，以爲其文之有理者。其識見取舍，固有在云。

史例

顔師古注《漢書例》一卷。

劉餗《史例》三卷。

《沂公史例》一卷。田宏正客。

《金馬統例》一卷。

吕夏卿《唐書新例》一卷。

司馬公《通鑑前例》一卷。

善言史例，無若杜征南。然古之爲例簡，而後之爲例詳，不止是也。事有出於常事之表，則創例亦新，用志亦艱矣。神而明之者，史乎？

史目

唐楊松珍撰《史目》，唐宗諫撰《十三代史目》，唐孫玉汝撰唐《列聖實録目》，其後作史目者準此。《隋志》所謂『古史官既司典籍，蓋有目以爲綱紀』，是亦史之綱紀也。

通史

梁武帝《通史》六百二卷。

按：《通史》上自三皇，迄梁，全用編年法。

李延壽《南史》八十卷。

李延壽《北史》一百卷。

唐李延壽父太師，多識前世舊事，常以宋、齊、周、隋天下參隔，南方謂北爲索虜，北方指南爲島夷，其史於本國詳，他國略，往往訾美失傳，思所以改正。擬《春秋》編年，刊究南北事，未成而殁。延壽既數與論撰，所見益廣，乃追終先志，本魏登國元年，盡隋義寧二年，作本紀十二，列傳八十八，謂之《北史》。本宋永初年，盡陳禎明三年，作本紀十，列傳七十，謂之《南史》。凡八代，合二書，百八十篇。其書頗有條理，删落釀辭，過本書遠甚。唐鄭暐作《史雋》十卷，亦記南北朝事，何及李氏史之精覈。張伯玉又續《史雋》十卷。伯玉，唐人。

高峻《小史》一百卷。

峻，元和中人。著《小史》，初爲六十卷，餘卷乃其子迥釐益之。一以《太史公書》爲準，作漢諸臣、諸王世家，嚴整有律，是深於史者。

姚康復《統史》三百卷。

《統史》自開闢至隋末，用編年法，纂帝王政事，凡詔令所下皆書，至於鹽鐵、榷糴、兵糧、邊事，無不該載，以及釋道燒煉妄求無驗者亦書之。康，大中中爲太子詹事。

蕭肅《合史》二十卷。

蘇轍《古史》二十卷。皇朝。

太史公易編年之法，爲本紀、世家、列傳，記五帝三王以來，後世莫能易之。漢景、武之間，《尚書》古文、《詩》毛氏、《春秋》左氏皆不列於學官，世能讀之者少，故其記堯、舜三代之事，皆不得聖人之意。戰國之際，諸子辯士，各自著書，或損增古事以自信一時之説。遷一切信之，甚者或采世俗相傳之語以易古文舊説。及秦焚書，戰國之史不傳，於民間幸而野史一二存者，遷亦未暇詳也。故其記戰國，有數年不書一事者。因遷之舊，上觀《詩》《書》，下考《春秋》及秦漢雜録，記伏犧、神農，訖秦始皇帝，爲七本紀、十六世家、三十七列傳，謂之《古史》，追録聖賢之遺意，以明示來世。至於得失成敗之際，亦備論其故。嗚呼！由數千歲之後，言數千歲之前，其詳不可得矣。幸其猶有存也，而或又失之，此《古史》之所爲作。

《資治通鑑》

皇朝端明殿學士司馬光，治平中受詔編集歷代君臣事迹，許自選辟官屬，於崇文院置局。熙寧初，神宗皇帝御製序，賜名《資治通鑑》，命經筵進讀。及光補外，聽以書局自隨，元豐七年，書成。上起戰國，下終五代，凡一千三百六十二年，分二百九十四卷。又略舉事目，爲《目録》三十卷;,參考群書,訂其同異,爲《考異》三十卷。

《資治通鑑舉要曆》八十卷。

司馬公既著《通鑑》,患其書浩大,難於易見,而《目録》第撮取精要之語,無復首尾,晚乃著是書。

《資治通鑑外紀》十卷。

皇朝劉恕撰。初,司馬公受詔修歷代君臣事跡,辟恕於史局。公退居洛陽,恕歸江東,仍隸局中。嘗謂司馬遷《史記》始於黄帝,其包犧、神農,闕而不録;,公爲歷代書,而不及周威烈王之前。以包犧至未命三晋爲諸侯,可爲《前紀》;本朝一祖、四宗,一百八年,可爲《後紀》。將俟書成,有請於公。及恕病廢,又在遠方,不可得國書,絶意於《後紀》,乃更《前紀》曰《外紀》,如《國語》稱《春秋外傳》之義也。又有《目録》三卷,起包犧氏,訖周威烈王二十二年。恕字道原,京兆人。

《通鑑》參據書

《史記》　《前漢書》

《後漢書》　《三國志》

《晋書》　《南史》

《北史》　《齊書》

《周書》
《梁書》
《隋書》
《宋略》
《魏氏春秋》
《天寶故事》
袁宏《漢紀》
《太清紀》
《禄山事迹》
高峻《小史》
《漢武故事》
《天寶西幸記》
《華陽國志》
《魏文貞公故事》
《續漢書》
《平陳記》
沈約《宋書》
《陳書》
新舊《唐書》
新舊《五代史》
《唐録政要》
《後史補》
荀悦《漢紀》
《十道志》
李昊《蜀書》
《世語》
《文貞公傳録》
毛文錫《紀事》
《國典》
《段秀實别傳》
《三十國春秋》
《玄宗幸蜀記》

《續漢志》
《大業略記》
《薊門紀亂》
《十六國春秋》
《朝野僉載》
《收復邛州壁記》
《職官志》
潘遠《紀聞》
《五代通録》
《後魏書》
《宜都内人傳》
《閩中實録》
《玉泉子聞見録》
《陳氏別傳》
《王氏啓運圖》
《通典》
《晉春秋》
《梁功臣列傳》
《東觀記》
《通曆》
《河洛春秋》
張璠《漢記》
《大業雜記》
《汾陽王家傳》
《漢晉春秋》
《隋季革命記》
《顔氏行狀》
《九州春秋》
《河洛行年記》
《李太尉南行録》
《紀年通譜》
《創業起居注》

張彰《耆舊傳》
《嘉號録》
《貞觀政要》
句延慶《耆舊傳》
《山陽公載記》
《壺關録》
徐鉉《吴録》
胡冲《吴曆》
《唐曆》
《十國紀年》
《英雄記》
《太宗勳史》
《咸通解圍録》
《江表傳》
《革命記》
《唐年補録》

《會稽録》
《燕書》
《狄梁公傳》
《勤王録》
《修文殿御覽》
《松窗雜録》
《九國志》
《獻帝起居注》
《景龍文館記》
《馬氏行年記》
《前凉録鈔》
《開天傳信記》
王舉《大定録》
《後魏序紀》
《升平源》
《湖湘馬氏故事》

《獻帝春秋》
《唐朝年代記》
《續寶運録》
《唐統紀》
《北夢瑣言》
《御史臺記》
《唐餘録》
《集賢注記》
《劉氏興亡録》
劉餗《小説》
《編遺録》
《伽藍記》
《五代會要》
《寰宇記》
《三國典略》
《鮮于仲通碑》

《十六國春秋録》
《次柳氏舊聞》
華嶠《譜敘》
《明皇雜録》
《金鑾密記》
《閩録》
《歷代年號》
《見聞録》
韋曜《吴書》
虞喜《志林》
孫盛《雜語》
《唐會要〔一二〕》
《妖亂志》
《吴録》
《唐聖運圖》
《吴越備史》

《虜庭雜記》
《陷蕃記》
谷況《燕南記》
《五代史闕文》
《王貴妃傳》
錢易《家語》
《正閏位曆》
《西南備邊録》
《晉陽見聞録》
《興元聖功録》
《忠懿王勳業志》
《戊申英政録》
《雲南别録》
《續貞陵遺事》
《金華子雜編》
《錢氏慶系圖譜》
徐鉉《江南録》
《貞陵遺事》
《續牛羊日曆》
《洛中紀異》
《劇談》
《啓國實録》
《五代史補》
《備史遺事》
《玉堂閑話》
《開成紀事》
《兩朝獻替記》
《三楚新録》
《何氏姓苑》
《唐年小録》
《甘露記》
《韋[一三]奉天録》

《常侍言旨》
皮光業《見聞録》
《奉天記》
李絳《論事》
《貢奉録》
《蒲山公傳》
《唐末泛聞録》
《建中實録》
《北蕃君長録》
《唐諫諍集》
《唐末見聞録》
《江表志》
《雲溪友議》
《叙訓》
《皇華四達記》
《河南記》
林恩《補國史》
《家王故事》
劉展《紀亂》
《唐闕文》
《上清傳》
《後唐懿祖紀年録》
《因話録》
《會昌一品集》
《南唐近事》
《鄴侯家傳》
《東觀奏記》
《牛羊日曆》
《唐列聖實録》自高祖至昭哀凡二十世。
《邠志》
《彭門紀亂》
《平剡録》

《長曆》　《鶯聽録》
《南詔録》　《韓愈集》
《李白集》　《白居易集》
《杜牧集》　《張九齡集》
《陳子昂集》　《獨孤及集》
《劉琨集》　《高郢集》
《鄭畋集》　《顧况集》
《賈至集》　《柳宗元集》
《大中制集》　《先賢行狀》
馮涓《大廳壁記》　《蜀德政碑》
吴融《生祠堂碑》　《陳子昂德政碑》
《何進滔德政碑》　《鄭畋行狀》
《征夭賦》　《武威王廟碑》

真宗初命編修君臣事迹，謂輔臣曰：『宴享一門所録唐中宗宴飲韋庶人等，預會和詩，與臣寮馬上口摘含桃事，皆非禮也，已令削之。』又曰：『所編事迹，蓋欲垂爲典法，異端小説，咸所不取。』編修官上言：『近代群臣自述揚歷，如李德裕《文武兩朝獻替記》、李石開《成承詔録》、韓偓《金鑾密記》之類。又有子孫述先德、敘家世[一四]，如李繁《鄴侯傳》《柳氏序訓》《魏公家傳》之類。隱己之惡，攘人之善，並多溢美，故匪信書。又僭僞諸國，各有著撰，如僞《吴録》《孟知祥實録》之類。自矜本國，事或近誣。其上並所不取。其餘《三十國春秋》《河洛記》《壺關録》之類，多是正史已有；《秦記》《燕書》之類，出自僞邦；商芸《小説》《談藪》之類，俱是談諧小事；《河南志》《邠志》《平剡録》之類，多是故吏賓從述本府戎帥征伐之功，傷於煩碎；《西京雜記》《明皇雜録》事多語怪；《奉天録》尤是虚詞，盡議采收，恐成蕪穢。』從之。書成，賜名《册府元龜》。所遺既多，亦失明白。如司馬公《通鑑》則不然。今人但以爲取諸正史，予嘗窮極《通鑑》用工處，固有用史、用志傳，或用他書萃成一段者，則其爲功切矣，其所采取亦博矣。乃以其所用之書，隨事歸之於下，凡七年而後成，《通鑑》中所引援二百二十餘家。試以唐一代言之，敘王世充、李密事，用《河洛記》；魏鄭公諫争，用《諫録》；李絳議奏，用《李司空論事》；睢陽事用《張中丞傳》；淮西事用《凉公平蔡録》；李泌事用《鄴侯家傳》；李德裕太原、澤潞、回鶻事用《兩朝獻替記》；大中吐蕃尚婢婢等事，用林恩《後史補》；韓偓鳳翔謀畫用《金鑾密記》；平龐勛用《彭門紀亂》；討裘甫用《平剡録》；紀畢師鐸、吕用之事用《廣陵妖亂志》。皆本末粲然，則雜史、瑣説、家傳，豈可盡廢？今録於前，使觀者知其功力如此，不敢率於展卷也。

校勘記

〔一〕「何之元」，原作「何元之」，校箋謂當據《隋志》《新唐志》《陳書》本傳改，從之。

〔二〕「臨汾」，原作「臨潁」，校箋本據《新唐志》改，從之。校箋本又謂「唐潁」當作「唐穎」。

〔三〕「授」，原作「校」，校箋本據《新唐志》改，從之。又謂「十一卷」衍「一」字。

〔四〕校箋本謂兩《唐志》及《通志略》均作「趙毅《隋大業略記》」。

〔五〕校箋本改作「宋略」。

〔六〕新世紀本改「右」作「又」，從之。校箋本改作「上」，似誤。又，校箋本以爲「唐仲彦」乃「庾仲容」之誤。

〔七〕校箋本以爲當據兩《唐志》改「爰」爲「袁」。

〔八〕原脱「晋」字，徑改。

〔九〕校箋本以爲當從楊守敬説於「高士」下補「傳」字，「周續之」下補「注」字。又「二卷」當作「三卷」。

〔一〇〕「劉彧」，原作「劉或」，校箋本據《隋志》改，從之。

〔一一〕「壞」，校箋本以爲「壞」乃「瓌」之誤。

〔一二〕原作「唐要會」，徑改。

〔一三〕「幸」似當作「幸」。《隋志》有「崔光庭《德宗幸奉天录》一卷」。

〔一四〕「世」，校箋本誤作「也」。

史略卷五

霸史一

《十六國春秋略》《三十國春秋》及《春秋鈔》《戰國春秋》附《春秋彙》。其外鎖陋者二十餘家不録。

《華陽國志》十二卷，晋常璩。志巴、漢風俗，公孫以後据蜀事。

《漢之書》十卷，常璩撰。

《蜀李書》十卷。

《漢趙書〔一〕》十卷，和苞撰。

《趙書》二十卷，僞燕長史田融，載石勒事。

《燕書》二十卷，僞燕尚書范亨，記慕容儁事。

《南燕録》五卷，范亨撰，記慕容德事。

《南燕録》六卷，僞燕中書郎王景暉撰。

《秦書》裴景仁，載苻朗過江事。《隋志》《唐志》皆無之，見劉孝標注《世説》。

《秦書》三卷，何仲熙撰，記苻健事。

《苻朝記》一卷，田融撰。

《秦記》十一卷，宋殿中將軍裴景仁撰。

《秦記》十卷，魏尚書姚和都。記姚萇事。

《凉記》八卷，僞燕僕射張諮。記張軌事。

《凉書》十卷，僞凉中郎劉昞。記張軌事。

《凉記》十卷，僞凉著作佐郎段龜龍。記吕光事。

《凉書》十卷，高道遜撰。

《凉書》十卷，沮渠國史。

《托跋凉録》十卷。

《燉煌實録》十卷，劉昞撰。

《吐谷渾記》二卷，宋新亭侯段國撰。

《鄴洛記》十卷。

霸史二

《吴越史》十卷，皇朝范坰、林禹撰。

《吴録》二十卷，徐鉉。記楊行密據淮南，迄楊溥。

《淝上英雄小録》僞吴信都鎬。記楊行密起廬州、入廣陵將吏五十人。

《江南録》十卷，徐鉉。記江南李氏三主事。

《江南別録》四卷，陳彭年撰。

《江表志》三卷，鄭文寶撰。

《江南野史》二十卷，龍衮撰。

《吴唐拾遺録》十卷，許氏撰。

《南唐近事》二卷，鄭文寶撰。

《前蜀紀事》二卷，僞蜀毛文錫。記王建釆僭號前事。

《前蜀書》四十卷，僞蜀李昊撰。記王氏本末。

《後蜀實録》八十卷，李是〔二〕。記孟昶事。

《蜀檮杌》十卷，張唐英撰。

《三楚新録》三卷，皇朝周羽沖。記湖南馬商、周行逢，荆南高季興事。

《荆湘近事》十卷，陶岳撰。

《閩中實録》十卷，蔣文懌。記王氏據閩盡留從效李仁達事，惟不及陳洪進。

《十國紀年》四十三卷，劉恕。紀五代十國事。

《九國志》四十九卷，曾顔。記五代事。

晋自永嘉之亂，皇綱失統，九州君長，據有中原，腥羶之風，薰浸河洛。其間或奉正朔，或竊名位，人自爲國，螽聚棋分。國有其臣，各思記載，録其鳌疆樹長之自，詳其立事用人之經，亦足以待考稽、知本末。後魏剗夷諸國，據有嵩華，乃命崔浩博采舊聞，綴述國史，諸國所纂，盡集祕府。尒朱之亂，往往散亡。今録其可考之者。

雜 史

《越絶書》十五卷，子貢撰，或曰子胥。舊有《内紀》八，《外傳》十七，今存二十篇。又載春申君，疑後人竄定。言二十篇者非是。

《春秋前傳》十卷，何承天撰。

《春秋前傳雜語》十卷，何承天撰。

《春秋後傳》三十一卷，晋著作郎樂資撰。

《魯後春秋》二十卷，劉允濟撰。

《吴越記》六卷。

《戰國策》三十二卷，劉向録。

《戰國策》二十一卷，高誘注。

《戰國策論》一卷，漢京兆尹延篤撰。

《南越志》八卷，沈氏撰。

《十二國史》四卷。

《春秋時國語》十卷，孔衍撰。

《春秋後國語》十卷，孔衍撰。

右古雜史

《楚漢春秋》

《九州春秋》並見《春秋彙》。

《史漢要集》

《漢末英雄記》十卷，王粲撰。

《後漢雜事》十卷。

《後漢釋論》二十卷，王越客撰。

右兩漢

《魏晉世論》十卷，晉襄陽令郭頒撰。

《魏末傳》二卷。

《吕布本事》一卷，毛范撰。

《晉武平吴記》六卷，周世宗將張昭撰。

右魏晋

《宋中興事》二卷。

《宋拾遺》十卷，梁少卿謝綽撰。

《王霸記》三卷，潘傑撰。

《宋齊語録》十卷，孔思尚撰。

《五代新記》二卷，唐張詢古。記梁、陳、北齊、周、隋事。

《金陵樞要》一卷，汪豹。記六朝事。

《齊梁事迹》一卷。

《淮海志》四卷，蕭世怡。敘梁侯景之亂。

右南北朝

《隋開業平陳記》十二卷，裴矩撰。

《隋平陳記》一卷，稱臣悦撰，亡其姓。

《大業拾遺》一卷，唐杜寶撰。

《大業略記》三卷，唐趙毅撰。

《大業〔三〕拾遺録》一卷。記煬帝幸江都。

《大業雜記》十卷，杜寶撰。

《隋季革命記》五卷，唐杜儒童。記大業之亂。

《劉氏行年記》十卷，唐劉仁軌。記大業至武德河洛寇攘事。

《朝野僉載》二十卷，唐張鷟。記周隋以來事迹。

右隋

《唐創業起居注》三卷，温大雅。記高祖起義至禪位。

《唐聖述》一卷，裴烜之撰。

《今上王業記》六卷，温大雅撰。

《太宗勳史》一卷，吴兢撰。

《高宗實迹》一卷，裴烜之撰。

《唐書備闕記》十卷，吴兢撰。起太宗，至明皇。

《明皇政録》十卷，李康撰。

《明皇雜録》二卷，趙元一撰。

《天寶西幸記》一卷，温畬撰。

《幸蜀記》一卷，宋巨撰。

《開天傳信記》一卷，鄭棨撰。記開元、天寶事於傳聞。

《開元天寶遺事》六卷，王仁裕撰。

《河洛春秋》二卷，唐包諝撰。起禄山叛，訖史朝義叛[四]。

《天寶記》十卷。

《禄山事迹》三卷，唐華陰尉姚汝能撰。

《邠志》一卷，凌準。記天寶之亂。邠府從事。

《大唐新語》十三卷，唐劉肅撰。起武德，訖大曆。

《奉天記》一卷，唐徐岱撰。

《幸奉天録》一卷，唐崔光庭撰。

《奉天録》四卷，唐趙元一撰。

《建中西狩録》十卷，張讀撰。

《文宗朝備問》一卷。

《國史補》三卷，唐李肇。記開元至長慶事。

《補國史》六卷，唐林思撰。

《逸史》三卷，大中時人所作。

《闕史》三卷，唐高[五]彦休。記大曆以後至乾符事。

《封氏見聞記》五卷唐封演撰。

《唐末見聞録》八卷，紀僖昭兩朝事。

《燕南記》三卷，唐谷况撰。

《平蔡録》一卷，唐鄭澥。記李愬平吴元濟。

《平淮西記》一卷，唐路隋。記吴元濟始末。

《河南記》一卷，薛圖存。記元和中平李師道事。

《元和辨謗録》三卷，李德裕撰。

《太和記》一卷。甘露事，誅鄭注等，作十八傳。

《乙卯記》李潛用。記太和乙卯李訓等甘露事。

《甘露記》二卷。

《開成紀事》三卷。記太和甘露事。

《開成承詔録》二卷，李石。記文宗朝鄭覃等奏對。

《文武兩朝獻替記》三卷，李德裕撰。

《柳氏舊聞》一卷，李德裕撰。

《唐録備闕》十五卷，僞蜀歐陽炳。記武宗僖宗中和初事。

《上黨紀叛》一卷。

《會昌伐叛記》一卷，記李德裕相武宗，破回鶻，平劉稹〔六〕。

《壺關録》三卷，韓昱。述安史之亂，李密、王世充事。

《正陵遺事》二卷，唐令狐澄撰。

《續正陵遺事》二卷，唐柳玭撰。

《平剡録》一卷，唐鄭言。記太和末擒越盜裘甫，平剡[七]。

《太和野史》十卷，公[八]沙仲穆撰。

《東觀奏記》三卷，唐裴廷裕[九]。記宣懿僖宗。

《彭門紀亂》三卷，唐鄭樵撰。記懿宗朝徐州龐勛叛。

《咸通解圍録》一卷，張雲。記咸通中雲南蠻寇成都。

《南楚新聞》三卷，唐尉遲樞。記寶曆至天祐時事。

《中朝故事》三卷，僞唐尉遲氏。記宣懿昭宗事。

《廣陵志》三卷，唐郭廷誨。記高駢鎮廣陵之亂。

《唐補記》三卷，唐程柔。記宣懿僖宗事。

《雲南事狀》一卷，記唐末群臣奏議招輯雲南蠻事。

《金鑾密記》一卷，唐韓偓。記昭宗幸華州，太祖以兵圍華事。

《會稽録》一卷，記唐末越州董昌叛事。

右唐

《汴水滔天録》一卷，五代王振。記梁太祖事。

《汴州記》一卷，記梁太祖鎮汴州事。

《梁太祖遺録》三十卷，梁恭翔撰。

《莊宗召禍記》一卷，後漢黄彬撰。

《晋朝陷蕃記》四卷，皇朝范質等撰。

《陷蕃記》四卷，范質撰。

《陷虜記》三卷，周胡嶠撰。嶠陷虜，歸記其事。

《征淮録》一卷，劉仁瞻事。

《入洛私書》十卷，周江文秉。記同光至顯德事。

《後史補》三卷，周高若拙。記唐及五代事。

《備史》六卷，賈緯。記晋末之亂。

《王氏聞見集》三卷，晋王仁裕。記前蜀事。

《皮氏聞見録》十卷，皮光業。記唐乾符至五代事。

右五代

《太史公書》所以爲助者，《左氏》《國語》《世本》《戰國策》、陸賈《新語》《楚漢春秋》而已。至班固，因太史公；范曄依謝承、司馬彪諸史，豈不易哉其爲功也！靈、獻以來，天下大亂，史官失守，天下之士，老於筆削、雋於辭翰者，往往各因聞見，見諸纂修，代不乏才，争自騁鶩，作者之衆，蓋如此歟！司馬公《資治通鑑》。凡雜史入於整彙裁正者，凡二百二十餘家。其亦有補於史氏明矣。故並存之，甚瑣陋者不録。

七略中古書

劉向著《七略别録》二十卷，蓋向爲光禄大夫，成帝詔校經傳、諸子、詩賦所作。時步兵校尉任宏校兵書，太史令尹咸校數術，侍醫李柱國校方技，每一書已，向輒條其篇目，撮其指意，録而奏之。向卒，哀帝命向子侍中、奉車都尉歆卒父業。歆於是總群書而奏其《七略》，有《六藝略》，有《諸子略》，有《詩賦略》，有《兵書略》，有《術數略》，有《方技略》，今删其要，以備篇籍。而向所撮指要，歆復遺之。王儉作《七志》，阮孝緒作《七録》，蓋本諸此。大凡《七略》書五百九十三家，而古之奇書爲絶少。今録三代以前書，不及一二十種。《春秋》以來，至秦諸子雜書百餘家，不必録。有以古書爲名，而師古諸人以爲後人所作，或曰『以後世語』，或曰『其言俗薄』者，亦不録。是知秦火之厄酷矣！所謂不必録者，入《隋經籍》《唐藝文》，則又無此書矣，惜哉！

《太古以來年紀》　《黄帝歷》

《黄帝四經》　《黄帝銘》

《孔甲盤盂》　《風后》

《蚩尤》
《顓頊曆》
《伊尹》
《辛甲》
《尹佚》成康時。
《力牧》
《夏殷周魯曆》
《太公》
《史籀》宣帝時。

東漢以來書考

班固作《漢書》，依向、歆《七略》爲《藝文志》。而范曄史後漢，則無此志，非闕歟？自爾諸史，惟隋史志經籍、唐史志藝文，然經籍之盛，盛於隋極矣！作東漢以後藝文考。

東　漢

東漢藏書在石室、蘭臺，在東觀，在仁壽閣，班固、傅毅之流掌焉。董卓之亂，獻帝西遷，所收圖書猶七十餘載。兩京亂，掃地而盡。

魏

魏采掇漢散亡之書，藏在祕書，中外三閣。鄭默初作《中經》。

晋

晋既蒐聚典籍，荀勗因魏《中經》制《新簿》，揔章群書，釐爲四部。甲部録六藝、小學，乙部録子、兵、術數，景部録史記、舊事，丁部録詩賦、圖讚，凡三萬。惠懷之亂，京華蕩覆，書閣之皮，爲之一空。東晋初，漸加收拾。李充校以勗舊簿，僅存三千卷，亦以甲乙類次。

宋

中朝遺書，既歸江左。元嘉中，謝靈運造《四部目録》，六萬四千餘卷。元徽中，王儉作《四部書目》；又作《七志》，一經典，二諸子〔一〇〕，三文翰，四軍書，五陰陽，六術藝，七圖譜，而道、佛附之。書名之下，每立一傳，又有條例，載於篇首。

齊

永明中，祕書監謝朏、丞王亮造《四部書目》，書萬有八千卷。齊末，祕閣火，書亡。

梁

梁初，任昉親加彙正，聚書文德殿，卷二萬三千，釋書不録。又祕書監任昉、殷鈞制《四部目録》，數術別爲一部，是爲五部。劉遵又作《東宫四部目録》，劉孝標作《文德殿四部目録》。普通中，處士阮孝緒采宋、齊以來王公家所藏，校官目爲《七録》，一曰經典，二曰記傳，三曰子兵，四曰文集，五曰技術，六曰佛，七曰道。其於剖析，殊爲不經。元帝克平侯景，收文德殿書歸江陵，凡七萬餘卷。周師入郢，咸自焚之。

陳

陳天嘉中，鳩集考其篇録，尚多遺闕。中原戰争，日親干戈，文教之盛，苻、姚而已。然猶有《壽安殿四部目》《德教殿四部目》，又有《承香殿五經史記目》，亦留神於此者矣。宋武入關，收其圖籍，僅四千卷。

後魏

後魏始都燕、代，南略中原，粗收書史，未能該備。孝文都洛，借書於齊，稍稍加録。爾朱之亂，又復散落。史中有《魏闕書目》一卷。

後齊

後齊都鄴，頗更搜聚，迄天統、武平間，校寫不輟。

後周

後周始基關右，書止八千卷，後增至萬卷。周武平齊，先封書府，所加舊本，纔五千卷。

隋

隋開皇三年，牛弘表請使求書，一卷賞絹一疋，校寫既畢，即還本書。陳平，經籍漸備於祕書，續補殘闕，爲正副二本，内外閣凡三萬餘卷。煬帝再録，分三品，上者軸頭紅琉璃，中者紺琉璃，下者漆軸，聚於東都觀文殿東西廂。東藏甲、乙，西藏丙、丁，又藏魏以來古迹名畫。於殿後起二臺，東曰妙楷臺，以藏法書；西曰寶繪臺，以藏名畫。有《四部目》二，其一開皇四年，其一八年所録。又有《大業正御書目》。

唐

隋嘉則殿書三十七萬卷。武德初有書八萬卷，重複相揉。王世充平，得隋舊書八萬卷，太府卿宋遵貴監運東都，浮舟泝河，西致京師。經砥柱，覆舟，書盡沉亡。正觀中，魏徵、虞世南、顔師古繼於祕書監，購天下書，選五品以上子孫工書者爲書手，繕寫藏於内庫，以宫人掌之。玄宗命昭文館學士馬懷素爲修圖書使，與崇文館學士褚無量整比。會幸東都，乃就乾元殿東序檢校。無量建議御書以宰相宋璟、蘇頲同署，如貞觀故事。又借民間異本傳録。及還京師，遷書東宫麗正殿，修書院。其後光順門外、東都明福門外皆創集賢書院，通籍出入。既而太府月給蜀郡麻紙五千番，季給上谷墨三百三十六丸，歲給河間、景城、清河、博平兔千五百皮爲筆材。兩都各聚書四部，以甲、乙、丙、丁爲次，列經、史、子、集爲四庫。其本有正有副，帶帙籤，皆異色以别之。禄山之亂，尺簡不藏。元載奏以千錢購書一卷，又命苗發等使江淮括訪。文宗時，鄭覃建言，又詔搜採，於是復全。黄巢之亂，存者又少。昭宗播遷，京城孫惟晟斂書本軍，寓教坊於祕閣。有詔還其書，命韋昌範等諸道求購。及徙洛陽，蕩然無遺矣。

本　朝

本朝承五季後，書皆蕩焚。太宗垂意收聚，祕閣崇文所儲，不及唐之盛，蓋古書益少矣。太平興國中，詔編《太平御覽》，引用僅一千六百九十種，而雜書、古詩賦不與焉。大中祥符中，姚鉉集《唐文粹》，序云：『今代墳籍，略無亡逸。』考鉉所集，亦自無幾。王文康公初相周世宗，家多唐舊書。李文正公所藏亦富。至闢學館，給廩餼，以延學〔一二〕者。宋宣獻兼得畢文簡、楊文莊二家書，有祕府不及者。元符中，一夕燼於火。晁以道家所藏凡五世，雖不及宋氏，而校讎最爲精確。邯鄲李氏所藏亦然，政和甲午，亦火。劉壯輿家廬山之陽，自其祖凝之以來，圖書亦多，有《藏書記》，今亦不存。濮安懿王之子榮王宗綽，聚書七萬卷，宣和中，其子曾進書目。自龍圖閣、太清樓、玉宸殿、宣和殿以及崇文三館所儲，盡歸於燕，幸僅存耳。

劉軻論太史公以來史筆姓氏〔一三〕

《史記》、班《漢》已來，秉史筆者，盡知其人矣。

東漢有若陳宗、尹敏、伏無忌、邊韶、崔寔、馬日磾、蔡邕、盧植、司馬彪、華嶠、范曄、袁宏。

國志有若衛覬、繆襲、應璩、王沈、傅玄、韋曜、薛瑩、華覈、陳壽。

晋洛京史有若陸機、束晳、王詮、詮子隱。

晋史有若鄧粲、孫盛、王韶之、檀道鸞、何法盛、臧榮緒。

宋史有若何承天、裴松之、蘇寶生、沈約、裴子野。

齊史有若周興嗣、鮑行郎、何之元、劉璠。

陳史有若顧野王、傅縡、陸瓊、姚察、察子思廉。

十六國史有若崔鴻。

魏史有若鄧淵、崔浩、浩弟覽、高允、張偉、劉璜、李彪、邢巒、温子昇、魏收。

北齊史有若祖孝徵、陸元規、陽休之、杜臺卿、崔子發、李德林、林子百藥。

後周史有若柳虬、牛弘、令狐德棻、岑文本。

隋書有若王師邵、王胄、顔師古、孔穎達、于志寧、李延壽。

唐書有若温大雅、魏鄭公、房梁公、長孫趙公、許敬宗、劉胤之、楊仁卿、顧胤、牛鳳及劉子玄、朱敬則、徐堅、吴兢。

劉勰論史

昔者夫子憨王道之闕，傷斯文之墜，静居以歎鳳，臨衢而泣麟，於是就大師以正《雅》《頌》，因魯史以修《春秋》，舉得失以表黜陟，徵存亡以標勸戒。然叡旨幽祕，經文婉約，丘明同恥，實得微言，乃原始要終，創爲傳體。傳者，轉也，轉授經旨以授於後。實聖文之羽翮，記籍之冠冕也。及至縱横之世，史職猶存。秦并七王，而戰國有策，蓋録而不序，故即簡爲名也。漢滅嬴、項，武功積年，陸賈稽古，作《楚漢春秋》，爰及史談，世惟執簡。子長繼志，甄序帝績。比堯稱典，則位雜中賢；法孔題經，則文非元聖。故取式《吕覽》，通號曰紀。紀綱之號，亦宏稱也。故本紀以述皇王，列傳以揔侯伯，八書以鋪政體，十表以譜年爵，雖殊古式，而得事序焉。爾其實録無隱之旨，博雅弘辯之才，愛奇反經之尤，條例踳落之失，叔皮論之詳矣。及班固述漢，因循前業，觀史遷之辭，思實過半。其十志該富，讚序弘麗，儒雅彬彬，信有遺味。至於宗經規聖之典，端緒豐贍之功，遺親攘善之罪，徵賄鬻筆之僭，公理辯之究矣。至於後漢紀傳，發源東觀。袁、張所制，偏駁不倫；薛謝之作，疏謬少信。若司馬彪之詳實，華嶠之準當，則其冠也。及魏代三雄，記傳並出。《陽秋》《魏略》之屬，《江表》《吴録》之類，或激抗難徵，或疏闊寡要。惟陳壽三志，文質辯洽，荀張比之於遷固，非妄譽也。至於晋代之書，繁乎著作。陸機肇始而未備，王韶續末而不終；干寶述紀，以審正明序；孫盛《陽秋》，以約舉爲能。案《春秋》經傳，舉例發凡，自《史》《漢》以下，莫不準約。至鄧粲《晋紀》，始立條例，又擺落漢、魏，憲章殷、周，雖湘川曲學，亦有心放典謨。及安國立例，乃鄧氏之規焉。

又曰：傳紀爲式，編年綴事，文非泛論，按實而書，歲遠則周曲難密，事積則起訖易疏，斯固總合之爲難也。或有同歸一事，而數人分功，兩紀則失於複重，偏舉則漏於不周，此又銓配之未易也。故張衡摘史、班之舛濫，傅玄譏《後漢》之尤煩，皆此類也。若夫追述遠代，代遠多僞。公羊高云『傳聞異詞』，荀悦稱『録遠略近』，蓋文疑則闕，貴信史也。然俗皆愛奇，莫顧理實。傳聞而欲偉其事，録遠而欲詳其迹，於是棄同即異，穿鑿傍説，舊史所無，我書則傳，此訛濫之本源，而述遠之巨蠹也。至於記編同時，時同多詭，雖定、哀微詞，而世情利害。勳榮之家，雖庸夫而盡飾；迍敗之士，雖令德而蚩埋。吹霜照露，寒暑筆端，此又同時之枉論，可爲歎息者也。故述遠則誣矯如彼，略近則回邪如此，析理居正，唯懿士心乎！

校勘記

〔一〕『書』，校箋本以爲當從《隋志》作『記』。

〔二〕『李是』，校箋本謂當據《崇文總目》《通志略》改作『李昊』。

〔三〕『業』，原作『略』，徑改。

〔四〕『判』，校箋本據《通志略》改作『敗』。

〔五〕『高』，原作『祚』，校箋本謂當據《通志略》《崇文總目》改，從之。

〔六〕『劉積』，原作『劉植』，校箋本謂當據《通志略》《崇文總目》改，從之。

〔七〕『平剡』，原作『平劉』，校箋本且以爲下脱『縣』字。

〔八〕『公』字原無，校箋本謂當據《新唐志》《通志略》補，從之。

〔九〕『裕』字原無，校箋本謂當據《新唐志》《通志略》《崇文總目》補，從之。

〔一〇〕校箋本疑脱『諸』字，徑補。

〔一一〕『貴』字原無，校箋本謂《隋志》《新唐志》均有，據補。

〔一二〕『學』字原無，校箋本據《容齋續筆・書籍之厄》補，從之。

〔一三〕目録作『歷代史官目』。

史略卷六

山海經

《山海經》二十三卷，郭璞所注。又有《山海圖贊》二卷，《山海圖〔一〕音》二卷。又有《山海經圖》十卷，舒雅等所修也。本朝人。按《越絶書》：禹治水，巡行天下，所歷山川，命伯益記之，遂爲《山海經》。世或以其書爲荒異，然考酈道元注《水經》，凡山川譎異之事，必以《山海經》爲據。郭璞之言曰：『古者皇聖原化以極變，象物以應怪，鑒無稽賾，曲盡幽情，神焉廋哉，神焉廋哉！』此書歷載三千，暫顯於漢。蓋武帝時，有獻異方鳥，不知何以飼之。東方朔既言其名，又言其食，帝問何以知之，曰：『《山海經》所出也。』又宣帝時，擊磻石於上郡，陷得石室，其中有反縛盜械之人，劉向曰：『此貳負之臣也。』帝問何以知之，以《山海經》對，其辭曰：『貳負殺窫窳，帝乃梏之疏蜀之山，桎其右足，反縛其兩手。』上大駭，於是人多奇《山海經》。其後東方朔作《神異經》，張華箋之，華曰：『方朔周旋一作巡天下，所見神異，《山海》所不載者列之，有而不具其説者列之。』謂《山海經》也。陶淵明有《讀山海經詩》：『泛覽周王傳，流觀山海圖。俛仰終宇宙，此樂復何如。』

世本

《世本》十五篇，古史官記黄帝以來，訖春秋帝王公卿諸侯大夫譜系，太史公因之以作《史記》者。是後《世本》凡三，其一曰《世本》，劉向所作者，二卷；其一亦曰《世本》，宋衷所作者，四卷；其一曰《帝譜世本》，宋均所作者，七卷。又有《世本王侯大夫譜》二卷，《世本譜》二卷，王氏注。按：《世本》敘歷代君臣世系，是書不復見，猶有傳者，劉向、宋衷、宋均三家而已。予閲諸經疏，惟《春秋左氏傳》疏所引《世本》者不一，因采掇彙次爲一書，題曰《古世本》。周益公在西府，聞予有此，面借再三，因録本與之。益公一見，曰：『天下奇書，學者雋功也。』予因曰：『劉孝標注《世説》，引摯氏《世本》，蓋敘摯氏世家。今人欲系譜諜，依摯氏法，名之曰「某氏《世本》」，殊爲古雅。』益公曰：『此説尤新奇。』

三　蒼

三蒼者，《蒼頡》一篇，上七章，秦丞相李斯作；《爰歷》六章，車府令趙高作；《博學》七章，太史令胡毋敬作。文字多取《史籀篇》，而篆體復頗異，所謂秦篆者也。按：《史籀》十五篇，周宣王太史作大篆十五篇，與孔氏壁中古文亦異體，建武時亡矣。然是時已建隸書，宋景文公云：建字當作造字。然建字政自奇。起於官獄多事，苟趨省易，施之於徒隸也。漢興，書師合《蒼頡》

《爰歷》《博學》三篇，斷六十字以爲一章，凡五十五章，并爲《蒼頡篇》。武帝時，司馬相如作《凡將篇》，無復字。師古曰：『復，重也。』元帝時黄門令史游作《急就篇》，成帝時將作大匠李長作《元尚篇》，皆蒼頡中正字也，《凡將》則頗有出矣。元始中，徵天下通小學者以百數，各令記事於庭中。楊雄作《訓纂篇》，順續《蒼頡》，又易《蒼頡》中重複之字，凡八十九章。班固續楊雄作十三章，凡一百二章。《蒼頡》多古字，俗師失其讀。宣帝時徵齊人能正讀者，張敞從受之，傳至外孫之子杜林，爲作訓故。此孟堅所謂通知古今文字者歟？惟唐李善好援引，間見於《文選注》。師古《注漢書條例》亦曰『旁究《蒼》《雅》，所用尚矣。

漢官

《漢官》不知何人作，應劭〔二〕所注。舊五卷，今存其一。王隆有《漢官解詁》三卷，胡廣所注，隆字文山，漢新汲令。正訓舊漢官也。按：《後漢書·百官志》：『云周公作《周官》，分職著明，法度相持，王道雖微，猶能久存。所以觀周室牧民之德。王隆作《小學漢官篇》，諸文倜説，較略不究。』胡廣云：『隆《漢官篇》，略道公卿内外之職，旁及四夷，博物條暢，多所發明，足以知舊制儀品。』按：應劭有《漢官儀》，又有《漢官鹵簿圖》，又有《漢官儀注》，又有《漢官名秩》。蔡質有《漢官典儀》，其言儀者，多涉故事，往往如衛宏《漢舊儀》者也。舊四卷，今有三卷。《後漢書·百官志》注引《漢官目録》，亦爲奇書。其後丁孚有《漢官儀式》，荀攸有《魏官儀》，王珪之有《職官儀》，梁有《職制儀注》，視《漢官》簡繁殊不侔。唯郭演有《古今百官注》十卷，最爲嚴整。予以孟堅《百官公卿表》載漢官無統緒，嘗作《漢官》，殊有條理。

二

安帝時，越騎校尉劉千秋校書東觀，好事者樊長孫與書曰：『漢家禮儀，叔孫通所草創，皆隨律令在理官，藏於几閣，無記録者久，令二代之業，闇而不彰。誠宜撰次，依擬《周禮》，定位分職，各有條序。』劉君然其言，與邑子通人郎中張平子參議未定，而遷爲宗正、衛尉。至順帝時，平子爲侍中，典校書，方作《周官解説》，乃欲以次述漢事，莫能立。予所集《漢官》，正與長孫平子之意合。

三

《後漢書·百官志》注引援皆古書、奇書，特爲精絶。

水　經

《水經》三卷，漢中大夫桑欽撰，後魏酈道元注，爲四十卷。道元，范陽人，仕魏爲吏部尚書。是蓋李延壽父太師公所謂『南人謂北爲索虜，北人謂南爲島夷』者，其史於本國詳，他國略，初未嘗盡歷南地，而所載南事特爲精確。而又續業閎闊，辭義峻拔，凡所援引，多前史所遺。魏收稱其歷覽奇書，是固有得於此乎？道元之言曰：『《大傳》曰：大川相間，小川相屬，東歸於海。脉其枝流之吐納，診其沿路之所纏，訪瀆搜渠，緝而綴之。經有謬誤者，考以附正；文所不載，非徑水常流者，不在記注之限。』蓋《水經》粗綴津渚，而闕傍通，此尋圖訪蹟，道元之所以爲功乎？按：《唐藝文》云：『桑欽，一作郭璞撰。』又鄭氏《書略》以爲郭璞注。然道元所箋，略不援引郭璞，則知爲桑欽書也。唐李吉甫有《删水經》十卷，是難乎删矣。晋僧道安有《水記》，記四海川水源。虞仲雍有《江記》《漢記》〔三〕，其援引考訂，皆不可及此。

竹　書《穆天子傳》一卷，《周書》十卷，《古文瑣語》四卷。

晋太康二年，汲郡民不準盗發魏襄王冢，得古竹簡書。帝命荀勗、和嶠撰次爲十五部，八十七卷，以爲中經，列在祕書。然雜以怪妄之説，其紀年專用夏正，載三代事而不及它國，但紀晋、魏間事，終之哀王，蓋魏之《史記》也。按襄王即魏惠成王之子靈王也，《世本》以爲襄王。又按《史記》六國年表，自靈王二十一年，至秦始皇三十四年燔書之歲，八十六年。至太康二年初得此書，凡五百七十九年。杜預於《左氏傳》之末，嘗考其不合於經傳者數事。劉知幾《史通》乃言《汲冢紀年》載春秋事多與左氏同。又郭璞注《山海經》，以爲《穆天子傳》載穆王饗西王母於瑶池之上，與竹書同。璞又言：『竹書不出，則《山海經》幾廢。』則知竹書所載怪妄者必有合於《山海經》者。初在《隋目》八十七卷，是猶皆存。至《唐藝文志》、吴兢《西齋書目》，僅十四卷耳。知幾又曰：『汲冢所得，尋即亡逸。』然則摯虞、束晳既嘗據引，荀顗又嘗參訂，杜預之所引用，干寳之所稽法，則是書不爲不古矣。不只是也，師古稱臣瓚所注《漢書》，喜用竹書。隋志有《竹書同異》一卷。按荀勗所考古尺，其簡長二尺四寸，以墨書，一簡四十字。時勗爲中書監，同第録者中書令和嶠，祕書主書令史、祕書校書中郎張宙，郎中傅瓚。瓚即師古注《漢書》所引『臣瓚』者也。時所書用二尺黄紙。

《穆天子傳》一卷。竹書内書《李氏邯鄲書目》云六卷，必是字誤。

按《左氏傳》：穆王欲肆其心，周行天下，將皆車轍馬迹焉。此書所載，即其事也。穆王得盗驪、緑耳之乘，造父爲御，以觀四荒。西絶流沙，西登崑崙，與《太史公記》合。竹書所傳《穆天子傳》六卷，所歷怪奇，亦幾於《山海經》者，雖多殘闕，皆是古書。

《周書》十一卷，竹書内書。

晋孔晁注。此書以爲孔子删采之餘，凡七十篇。今如馬揔《意林·例篇》摘一二語，可見其删書之餘者也。

《度訓解》立中以補損，補損以知足。

《命順解》權以知始，始以知終。

《當順解》天有常性，人有常順。

《文酌解》民生有欲，有惡，有哀，有德，有則。

《耀莊解》有道，故國用足。

《武稱解》大國不失其威，敵國不失其權。

《允文解》思静鎮勝，允文維紀。

《大母解》武有六制：政、攻、侵、代、搏、戰。

《大明武解》思嚴大武，曰維四方。

《小明武解》必得地勢，以順天時。

《大匡解》維周王宅程三年，遭天之大荒。注曰：程在岐州左右。

《程典解》維三月，既生魄，文王合六國之諸侯，奉勤於商。

《程寤》《泰陰》《九間》《劉法》《文開》《保開》《八繫》以上篇逸。

《酆保》維二十三祀庚子朔，九州侯威格於周。

《大開》維王三月，既生魄，王在酆。

《小開》維三十有五祀，王念曰：『余聞在昔曰……』

《文儆》維文王告夢，懼後嗣之無保，召太子發曰：『嗚呼！　吾語汝所保所守，守之哉！』

《柔武》維王元祀一月，既生魄，王召周公旦曰：『嗚呼！　維在文考之緒功，維周禁五戎，五戎不禁，厥民乃淫。』

《大武開》維王一祀十有二月，王在酆，聞密命，訪於周公旦曰：「嗚呼！余夙夜維商，密不顯誰和，若歲之有秋。今余不獲其落，若何？」周公曰：「兹在德敬右周，其惟天命，王其敬命。」

《小武開》維王二祀一月，既生魄，召周公旦曰：「嗚呼！余夙夜忌商，不知道極，敬聽以勤天下。」周公拜手稽首曰：「在昔文考，順明三極，躬是四察，循用五行，戒視七順，順道九紀。」

《寶典解》維王二祀二月丙辰朔，王在鄗，召周公旦曰：「嗚呼。敬哉！朕聞曰：「何修非躬，何擇非人？」」又曰：「維子孫之謀，寶以爲常。」

《酆講解》維王二祀，王在酆，講吉告聞。王召周公旦曰：「嗚呼！傷商其成辜，維日望見功諜言多信，今其如何？」

《寤敬解》維四月朔，王告儆，召周公旦曰：「嗚呼，謀泄哉！今朕有商驚，予憂其深矣。」

《武順解》天道尚右，日月西移；地道尚左，水道東流；人道尚中，耳目役心。

《武穆解》曰若稽古，曰昭天之道，熙帝之載，揆民之任。

《和寤解》王乃出圖商，至于鮮原，召召公奭、畢公高，王曰：「嗚呼，敬之哉！無競維人，人惟允忠，惟事惟敬，小人難保。」

《武寤解》王赫奮列，八方咸發。

《克殷解》周革三百五十乘，陣于牧野。武王使師尚父、伯夫致師。王既戎車，武賁馳商師，商師大崩。

《文匡解》惟十有三祀，王在管。管叔、蔡叔泉商之監，東隅之侯，咸受賜于王。

《文政解》維十有三祀，在管。

《大聚解》惟武王勝殷，撫圖綏民，乃觀於殷政。

《世浮解》維四月有乙未，武王成辟四方，通殷命有國。

《箕子》《考德》二篇逸。

《商誓》王若曰若，殷之舊官。

《度邑》維王克商，邑君諸侯及厥民，茲日度邑。

《我儆》維十有一祀，王告夢。

《五權》維王不豫，于五日召周公旦。

《成開解》成王九年，大開告用，用周公也。

《作雒解》武王克殷，乃立王子禄父，俾守商紀。

《皇門解》正月庚午，周公格于左閎門，會群門路寢。左門曰皇門，閎音皇。

《大戒解》維正月，既生魄，王訪于周公。

《周月》維一月，既南至。

《時訓》紀時令。

《謚〔四〕法解》紀謚法。

《明堂》明堂位。

《嘗麥》禱于周廟，嘗麥於太祖。

《本典》維四月既望，既生魄，王在東宮，召周公旦。

《官人》王曰：『嗚呼！ 大師。』

《王會解》朝會。

《祭公解》王若曰：『祖祭公。』周公之後。

《史記解》維正月，王在成周。 昧爽，名三公、左史、戎夫。

《職方氏解》掌天下之圖。

《芮良夫解》芮伯若曰：『予小臣良夫，稽首謀告。』

《太子晉解》晋平公使叔譽于周，見太子晋，而與之言。

《玉佩解》王者所佩在德。

《殷説解》湯將放桀居中野。

《周祝解》讓哉民，心哉民，朕則生汝，朕則刑汝。

《武經解》車甲之間，有巧食令色，事不捷。

《銓法解》有三不遠，三不近，三不芒由。

《器服解》作器服，周道大備。

校勘記

〔一〕校箋本據隋唐志改「圖」作「經」。

〔二〕「劭」，原作「邵」，徑改。

〔三〕校箋本謂當據隋唐志改「虞」作「庾」，「漢」作「漢水」。

〔四〕「謚」，原作謐，徑改。

經籍訪古志史略六卷 宋槧本，昌平學藏

宋高似孫撰。首有寶慶元年自序。卷一述《史記》；卷二述兩漢書、《三國志》，至晋、宋、齊、梁、陳、後魏、北齊、後周、隋、唐、五代史；卷三述《東觀漢紀》、歷代春秋、歷代紀、實録、起居注、唐左右螭坳書事、延英殿時政記、唐曆、會要、王牒，卷四述史典、史表、史略、史鈔、史詳、史贊、史草、史例、史目、史通、《通鑒》、參據書；卷五述霸史、雜史、《七略》中書占書、東漢以來書考、歷代史官目、劉勰論史；卷六述《山海經》《世本》、三蒼、《漢官》、《水經》、《竹書》。每半板十行，行二十字。界長六寸六分，幅四寸六分。按高氏又著《子略》四卷，《四庫全書總目》載之，而不言别有《史略》之著，蓋西土早已亡佚耳。此書文詞簡約，而引據精核，多載逸書，實爲讀史家不可闕之書矣。

楊守敬跋

高似孫《史略》六卷，宋槧，原本今存博物館。此書世久失傳，此當爲海外孤本。首有蒹葭堂印、木氏永保印。按木世肅，大阪人，以藏書名者也。原本亦多誤字，今就其顯然者改之，其稍涉疑似者，仍存其舊。按史家流別已詳於劉知幾《史通》，高氏此書未能出其範圍，況餖飣雜抄，詳略失當。其最謬者，如《後漢書》，既采《宋書》范蔚宗本傳，又采《南史》及蔚宗《獄中與諸甥書》，大同小異，一事三出，不恤其繁。又如既據《新唐書》録劉陟《齊書》十三卷，爲齊正史；又據《隋志》録劉陟《齊紀》十三卷，爲齊別史。既出范質《晉朝陷藩記》四卷，又出范質《陷蕃記》四卷，而不知皆爲一書。其他書名之誤，人名之誤，與卷數之誤，不可勝紀。據其自序，成書於二十七日，宜其罅漏如斯之多也。似孫以博奥名，其《子略》《緯略》兩書，頗爲精核。此書則遠不逮之，久而湮滅，良有由然。唯似孫聞見終博，所載史家體例，亦略見於此篇。又時有逸聞。如所采《東觀漢記》，爲今四庫輯本所不載，此則可節取焉耳。光緒甲申春正月宜都楊守敬記。

四明叢書本張壽鏞序

余讀高續古先生《史略》，既卒業，慨然於作述之難。有太史公司馬談，而無遷則談之志何以繼？有學士高炳如先生注《史記》，而無續古，則學士之書將泯然矣。學士注《史記》，極意覃思，積功二十年，既絶筆，續古悉整以論。今考之寧波府縣及餘姚縣《藝文志》，均未採録，惟鄞縣《藝文志》經部有《天官集注》，子部又有《天官書集注》。蓋未知學士之注《史記》，既分載於經、子，而闕於史部，甚矣搜訪之難也！續古著《史略》，爲時僅二十七日。後世以其成書之易，譏其罅漏之多。安知不由學士注《史記》時，一一搜輯於先，而續古成之之速者，藉此乎？然商榷千古，鈐括百家，於此可見一斑。而學士《史記》之注一百三十卷，因是以著，非特津逮後學，即向之邑志之誤傳者，亦得糾正焉。是書之存，其裨補豈淺鮮哉！抑讀其輯劉勰論史，有曰：『勛榮之家，雖庸夫而盡飾；屯貶之士，雖令德而蚩埋。』余小子私心惴惴，懼躬蹈之，故於鄉先生遺書，採訪尤遍於屯貶，則受續古先生之教也。因書以爲序。時民國二十一年二月後學張壽鏞。

四明叢書本張壽鏞跋

《史略》六卷，宋高似孫撰。《古逸叢書》依宋槧原本刊。原本存日本博物館，不知地震後尚存在否？高氏《子略》，清代《四庫全書總目》載之，而不言别有《史略》，賴日本文庫收藏而存。楊氏《經籍訪古志》既稱其文辭簡約，引據精核，多載逸書，實爲讀史家不可不閲之書，而跋語又謂此書遠不逮《子略》《緯略》，且云據其自序，成書於二十七日，宜多罅漏，然史家體例略見於此矣。吾鄉博奥如高續古先生，著作如林，《史略》一書既得之於日本，更應廣爲流傳。爰取《古逸叢書》原刊，與《百川學海》所刊《子略》《騷略》二書先梓之，俾學者有所津逮焉。民國二十年四月後學張壽鏞跋。